Hans-Jürgen Wagener

Die 101 wichtigsten Fragen
Geld und Finanzmärkte

Verlag C.H.Beck

Mit 5 Grafiken

Originalausgabe

© Verlag C.H.Beck oHG, München 2012
Satz: Fotosatz Amann, Aichstetten
Druck und Bindung: Druckerei C.H.Beck, Nördlingen
Umschlagentwurf: malsyteufel, willich
Umschlagbild: © ullsteinbild – allOver
Printed in Germany
ISBN 978 3 406 63708 7

www.beck.de

Inhalt

Der Euro

Schuldenstaat und Schuldenkrise

Vorwort

Über Geld spricht man nicht, das hat man. Wir wollen trotzdem über Geld sprechen, auch wenn es schmutzig und verflucht sein sollte. Denn macht es andererseits nicht frei und verleiht eine gewisse Sicherheit? Geld ist eine soziale Tatsache, die sich nur schwer aus dem gesellschaftlichen Verkehr entfernen ließe, ohne in die Steinzeit zurückzufallen.

Was Geld sei, meint jeder zu wissen. Doch je genauer man hinschaut, desto undeutlicher werden die Konturen. Geld scheint etwas Immaterielles zu sein, das aus dem Nichts auftaucht und wieder im Nichts verschwindet: Geldschöpfung und Geldvernichtung, der Finanzmarkt eine einzige Luftnummer. Deshalb haben sich viele Ökonomen lieber mit dem beschäftigt, was sie die reale Wirtschaft nennen, über das sich das Geld ihrer Ansicht nach wie ein Schleier legt, den man entfernen muss, um zum Eigentlichen vorzudringen.

Der Schleier wird noch undurchsichtiger durch einen besonderen Jargon. Banken sind eine italienische Erfindung, und das schlägt sich in ihrer Sprache nieder: *Agio, Bankrott, Bilanz, Diskont, Giro, Kontokorrent, Kredit* – sie alle stammen von italienischen Eltern. Seit dem Zweiten Weltkrieg hat sich das Englische unter Bankern, Tradern und in der Wissenschaftsdisziplin des *Finance* breit gemacht. Das Register einschlägiger Lehrbücher enthält in der Regel ein Viertel englischsprachiger Einträge: von *asset pricing* über *broker, credit default swaps, exposure, forward* bis hin zu *yield* und *zerobonds*. Im Folgenden versuchen wir, so wenig wie möglich auf diesen Jargon zurückzugreifen.

Die Sache ist nämlich schwierig genug. Dem Münchner Ökonomen Hans-Werner Sinn verdanken wir die Klärung des Phänomens der so genannten TARGET2-Salden, die im grenzüberschreitenden Zahlungsverkehr des Eurosystems auftreten. Er berichtet, Monate gebraucht zu haben, bis er das Phänomen und seine Auswirkungen wirklich durchschaute. Davon sollten wir uns nicht entmutigen lassen. Man braucht schließlich nicht jedes Detail zu verstehen. Doch an unserem Gegenstand, Geld und Finanzmärkte, ist nichts selbstverständlich, und vieles nimmt bei genauerer Betrachtung eine unerwartete Wendung.

Die alten Israeliten kannten eine menschenfreundliche Einrichtung: das Jubeljahr. Alle 49 Jahre wurden die Schulden erlassen – ein Grund zu jubeln, nicht wahr? Schuldner waren damals die Armen, die sich fürs blanke Überleben Geld leihen mussten. Heute sind die größten Schuldner souveräne Staaten. Stellen wir uns vor, im Jahr 2049 würden alle Schulden gestrichen. Das ist mit einer Hyperinflation zu vergleichen: Die Geldvermögen werden völlig entwertet. Ihre Altersversorgung, Ihr Anlageportefeuille – alles Makulatur. Da bleibt einem der Jubel im Halse stecken.

Das Finanzsystem ist eine hoch komplizierte Maschine. Einhundert und eine Frage reichen nicht aus, die Mechanik und Hydraulik des Systems und die Verhaltensweisen des Bedienungspersonals und der Passagiere bis in alle Einzelheiten auszuleuchten. Das würde vom Hundertsten ins Tausendste führen. Deshalb kann es hier wirklich nur um die 101 wichtigsten Fragen gehen. Die Antworten sollen Orientierung bieten und Sie in die Lage versetzen, die oft abenteuerlichen Äußerungen von Politikern und die zuweilen rätselhaften Rezepte der monetären Medizinmänner mit kritischen Augen zu lesen.

Am Ende der Entdeckungsfahrt durch die Welt des Geldes und der Finanzmärkte ertönt kein Schlachtruf wie «Schafft den Euro ab!», «Verstaatlicht die Finanzinstitute!», «Zerschlagt die Banken!» oder «Verbietet die Spekulation!». Denn ist man erst einmal vertraut mit dem komplizierten Mechanismus einer Hochleistungsmaschine, wird man an ihre Reparatur nicht mit dem Vorschlaghammer herangehen. Unser Finanzsystem ist reparaturbedürftig, daran lassen seine Krisen keinen Zweifel. Doch man sollte den Aufkleber «Vorsicht! Zerbrechlich!» nicht übersehen.

Friedersdorf, im April 2012   *Hans-Jürgen Wagener*

Geld oder Leben

1. Kann man ohne Geld leben? Die Wirtschaftshistoriker fangen die Geschichte mit der geschlossenen Hauswirtschaft an: Eine große Familie, vielleicht mit Mägden und Knechten, bewirtschaftet einen Hof. Alles, was man braucht, wird selbst hergestellt. Der Patriarch organisiert die Arbeit, deren Früchte am Ende der Gemeinschaft zukommen. Geld ist da nicht im Spiel.

Genau so stellten sich Marx und Engels die kommunistische Wirtschaft vor, allerdings auf nationalem Niveau. Denn die geschlossene Hauswirtschaft erlaubt nur ein geringes Maß an Arbeitsteilung und Spezialisierung, die für eine hohe Wohlfahrt grundsätzlich unverzichtbar sind. Der kommunistische Patriarch, das Planbüro, organisiert die Arbeit, deren Früchte nach Bedarf allen zur Verfügung stehen. Auch hier braucht man kein Geld.

Dagegen gibt es zahlreiche theoretische und praktische Einwände. Um die Arbeit sinnvoll organisieren zu können, muss der Planer wissen, was jeder Einzelne konsumieren will und produzieren kann. Das ist jedoch oberhalb des Niveaus einer Gutswirtschaft oder eines Kibbuz ein Ding der Unmöglichkeit. Solange die Früchte der Arbeit knapp sind, müssen sie zugeteilt werden. Hier hat auch die junge Sowjetwirtschaft nach ersten geldlosen Experimenten rasch eingesehen, dass es ohne Geld nicht geht.

Aber der entscheidende Punkt ist der Paternalismus. Die klassische Hauswirtschaft und der Kommunismus sind hierarchisch strukturiert. Der Patriarch oder der Planer sagen, was zu tun ist und wer was bekommt. Alle anderen sind Befehlsempfänger. So fühlt sich das Individuum unterdrückt, und die menschlichen Fähigkeiten kommen nicht zur vollen Entfaltung. Die schwache Wohlfahrtsentwicklung in den sozialistischen Planwirtschaften legt ein beredtes Zeugnis davon ab.

Eine freie Gesellschaft überlässt es dem Einzelnen zu entscheiden, was er konsumieren und produzieren möchte. Damit entsteht jedoch ein Koordinationsproblem: Wie kann ich den anderen meine Bedürfnisse mitteilen? Woher weiß der Konditor, ob seine Kuchen Abnehmer finden? Hier kommt das Geld ins Spiel. Das in Geldeinheiten kodierte Preissystem des Marktes übermittelt die notwendigen Informationen. Anhand der Marktpreise von Gütern und Rohstoffen kann der Konditor entscheiden, ob Herstellung und Verkauf sich lohnen oder ob er besser etwas anderes herstellen sollte. Kenne ich die Preise der Konsumgüter, dann weiß ich, wie viel ich mir von jedem leisten kann. Hierarchische Anweisungen und Zuteilungen von oben sind überflüssig.

2. Was ist ergiebiger, Raub oder Tribut?

Im 9. Jahrhundert breiteten sich die Wikinger im Nord- und Ostseeraum aus. Sie kamen über See nach England, Friesland und Nordfrankreich, fuhren die Flüsse hinauf, überfielen die Städte und raubten sie aus. Plündern ist eine einfache Sache, wenn man die Stärke dafür hat. Nur ein Nachteil ist damit verbunden: Es ist nicht nachhaltig. Dabei wird mehr zerstört als gewonnen, und die Geplünderten brauchen viel Zeit, um wieder auf die Beine zu kommen.

So verfielen die Betroffenen recht bald auf die Idee, den Wikingern Geld anzubieten, um Kampf, Zerstörung und Plünderung zu vermeiden. Diese gingen gerne darauf ein, denn solange man sie fürchtete, war das eine sichere Einnahmequelle. Sie tauchten zwischen dem 9. und 11. Jahrhundert in unregelmäßigen Abständen auf, ihr «Danegeld» zu erheben. Und noch bei Shakespeare heißt es vom dänischen Prinzen Hamlet:

«Er soll in Eil' nach England,
den Rückstand des Tributes einzufordern.»

Die Praxis von Schutzgeldzahlungen hat sich bis heute erhalten. Sie basiert auf Gewalt, hat aber den Zweck, eben diese zu vermeiden.

Etwas anders liegt der Fall des Blutgeldes, das in manchen Ländern üblich war, um die gewalttätige Vergeltung eines Verbrechens nach dem Motto «Auge um Auge, Zahn um Zahn» zu ersetzen. Das Blutgeld verringert die Wahrscheinlichkeit einer Kettenreaktion. Auch hier dient Geld dem Frieden.

Die Tonnen Silber für das Danegeld mussten beigebracht werden, nicht nur aus Kirchen und Klöstern, sondern auch von der Bevölkerung. In England führte das zur landesweiten Erhebung von Steuern, was es seit dem Fall des Römischen Reiches nicht mehr gegeben hatte. Diese Steuern dienten nicht nur der Tributzahlung, sondern auch zur Deckung der Kriegskosten gegen die Dänen und dann allgemein den Zwecken der Herrscher. Als die Nordmänner im 11. Jahrhundert, inzwischen aus der Normandie kommend, England wieder eroberten, behielten sie das «Danegeld» als Steuer bei.

Auch in anderen Teilen Europas lernten die Herrschenden im

Laufe der Zeit, wie vorteilhaft es ist, den geforderten Tribut nicht in der Form von Hühnern, Gänsen, Scheffeln Getreide und von Fronarbeit einzutreiben, sondern in klingender Münze. Das war am Ende auch den Untertanen recht, denn damit erhielten sie Freiheitsräume. Sie konnten produzieren, was sie wollten. Steuern und Abgaben wurden verrechtlicht und der Zustimmung der Stände und später des Parlaments unterworfen. Das Element der Gewalt nahm ab, auch wenn der Staat das Monopol der legalen Gewaltanwendung weiter für sich beanspruchte und notfalls auch zur Eintreibung von Steuern ausübte. Tribut, vor allem in Form von Geld, ist also für alle Beteiligten deutlich ergiebiger als Raub.

3. Was ist das: Geld?   Damit können wir bereits eine erste Antwort geben auf eine der schwierigsten Fragen, was nämlich Geld seinem Wesen nach sei. Geld ist ein Kommunikationsmittel, so wie die Sprache und die Gewalt. Letztere dient bereits der animalischen Verständigung. Auch Sprache kommt zumindest in Rohformen unter Tieren vor, die dabei erstaunliche Koordinationsleistungen erbringen. Geld dagegen ist eine Errungenschaft der humanen Evolution. Das hat ihm nicht unbedingt zu einem guten Ruf verholfen.

Sprache und Geld erfüllen vergleichbare Zwecke. Die sprachliche Semantik legt die Bedeutung von Worten fest, verbindet also etwas Wirkliches mit einem Zeichen. Der Geldpreis setzt für ein wirtschaftliches Gut einen Wertausdruck. Beides lässt sich dann für den zwischenmenschlichen Verkehr als Tauschmittel benutzen, für die Übertragung oder den Austausch von Informationen oder von Werten.

Darüber hinaus dienen beide auch der Aufbewahrung von Werten: Die Sprache bewahrt Informationswerte, das Geld bewahrt Tauschwerte über die Zeit. Das geht allerdings über längere Perioden nicht ohne Abstriche. Den Text des Nibelungenliedes verstehen wir heute nicht so wie die Zuhörer in einer zugigen Burg des 12. Jahrhunderts. Der Tauschwert des Geldes wird von Inflation ausgehöhlt.

Wir haben also drei zentrale wirtschaftliche Funktionen des Geldes: Wertmaßstab, Tauschmittel und Wertaufbewahrungsmittel. Daneben kann Geld im gesellschaftlichen Verkehr weitere Funktionen übernehmen, die jedoch in der ökonomischen Betrachtung sekundär oder irrelevant sind. Geld ist auch ein Machtinstrument und dient als Statussymbol, denn es unterscheidet Arm und Reich.

Die ökonomische Wissenschaft beschäftigt sich nicht mit der eher philosophischen Frage nach dem Wesen des Geldes. Sie begnügt sich mit operationalen Definitionen: Geld ist alles, was Geldfunktionen ausübt. Dabei ist es nicht erforderlich, dass die drei genannten Funktionen gleichzeitig ausgeübt werden.

Wir erinnern uns an die Einführung des Euro im Januar 1999. Ab diesem Zeitpunkt gab es die selbständigen Währungen D-Mark, Gulden oder Lira nicht mehr, sie waren nur noch Denominationen des Euro. Bis zur Einführung der Euronoten und -münzen im Januar 2002 wurden jedoch in D-Mark, Gulden oder Lira ausgezeichnete Noten und Münzen weiterhin als Tauschmittel verwendet. Und viele Menschen rechneten auch über das Jahr 2002 hinaus in ihren alten, vertrauten Währungen. Solche verwirrende Situationen waren im Mittelalter und der frühen Neuzeit gang und gäbe.

4. Wozu brauchen wir Geld? Die Funktionen des Geldes wurden bereits genannt: Wertmaßstab, Tauschmittel und Wertaufbewahrungsmittel. Warum sind sie wichtig?

Die geschlossene Hauswirtschaft benötigt kein Geld. Der Patriarch braucht keinen Wertmaßstab, ihn leiten Tradition und Erfahrung in seinen Entscheidungen. Er tritt mit niemandem in Tauschverkehr, und wo es unbedingt erforderlich sein sollte, kann er schon mal für einen Sack Getreide einen Säckchen Nägel eintauschen. Werte werden in ihrer physischen Gestalt aufbewahrt: Der Schinken kommt in den Rauch, das Kraut ins Fass.

Die industrielle kommunistische Gesellschaft, gekennzeichnet durch Arbeitsteilung, Spezialisierung und Produktvielfalt, hat es da nicht so leicht. Die einzelnen Betriebe stehen in enger Beziehung zueinander: Der Output des einen ist Input des nächsten. Kosten und Ertrag müssen anhand eines Maßstabs berechenbar sein, damit das Ganze ökonomisch effizient abläuft. Müssen es jedoch in Geld ausgedrückte Preise als Wertmaßstab sein? Nein, sagt Marx, ich rechne in Zeiteinheiten – Arbeitswerten. Sehen wir von allen damit verbundenen Schwierigkeiten ab! Sobald es ans Tauschen geht, der Arbeiter für seine 40 Wochenstunden – nach Abzug von Steuer und Versicherung – Gutscheine im Wert von 35 Arbeitsstunden erhält, dann ist es völlig egal, ob die Semmel 4 Minuten oder 20 Cent kostet: Hier haben wir es mit Geld und Geldpreisen zu tun!

Für selbständige Unternehmen in einer Marktwirtschaft ist funktionsfähiges Geld eine Grundvoraussetzung. Zur exakten Berechnung von Kosten und Ertrag braucht man eine Recheneinheit, ebenso für einen problemlosen Kreditverkehr. Eine geschuldete Geldsumme ist eine geschuldete Geldsumme, über die Kuh, mit der ich eine alte Schuld begleichen will, kann man dagegen endlos streiten: Gibt sie genauso viel Milch wie die damals geliehene?

Handel lässt sich auch ohne Geld treiben. Aber Gütertausch ist mühsam: Man knüpft lange Tauschketten, bis jeder hat, was er braucht, und einen Abnehmer findet für das, was er bietet. Geld hat den zusätzlichen Vorteil der Wertaufbewahrung. Wird man in Gütern bezahlt, ist Lagerraum nötig, und was tun mit schnell verderblicher Ware?

Das Problem der Zeitgleichheit von Lieferung und Gegenlieferung ohne Geld wird bei Dienstleistungen, die ihrer Natur nach nicht lagerfähig sind, besonders akut. Der Friseur, der dem Arzt die Haare schneidet, ist zur Zeit gesund. Wie soll der Arzt bezahlen? Indem er einen zufällig gerade kranken Bekannten des Friseurs behandelt? Da wird der Friseur schon eher einen Gutschein vorziehen, den er bei Bedarf einlösen kann. Und schon haben wir wieder Geld, zugegeben in einer primitiven Form. Geld spart also nicht nur Handelskosten (oder Transaktionskosten im Jargon der Ökonomen). Es ermöglicht auch eine ungleich tiefere Arbeitsteilung und Spezialisierung, insbesondere die Herausbildung der Dienstleistungsberufe.

5. Wer hat das Geld erfunden? Der Sage nach hat Prometheus den Menschen das Feuer und damit die Technik gebracht. Den olympischen Göttern war das nicht recht, und sie bestraften ihn dafür. Wer den Menschen das Geld gebracht hat, wissen wir nicht. Den Göttern wäre das wohl ebenso wenig recht gewesen. Denn statt eines fetten Ochsen nahm das ihnen zukommende Opfer oft symbolische Geldgestalt an.

Die Erfindung des Geldes ist ein evolutorischer Prozess. Die Ursprünge des Geldes werden im sakralen Bereich vermutet: Man trug statt Vieh (das lateinische Wort *pecunia* = Geld leitet sich von *pecus* = Vieh her) häufig das Wertsymbol als Opfergabe in den Tempel. So wurde der Tempel auch schon sehr früh zu einem Umschlagplatz für Kapital, und Christus musste die Geldwechsler aus dem Tempel verjagen.

Das Warengeld als früheste Form des Geldes bezieht seinen Wert nicht aus der Natur, sondern aus dem Wirtschaftsverkehr. Durch den Warenwert des Goldes zum Beispiel kann sein Geldwert nicht allzu weit davon abweichen. Denn ist der Warenwert erheblich höher als der Geldwert, wird Geld zu Schmuck gemacht, ist er erheblich niedriger, wird Schmuck eingeschmolzen und gemünzt. Die Liste der historisch als Warengeld gebrauchten Güter ist lang: Getreide, Vieh, Pelze, Steine, Metall, Muscheln und Salz. Auf Letzteres deutet noch das «Salär», das man verdient.

Doch schon sehr bald gab es so genanntes Zeichengeld, dessen Geldcharakter per Gesetz fixiert wurde. Dazu zählen zum Beispiel Scheidemünzen oder Papiergeld, das die Chinesen im 11. Jahrhundert aufbrachten. Bei ihm weicht der Warenwert, wenn er überhaupt positiv ist, vom deklarierten Geldwert stark ab. Das wirft natürlich die Frage auf, wieso es dann akzeptiert wird. Darauf ist unter Frage 10 zurückzukommen.

Der nächste Schritt in der Entwicklung des Geldes ist die Erfindung der Münzen, die wir im Kleinasien des 7. Jahrhunderts vor Christus ansetzen. Münzen haben den Vorteil der Normierung. Man braucht sie nur zu zählen, nicht mehr zu wiegen. Sie setzen aber ein gewisses Vertrauen in die Münzautorität voraus. Mit Gold und Silber, gemünzt oder nicht, zu bezahlen, ist eine relativ sichere Sache, was den Wert betrifft. Allerdings nicht, was den Transport betrifft, schon gar nicht wenn es sich um größere Summen handelt. Solche Transporte sind bis zum heutigen Tag ein gefundenes Fressen für Räuber und Piraten.

Deswegen hat man im Mittelalter vor allem im europäischen Fernhandel Geldersatz, so genannte Geldsurrogate wie den Wechsel, und den bargeldlosen Verkehr eingeführt. Kaufmann A aus Florenz kauft Güter von Kaufmann B in Hamburg. Als Bezahlung bekommt B einen Wechsel, das heißt ein Zahlungsversprechen, das Kaufmann C aus Lübeck einem venezianischen Kaufmann D gegeben hat. Geld fließt nur von Lübeck nach Hamburg und von Florenz nach Venedig, die Güter aber über sehr viel größere Entfernungen von Hamburg nach Florenz und von Venedig nach Lübeck. Da hierbei auch noch unterschiedliche Währungen betroffen sind, hat dieses Instrument den Namen Wechsel (im Englischen *bill of exchange*) erhalten, den es noch in seiner modernen, rechtlich hoch geregelten Form beibehalten hat.

Ein weiteres Geldsurrogat ist die Banknote bzw. das Papiergeld. Das waren ursprünglich Schuldscheine, die vom Schuldner bei Vorlage in «echtes» Geld, nämlich Gold oder andere Münzen, einzutauschen waren. Heute haben Geschäftsbanken nicht mehr das Recht, Banknoten herauszugeben. Sie produzieren aber weiterhin Geldsurrogate mittels Schuldtitel, indem sie einem Kunden ein Sichtkonto einräumen. Das Sichtkonto ist eine Schuld der Bank gegenüber dem Kunden, der auf der Habenseite der Bank eingezahltes Bargeld gegenübersteht, oder eine überlassene Forderung an eine andere Bank, oder eine Forderung an den Kunden selbst. Im letzteren Fall handelt es sich um einen Kredit der Bank.

Unser heutiges Notengeld gibt die Zentralbank heraus, ein staatliches oder staatlich lizenziertes Institut, das dieses Monopolrecht besitzt. Das Zentralbankgeld, in der Form von Banknoten oder von Sichtkonten bei der Zentralbank, ist am Ende ebenso ein Schuldtitel wie früher die Banknote einer Geschäftsbank. Nur eine Einlösungspflicht in Gold besteht nicht mehr. Als gesetzliches Zahlungsmittel hat das Zentralbankgeld jedoch eine schuldlösende Wirkung.

Damit sind weder die gesamte Entwicklungsgeschichte des Geldes noch der Erfindungsreichtum der Geld hantierenden Kaufleute, Banker und Politiker umschrieben. Der wichtige Punkt ist, dass sich das Geld, ganz nach den Evolutionsgesetzen, an die jeweiligen Umstände anpasst und dabei die auf den ersten Blick absonderlichsten Formen annehmen kann.

6. Ist meine Girokarte auch Geld? Geld ist alles, was Geldfunktionen ausübt. Das haben wir bereits gesehen. Die Einheit, in der gerechnet wird, ist abstrakt, das könnten auch Muscheln sein. Natürlich ist es bequemer, in Euro zu rechnen und auch in Euro zu zahlen. Als konkrete Zahlungsmittel können die unterschiedlichsten Güter dienen, die dann in Euro angesetzt werden. Auf Grund der Wertaufbewahrungsfunktion sollten es dauerhafte Güter sein, also solche, die auch als Vermögensgegenstände gelten. Vermögen besteht nicht nur aus materiellen Gütern und Immobilien, sondern auch aus Forderungen gegen Dritte. Zum Beispiel ist eine von einem Kunden noch nicht bezahlte Rechnung eine solche Forderung, ebenso das Sichtkonto bei der Bank oder ein Sparbrief.

Die Tauschmittelfunktion des Geldes schafft eine weitere Voraussetzung: Es muss unmittelbar in Güter umgetauscht werden können, das heißt es muss liquide oder konvertibel sein, wie Ökonomen sagen (hierzu Frage 48). Das ist bei verschiedenen Vermögensgegenständen in unterschiedlichem Maß der Fall. Die höchste Liquidität

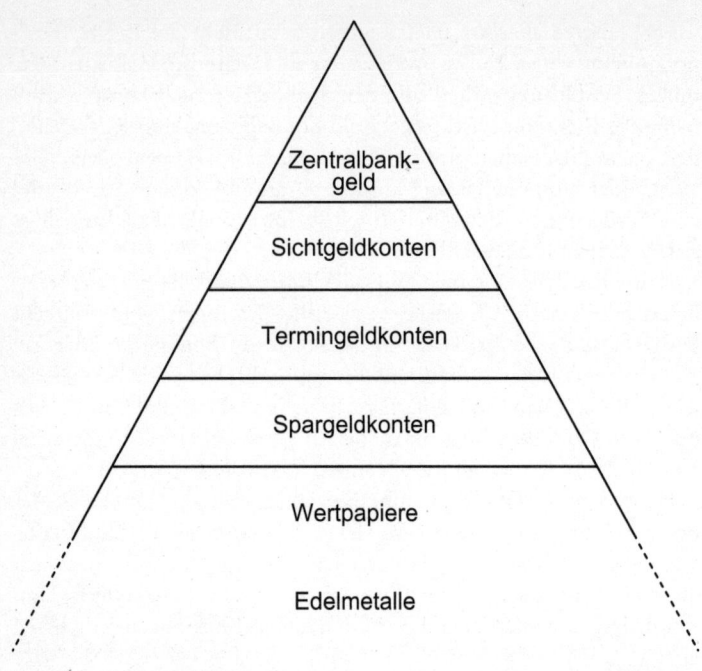

Grafik 1: Die Geldpyramide

hat das von der Zentralbank herausgegebene gesetzliche Zahlungsmittel. Etwas geringer ist die Liquidität der Sichtgeldkonten bei Banken. Denn schließlich kann man sie nur so lange in Anspruch nehmen, wie die Bank zahlungsfähig ist. Deshalb hat man anfänglich dieses so genannte Giralgeld, mit dem heute fast der gesamte Zahlungsverkehr abgewickelt wird, für ein Geldsurrogat erklärt. Darunter sind Termingeldkonten angesiedelt, auf die man, wie der Name sagt, erst nach Ablauf einer bestimmten Frist zurückgreifen kann. Für Sparkonten gelten in der Regel noch längere Bindungsfristen.

Aktien und andere Wertpapiere sind Vermögensgegenstände, die erst liquidiert werden müssen, bevor man sie für Zahlungszwecke einsetzen kann. Je nachdem, wie marktgängig ein Wertpapier ist, das heißt wie einfach man Käufer oder Verkäufer dafür findet, ist dessen Liquidation nicht sofort oder ohne Wertverlust möglich. Ähnlich verhält es sich mit Vermögensbeständen an Edelmetallen.

Alle diese Vermögensgegenstände haben einen in der Rechenein-heit Geld ausgedrückten Wert. Was der Geschäftspartner in einer Transaktion nun als Zahlungsmittel akzeptiert, bleibt ganz ihm überlassen. In der Regel will er Bargeld sehen. Doch schon im Super-markt bezahlen wir heute mit der Girokarte, das heißt mit einer Belastung unseres Sichtgeldkontos bei einer Bank. Offensichtlich ist die Girokarte selbst kein Geld, sondern nur ein Instrument, pro-blemlos einen Betrag vom Sichtgeldkonto zu überweisen.

Kurzum, die Liquidität von Vermögensgegenständen lässt sich anhand einer Pyramide darstellen: Je höher die Schicht in der Pyra-mide, desto höher ist die Liquidität, und desto eher können wir von Geld sprechen. Zu anderen Zeiten war die Liquiditätseigenschaft der Vermögensgegenstände anders angeordnet. Die Edelmetalle Gold und Silber hatten die höchste Liquidität und waren das «eigent-liche» Geld.

Eine exakte Abgrenzung – das ist Geld und das nicht – gibt es nicht. Darauf kommen wir im Zusammenhang mit der Geldpolitik weiter unten (Frage 30) noch einmal zurück.

7. Geld und Schulden, ist das wirklich das Gleiche? Geld, wenn es kein Warengeld ist wie Gold und Silber, ist eine Schuld. Eine Bank-note ist ein Schuldschein. In der Bilanz der Europäischen Zentral-bank wird sie als Verbindlichkeit gebucht. Ebenso ist das Sichtkonto bei einer Geschäftsbank eine Verbindlichkeit dieser Bank dem Kun-den gegenüber. Das moderne Geld ist Kreditgeld. Diesen Satz müsste man fett drucken. Denn darin äußert sich die Grundlage des Geld-systems: Es beruht auf Kredit, das heißt auf Vertrauen. Geht das Ver-trauen verloren, durch Krisen zum Beispiel oder durch übermäßige Geldentwertung, dann funktioniert der Geldverkehr nicht mehr rei-bungslos, was nicht ohne Folgen für die übrige Wirtschaft bleibt. 2007–2009 konnten wir das miterleben. Zuerst wurde die Welt von der Finanzmarktkrise getroffen, dann folgte ein tiefer Konjunktur-einbruch.

Offensichtlich entsteht Geld aus Schuldverhältnissen des Banken-sektors. Wie verhält es sich aber mit den unzähligen Krediten, bei de-nen Banken nicht mit von der Partie sind? Die einfachste Form ist der Fälligkeitstermin. Indem der Lieferant seinem Kunden ein Zah-lungsziel von 30 Tagen einräumt, gewährt er ihm einen Kredit. Andere, rechtlich ausgefeiltere Formen sind Schuldscheine wie der bereits erwähnte Wechsel: eine schriftliche Verpflichtung, zu einem bestimmten Termin die angegebene Summe in einer bestimmten Währung zu zahlen. Der Wechsel hat die nützliche Eigenschaft, übertragbar zu sein – zwar nicht ganz so formlos wie eine Banknote, doch er kann als Zahlungsmittel verwendet werden, wenn die Beteiligten das möchten.

Ist der Wechsel nicht ebenso Geld wie eine Banknote? Hatte nicht der Gutschein Geldcharakter, den in der «geldlosen» Wirtschaft der Arzt dem Friseur zur Bezahlung des Haarschnitts ausstellte. Diese Schuldscheine können die Funktion von Zahlungsmitteln erfüllen und dienen zeitlich begrenzt als Wertaufbewahrungsmittel. Man spricht allerdings eher von Geldsurrogaten oder Geldsubstituten. Sie treten vor allem dann auf, wenn «normales» Geld knapp ist oder an Vertrauen eingebüßt hat.

Eine besondere Form von Kredit ist mit der Kreditkarte verbunden. Früher konnte man beim Kaufmann oder beim Wirt «anschreiben lassen». Diese Aufgabe erfüllt jetzt die Kreditkarte, nur dass man praktisch auf der ganzen Welt «anschreiben lassen» kann und dem Kaufmann oder Wirt nicht persönlich bekannt zu sein braucht. In der Regel erstreckt sich der Kredit auf ein oder zwei Monate. In den USA, wo dieses Instrument die weiteste Verbreitung kennt, sind aber auch längere Kreditfristen üblich. Amerika «lässt anschreiben», die Schulden übersteigen die Billionen-Dollar-Grenze. In den USA ist die Kreditkarte bzw. der mit der Karte verbundene Kredit das wichtigste Zahlungsmittel. Ihnen den Geldcharakter abzusprechen, wäre absurd.

8. Clearing in der Champagne, oder wie zahlt man ohne Zahlungsmittel?

An der Kreuzung der großen Nord-Süd und Ost-West Handelswege bildeten sich in der Champagne zwischen dem 11. und 14. Jahrhundert Messeplätze heraus, die Champagnemessen. Dort trafen sich vor allem italienische, flandrische, französische und deutsche Kaufleute. Sie handelten über mehrere Wochen miteinander. Am Ende wurde abgerechnet. Wechselseitige Geschäfte auf bilateraler Basis lassen sich gegeneinander aufrechnen. Das Problem ist der Saldo. Jeder legt sein Buch mit den Abschlüssen vor, und die Messeleitung stellt die Salden fest. Dabei erweist sich eine einheitliche Recheneinheit als nützlich. A schuldet B 100 Pfund, C schuldet A 110 Pfund und B schuldet C 120 Pfund. Indem man über die drei

Ecken aufrechnet, bleiben für B eine Restschuld von 20 und für C eine Restschuld von 10 Pfund, die in Geld zu begleichen sind. Am Anfang erfolgte das in bar, in den unterschiedlichsten Währungen. Mit wachsender Herausbildung eines internationalen Finanzmarktes zog man die bargeldlose Zahlung mit Wechselbriefen vor. So beschränkte sich die Benutzung von Zahlungsmitteln nur auf den Saldenausgleich, und die Kaufleute konnten ohne Geldsack auf die Reise gehen.

Das Verfahren wird Clearing genannt und ist heute ein hochentwickeltes System im Verkehr der Banken untereinander. Man stelle sich die Millionen von Überweisungsscheinen vor, die täglich bei den Banken eingehen, Kreditkartenzahlungen, Verfügungen über Wertpapiere in den Bankdepots bzw. den Büchern der Bank. Transaktionen innerhalb des eigenen Hauses lassen sich unmittelbar verrechnen, ohne dass «Geld» fließt. Sobald eine andere Bank betroffen ist, muss jedoch «Geld» fließen. Zwei Banken werden ihre wechselseitigen Verpflichtungen wieder gegeneinander aufrechnen. Über eine Zentralstelle, ein Clearing-Haus oder Clearing-System, ist aber auch eine multilaterale Verrechnung möglich, so dass am Ende wieder nur die Salden mit «Geld» ausgeglichen werden müssen. Banken verwenden für diesen Ausgleich untereinander das Zentralbankgeld.

So sind am Ende des Tages alle Zahlungsverpflichtungen abgewickelt. Dieses System kann nur funktionieren, wenn sich die Banken gegenseitig vertrauen. Im 19. Jahrhundert entwickelte sich deshalb das System der Giro-Banken. «Giro» kennen wir vor allem von der italienischen Radrundfahrt, dem Giro d'Italia. Genau darum geht es: Zahlungsverpflichtungen zirkulieren innerhalb der angeschlossenen Banken. Und die Clearing-Häuser haben die Zahlungsfähigkeit der angeschlossenen Banken überwacht, lange bevor es eine staatliche Bankenregulierung gab.

Clearing spielt auch im internationalen Zahlungsverkehr eine wichtige Rolle, nämlich dann, wenn es kein international voll transferierbares Geld gibt, das heißt wenn die Währungen nicht konvertibel sind. Diese Situation lag unmittelbar nach dem Zweiten Weltkrieg in Europa vor. In einer solchen Situation ist eigentlich nur Handel möglich, der bilateral zwischen zwei Staaten verrechnet werden kann. Das schränkt die Handelsintensität und damit auch das Wirtschaftswachstum erheblich ein. Um diesem Mangel abzuhelfen, wurde 1950 die Europäische Zahlungsunion gegründet, wofür die in

Basel residierende Bank für Internationalen Zahlungsausgleich (BIZ) die Rolle als zentrale Clearing-Stelle übernahm.

Damit konnten die Mitgliedsländer der Zahlungsunion Handelssalden multilateral verrechnen. Der Handel nahm zu, und in den meisten westeuropäischen Ländern fand ein Wirtschaftswunder statt. Bis 1958 hatte man eine ausreichende Konvertibilität der Währungen sichergestellt, und die Europäische Zahlungsunion war überflüssig geworden.

In den sozialistischen Ländern Osteuropas erwies sich das Problem der Inkonvertibilität als noch größer. Denn dort war das Geld ja auch intern nicht konvertibel: Ein Betrieb hatte vielleicht Geld, aber ohne eine Plananweisung konnte er damit nichts anfangen. Wie sollte das dann international funktionieren? Es funktionierte nicht. Trotz großer Anstrengungen des Rates für gegenseitige Wirtschaftshilfe (RgW), der sozialistischen «Wirtschaftsgemeinschaft», ein multilaterales Clearing wie in der Europäischen Zahlungsunion einzuführen, blieb der internationale Handel im Wesentlichen bilateral. Er wurde über zwischenstaatliche Handelsabkommen abgewickelt, die sich am ehesten in den nationalen Planungsprozess einfügen ließen. Die Vorteile der internationalen Arbeitsteilung konnten daher nicht voll genutzt werden.

9. Ist Gold nicht das bessere Geld? Immer wenn das herrschende Geldsystem in Schwierigkeiten gerät, vor allem wenn das Geld entwertet wird, taucht der Vorschlag auf, zur Goldwährung zurückzukehren. Die Grundidee ist ganz einfach: Indem man den Goldgehalt der Münzen gesetzlich festlegt und bestimmt, dass Papiergeld in Gold umgetauscht werden kann, nimmt man dem Souverän oder dem Staat die Möglichkeit, durch «Gelddrucken», also Inflationierung des Geldes, stillschweigend den Staatshaushalt auf Kosten der Bürger zu sanieren. Der Goldstandard ist das institutionalisierte Misstrauen gegenüber der Politik.

England hat mit der glorreichen Revolution Ende des 17. Jahrhunderts den Absolutismus abgeschafft und auch das absolutistische Geldsystem, bei dem der Herrscher den Wert der zirkulierenden Münzen immer wieder zu seinem Vorteil bestimmte. Isaac Newton (1643–1727) legte als Obermünzmeister in London Anfang des 18. Jahrhunderts fest, dass ein Pfund 7,988 Gramm Gold der Feinheit 0,916 enthalte. Münzen, die dem nicht entsprachen, konnten zum festen Kurs eingetauscht werden. Den «Kippern» (Kippen bedeutete, den Münzen den Rand abschneiden) hatte man mit der Technik des Rändelns der Münzen bereits das Handwerk gelegt. Folglich war Münzverschlechterung kein Geschäft mehr für den Staat. Die Einführung des Goldstandards hatte zum Ziel, der Politik jegliche Handlungsfreiheit in Geldsachen zu entziehen.

Haben mehrere Länder den Goldstandard eingeführt, wie in der zweiten Hälfte des 19. Jahrhunderts bis 1914, dann wirkt das praktisch wie eine einheitliche Währung. Denn der Politik ist die Möglichkeit genommen, die Wechselkurse zu manipulieren. Lässt zum Beispiel eine schlechte Ernte die Preise in Land A stärker steigen als in Land B, dann sinkt dort die Kaufkraft einer Goldmark und A kauft günstiger Güter aus Land B: Gold fließt von A nach B. Mit der Verringerung der Geldmenge in A (wir werden das als Quantitätstheorie unter Frage 41 noch genauer kennen lernen) sinken die Preise in A und der Wert des Geldes steigt wieder, während in B die Geldmenge zunimmt und damit auch die Preise steigen. Im Ergebnis schwankt der Wechselkurs zwischen A und B nur minimal, den Transportkosten für Gold entsprechend. Handelbare Güter haben in der Welt des Goldstandards fast einheitliche Preise. In «Euroland» verhält es sich nicht grundsätzlich anders.

Der Wert des Geldes wird wie bei jeder Ware von Angebot und Nachfrage bestimmt. Ziel des Goldstandards ist es, dem Staat die Möglichkeit zu nehmen, das Geldangebot zu steuern. Wer steuert es dann? Global gesehen tun das die Goldproduktion und die Nachfrage nach Gold für nicht-monetäre Zwecke. Beide sind wiederum dem Kalkül von Kosten und Ertrag unterworfen. Steigt der Wert des Goldes, lohnt sich vermehrte Produktion und die Nachfrage nach Schmuck sinkt. Es kann allerdings auch schockartige Veränderungen geben: die Entdeckung des kalifornischen Goldes zum Beispiel oder technische Verbesserungen bei der Goldgewinnung. National gesehen steigt das Goldangebot, wenn ein Staat mehr exportiert als importiert, also einen Außenhandelsüberschuss hat, der von den Handelspartnern in Gold beglichen wird.

Ob die willkürliche Entwicklung von Angebot und Nachfrage nach einer erschöpfbaren Ressource wie Gold die Geldmenge und das Preisniveau optimal steuert, lässt sich bezweifeln. Der Goldstandard kann Inflation nicht verhindern, wie die säkulare Inflation des 16. und 17. Jahrhunderts als Folge des hereinströmenden spanischen

Goldes gezeigt hat. Auf der anderen Seite kann Gold knapp werden und die Preise drücken. Im 18. und 19. Jahrhundert war die Gefahr eines Goldmangels und damit einer Preisdeflation gering. Denn die Weltwirtschaft wuchs sehr viel langsamer als im 20. und 21. Jahrhundert.

Eine voll automatische Goldwährung hat es außerdem nur für kurze Zeit gegeben. Schon bald bildete die *Bank of England* Goldreserven, über die sie mit Hilfe des Zinssatzes die Geldversorgung der Wirtschaft steuern konnte. Damit war die Politik wieder im Geschäft.

10. Warum wird Papiergeld akzeptiert? Die allgemeine Akzeptanz des Geldes gehört praktisch zu seiner Definition als eines Gegenstandes, «der gewohnheitsgemäß und ohne Zaudern von jedermann gegen jeden anderen Gegenstand in Tausch genommen wird», wie es der schwedische Ökonom Knut Wicksell (1851–1926) im Jahr 1911 formuliert hat. Ist das nicht der Fall, handelt es sich nicht um Geld, sondern um einen Fetzen Papier. Doch wie kommt diese magische Verwandlung von Papier in Geld zustande?

Papiergeld als Tauschmittel von maximaler Liquidität und als Wertaufbewahrungsmittel besitzt Warencharakter und damit auch einen eigenen Wert. Es wird nachgefragt. Doch diese Eigenschaft hat es nicht von Natur, sondern laut Aristoteles nach dem Gesetz, oder besser laut Wicksell gewohnheitsgemäß. Indem der Staat seine Banknoten zu gesetzlichen Zahlungsmitteln erklärt, versucht er zwar, die Akzeptanz zu erzwingen. Das gelingt jedoch nur unvollkommen.

Die Älteren unter uns erinnern sich der unmittelbaren Nachkriegszeit. Die Reichsmark war bis 1948 gesetzliches Zahlungsmittel und ein Gläubiger konnte sich nicht weigern, wenn ein Schuldner damit seine Schuld beglich. Aber «ohne Zaudern» wurden Reichsmark nicht akzeptiert. Dem Bauern auf dem Lande musste man schon substantiellere Werte mitbringen, um einen Sack Kartoffeln und eine Speckseite zu erhalten. Höhere Akzeptanz und Liquidität als Reichsmark hatten z. B. Zigaretten.

Es gehört zu den ältesten Aussagen über Geld, dass Warengeld einen inneren Wert habe, Papier- oder Zeichengeld dagegen nur einen gesetzten Wert. Das ist ein Scheingegensatz, da der Wert des Zeichengeldes, anders als das Zeichengeld selbst, keineswegs gesetzt ist, sondern sich aus Angebot und Nachfrage bestimmt genauso wie beim Warengeld. Die Gewohnheit, es im Tausch zu akzeptieren, rührt daher, dass es knapp, konvertibel und relativ wertbeständig ist. Dafür zu sorgen, ist Aufgabe der monetären Autorität. Heute ist das die Europäische Zentralbank.

Nicht immer ist die monetäre Autorität erfolgreich. Die Mark der DDR war zwar relativ wertbeständig (abgesehen von der verborgenen Inflation). Sie war aber nur beschränkt konvertibel. Ihre Ausfuhr ins Ausland war verboten. Auch intern mussten viele Güter und private Dienstleistungen in der Parallelwährung, der harten D-Mark, bezahlt werden. In ähnlicher Situation verkehren viele Länder, denen es nicht gelingt, ihr Geldsystem in Ordnung zu halten, oder die, wie eben die DDR, die bürokratische Plankoordination der monetären Marktwirtschaft vorziehen.

Wie schon erwähnt ist modernes Geld Kreditgeld. Geht das Vertrauen, der Kredit, verloren, dann schwindet die Akzeptanz. Solange jedermann ein bestimmtes Geld akzeptiert, tun wir das auch. Doch wehe, es kommen Zweifel an der Funktionsfähigkeit des Geldes auf! Dann bricht nicht nur das Geldsystem zusammen, sondern auch der normale Handel. An seine Stelle treten Hamstern, Schwarzmarkt, Tauschgeschäfte und Beziehungen, wie das Beispiel der Nachkriegsperiode lehrt.

Geld, das die Geldfunktionen erfüllt, wird akzeptiert. Der österreichische Ökonom Carl Menger (1840–1921) sprach vor über 100 Jahren von der Marktgängigkeit des Geldes. Mark Twain (1835–1910) hat in seiner amüsanten Erzählung *The Million Pound Bank Note* einen fiktiven Gegenbeweis angetreten. Zwei Multimillionäre gehen eine Wette ein, was Engländer ja so gerne tun. Sie statten einen armen Seemann mit einer Banknote über eine Million Pfund aus. Nach heutiger Kaufkraft wären das weit über 10 Millionen Euro. In der Zeit vor dem Ersten Weltkrieg konnte die Bank noch Noten herausgeben, deren Wertangabe mit der Hand eingetragen war. Eine Note über 1 Million Pfund ist nicht marktgängig: Wer sollte da Wechselgeld herausgeben können? Die Wette lief darauf hinaus, dass der eine meinte, die Note sei deshalb völlig wertlos, während der andere sich sicher war, allein die Existenz der Note verschaffe ihrem Träger grenzenlosen Kredit, was tatsächlich so lange der Fall war, wie der Seemann die Banknote vorweisen konnte.

11. Wieviel Geld brauche ich? Klar, man kann nicht genug Geld haben. Doch das ist gar nicht so selbstverständlich, wie es scheint. Denn es gibt Besseres. Geld hat viele Vorteile, aber es hat auch einen schwerwiegenden Nachteil: Im günstigsten Fall bleibt es gleich in seinem Wert, in weniger günstigen Fällen verliert es mit der Inflation an Wert. Sein Vermögen sollte man deswegen nicht im Sparschwein aufbewahren, sondern in zinstragenden Forderungen anlegen, zum Beispiel in Spareinlagen oder Anleihen.

Zwischen der Einnahme und der Ausgabe von Geld liegt immer eine Zeitspanne. Darum ist die Wertaufbewahrungsfunktion des Geldes ja so wichtig. Ein rational denkender Mensch versucht, diese Zeitspanne zu nutzen und jedes überschüssige Geldeinkommen unmittelbar in eine zinstragende Forderung umzuwandeln. Erst im Moment der Geldverwendung findet die Rückverwandlung statt, um vom neuen Empfänger sofort wieder in einer zinstragende Forderung angelegt zu werden. Im Grenzfall gäbe es folglich gar kein unverzinstes Geld. Das ist natürlich eine utopische, modellhafte Überlegung, wie sie unter Ökonomen so beliebt sind. Doch sie hilft uns zu erklären, warum zinslose Forderungen höchster Liquidität, also Geld, erforderlich sind und wovon die Nachfrage danach bestimmt wird.

Der britische Ökonom John Maynard Keynes (1883–1946) hat drei Motive formuliert, warum man immer etwas Geld in der Kasse haben möchte. Da ist das Transaktionsmotiv: Für tägliche Ausgaben trägt man eine Geldbörse bei sich oder hat einen positiven Saldo auf dem Sichtkonto. Und da ist das Vorsichtsmotiv: Es könnte neben den normalen auch unvorhergesehene Ausgaben geben, und das macht eine Liquiditätsreserve erforderlich. Nicht liquide zu sein, verursacht Kosten: Zinsen für eine Kontoüberziehung, Liquidierungskosten für andere Vermögensanlagen, Reputationsverlust. Auch die Anlage von Geld in zinstragenden Forderungen verursacht Kosten. Die Bank erhebt Gebühren, und es gibt die so genannten Schuhleder-Kosten, die dem Zinsertrag gegenüberstehen: Man läuft sich die Hacken schief, um jeden Geldbetrag sofort anzulegen oder abzuheben.

Schließlich nennt Keynes das Spekulationsmotiv: Die Attraktivität einer zinstragenden Forderung hängt offensichtlich vom erwarteten Ertrag ab. Ist der erwartete Ertrag einer Anleihe positiv, wird man sie dem Geld vorziehen. Der erwartete Ertrag wiederum bestimmt sich aus Zinssatz und Kursentwicklung der Anleihe. Der Marktzins schwankt jedoch, und bei steigenden Zinsen fallen die Kurse. Tendiert der Zins nach oben, können die Kurse möglicherweise so weit fallen, dass der erwartete Ertrag zum Zeitpunkt, an dem das Geld gebraucht wird, negativ ist. In diesem Fall ist das zinslose Geld vorzuziehen, und man wartet auf bessere Zeiten.

Die Geldnachfrage aus den Transaktions- und Vorsichtsmotiven hängt in erster Linie vom Umfang der täglichen Ausgaben und vom Preisniveau ab, vom Realeinkommen und der Inflationsrate also. Die Geldnachfrage aus dem Spekulationsmotiv wird vom Umfang des Vermögens und dem erwarteten Zinssatz bestimmt. Kurzum, eine wachsende Wirtschaft braucht mehr Geld, aber Geld sollte man nur so viel haben, wie unbedingt nötig. Für den Rest finden sich bessere Anlagemöglichkeiten.

12. Geld stinkt nicht, oder? Wir haben das Geld als eine prometheische Erfindung bezeichnet. Es ist so nützlich, ja unentbehrlich für den zwischenmenschlichen Verkehr. Die Wohlfahrt und die Freiheiten, deren wir uns erfreuen, ließen sich ohne die durch das Geld vermittelte Arbeitsteilung und individuelle Selbständigkeit nicht aufrechterhalten. Und trotzdem hat das Geld einen denkbar schlechten Ruf.

Ein Blick in die Literatur von der Antike bis in die neueste Zeit macht deutlich: Als Erfinder des Geldes kommt kein Prometheus, sondern wohl nur der Teufel in Frage. Die zynische Replik, es stinke nicht, die der römische Kaiser Vespasian auf den Vorwurf gab, er ziehe Gewinn aus der Nutzung der Kloake durch die Gerber, gibt die Richtung an: «Gewinn riecht gleich gut aus jeder Ware», machte der Satiriker Juvenal daraus.

Der deutsche Soziologe Georg Simmel (1858–1918), dem wir eine umfangreiche *Philosophie des Geldes* verdanken, wiegelt ab. Nicht das Geld an sich sei unmoralisch, sondern viel Geld. So sei auch bäuerlicher Grundbesitz unproblematisch, Großgrundbesitz dagegen nicht. Für Karl Marx (1818–1883) liegt das Problem dagegen im Grundsätzlichen, in der Entfremdung des Menschen durch das Geld. In seinen Frühschriften lesen wir:

> «Da das Geld als der existierende und sich betätigende Begriff des Wertes alle Dinge verwechselt, vertauscht, so ist es die allgemeine *Verwechslung* und *Vertauschung* aller Dinge, also

die verkehrte Welt, die Verwechslung und Vertauschung aller natürlichen und menschlichen Qualitäten. ...

Setze den Menschen als Menschen und sein Verhältnis zur Welt als ein menschliches voraus, so kannst du Liebe nur gegen Liebe austauschen, Vertrauen nur gegen Vertrauen etc.»

Nun wird kaum jemand den letzten Satz bestreiten. Doch Marx erklärt nicht das «etc.», was man beispielsweise zum Tausch für das tägliche Brot anbieten solle, es sei denn das mit eigener Arbeit verdiente Geld. Denn darin hat Adam Smith (1723–1790) wohl recht: «Nicht vom Wohlwollen des Metzgers, des Brauers oder des Bäckers erwarten wir unser Abendbrot, sondern von ihrem wohlverstandenen Eigeninteresse.»

Man ersetze das Wort «Eigeninteresse» aber nur durch «Geldgier», und das Bild sieht wieder ganz anders aus. «Denn Geldgier ist die Wurzel alles Übels», schrieb Paulus an seinen Mitarbeiter Timotheus. Und von Vergil stammt der «verfluchte Hunger nach Gold» (*auri sacra fames*, wobei *sacra* nicht nur heilig, sondern auch verflucht heißen kann, wie jeder des Bayerischen Kundige weiß). Geldgier ist nicht nur ein persönlicher Charakterfehler. In der jüngsten Finanzkrise von 2007 bis 2009 wurde sie als treibende Kraft für die Aufblähung der Finanzmärkte und den darauf folgenden Zusammenbruch gesehen. Ob zu recht, bleibe hier dahingestellt.

Das Problem des Geldes ist offensichtlich seine doppelte Natur: Es ist Mittel für Tausch und Wertaufbewahrung ebenso wie Selbstzweck, eine Trennung, die Aristoteles als Erster vorgenommen hat. In der ersten Eigenschaft ist es beschränkt, in der zweiten ist es maßlos, was die Ökonomen in die Annahme kleiden, der Nutzen der letzten Einheit Geld falle nicht mit zunehmender Menge, wie das bei normalen Gütern der Fall ist, deren Konsum irgendwann zur Sättigung führt. Vom Geld kann man offensichtlich nicht genug haben.

Kredit, Zins und Kapital

13. Was ist Vermögen? Vermögen ist eine merkwürdige Sache. Schon die Bezeichnung erweist sich als schillernd. Die Engländer nennen es *wealth*, also das, was für einen am besten ist, die Franzosen *fortune*, als ob man es der Glücksgöttin verdanke, die Italiener *patri-*

monio, womit sie auf das väterliche Erbe anspielen, die Russen *imuščestvo*, was einfach Besitz bedeutet. Und im Deutschen gibt das Wort Vermögen an, dass man damit etwas vermag.

Ökonomen sind prosaischer. Vermögen bedeutet für sie das, was in eine Vermögensrechnung, und das heißt in die Bilanz, aufgenommen wird. Nun gibt es verschiedene Vermögensrechnungen – private, betriebswirtschaftliche und volkswirtschaftliche. Mit dem Zweck, für den sie bestimmt sind, ändert sich die Definition des Vermögens. Im Unterschied zur Einkommensrechnung, die für eine Periode aufgestellt wird, gibt die Bilanz Vermögensbestände zu einem konkreten Zeitpunkt wieder. Vermögen ist also eine Bestandsgröße.

Aktiva	Passiva
Sachvermögen	Verbindlichkeiten
Rechte	
Forderungen	Saldo: Reinvermögen

Schauen wir uns eine Bilanz an. Da stehen auf der linken Seite die Nutzen stiftenden Vermögensobjekte, die Aktiva. In Unternehmensbilanzen werden sie normalerweise klassifiziert in Anlage- und Umlaufvermögen entsprechend der Zeit, die das Vermögensobjekt im Unternehmen gebunden ist, oder in Sachvermögen, wie Gebäude und Ausrüstungen, immaterielle Objekte, wie Lizenzen, Patente und andere Rechte, und Geldvermögen, also Forderungen unterschiedlicher Art.

Auf der rechten Seite der Passiva ist festgehalten, wie die Vermögensobjekte finanziert sind, sozusagen die Kostenseite des Vermögens. Die Finanzierung erfolgt entweder durch Fremdkapital, das sind Verbindlichkeiten gegenüber Dritten aus den unterschiedlichsten Krediten, oder durch Eigenkapital, das sind Einlagen der Eigentümer oder einbehaltene Gewinne aus der Vergangenheit. Die Differenz von Aktiva und Verbindlichkeiten stellt das Netto- oder Reinvermögen dar. Das kann auch negativ sein. Dann ist das Wirtschaftssubjekt, für das die Bilanz aufgestellt wurde, überschuldet oder bankrott.

Aber was zählt nun alles zu den Vermögensobjekten? Ein klassischer Streitfall sind Renten- und Pensionsansprüche. Für den einzelnen Haushalt sind seine gesetzliche und betriebliche Altersversorgung bedeutende Vermögensbestandteile, auch wenn sie nicht handelbar und deshalb nicht beleihbar sind. Für Betriebe, Rentenkassen und Pensionsversicherungen handelt es sich um wichtige Verbindlichkeiten. Volkswirtschaftlich betrachtet werden beide Posten gegeneinander aufgerechnet. So ist das mit allem Geldvermögen, das seiner Natur nach aus Schulden besteht. Die Verbindlichkeiten des Einen sind Forderungen des Anderen und gleichen sich in der Summe aus.

14. Was ist das Vermögen wert? Vermögen hat nur einen Wert, wenn es Nutzen bringt. Das kann ein unmittelbarer Nutzen sein wie das Dach über dem Kopf oder ein Bild an der Wand. Meistens ist es jedoch ein vermittelter Nutzen: Das Vermögen bringt ein Einkommen hervor, womit man sich dann den gewünschten Nutzen verschafft. Einkommen beruhen auf Leistungen, Vermögensleistungen. Beim Arbeitseinkommen ist das klar ersichtlich – wir sprechen von Arbeitsvermögen oder Humankapital.

Was üblicherweise Vermögenseinkommen genannt wird, nämlich Einkommen aus Sachvermögen, immateriellem Vermögen (z. B. Patenten, Lizenzen) oder Finanzvermögen, ist ebenfalls ein Ergebnis von Vermögensleistungen. Das Vermögen «arbeitet» für seinen Eigentümer. Diese Vorstellung ist allerdings nicht unumstritten. Marxisten, aber auch christliche Sozialisten streiten ab, dass es andere wertschaffende Leistungen als persönliche Arbeitsleistungen gibt. Wie auch immer, unbestritten ist, dass Produktivvermögen oder Produktivkapital – Maschinen, Ausrüstungen, aber auch Patente – zur Herstellung von Gütern und Diensten beiträgt. Einen Wert erhält Produktivkapital jedoch erst dann, wenn man es mit einem ausschließlichen Verfügungsrecht belegen kann. Ist eine Erfindung nicht patentgeschützt, sondern jedem zugänglich, mag sie nützlich sein, einen Vermögenswert stellt sie nicht dar. Vermögen sind folglich im Prinzip handelbare Güter. Und der Marktpreis ist die primäre Richtschnur für die Bewertung.

Die Bewertung eines Vermögensobjektes kann man von zwei Seiten angehen – vom Marktpreis oder vom erwarteten Nutzen. Beides führt nicht zu eindeutigen Werten. Der Marktpreis kann der historische Anschaffungswert oder der Wiederbeschaffungswert sein. Schwierigkeiten machen hier Preisveränderungen und die Tatsache des technischen Fortschritts bzw. des Wissensfortschritts (z. B.

beim Humanvermögen). Das Vermögen nutzt sich nicht nur ab, es wird auch im Entwicklungsprozess entwertet. Eine fünf Jahre alte Maschine läuft vielleicht noch problemlos. Sie entspricht aber nicht mehr dem neuesten technischen Stand

Marktpreise fallen nicht vom Himmel. Der Kurswert einer griechischen Staatsanleihe, das heißt ihr augenblicklicher Marktpreis, spiegelt den erwarteten Nutzen wider, den so genannten Ertragswert. Das sind die für die Zukunft erwarteten Erträge aus einem Vermögensobjekt. Die Staatsanleihe mit einem Nennwert von 100 hat aber vielleicht nur noch einen Kurswert von 70. In dem niedrigeren Marktpreis drückt sich die Befürchtung aus, dass sie bei Fälligkeit nicht oder nicht vollständig zurückgezahlt wird.

Für andere Vermögensobjekte kann man den Ertragswert oft nur schätzen: Wie wird sich der Markt, wie der Preis für ein neues Produkt entwickeln, für das in eine neue Anlage investiert wird? Eine weitere Unsicherheit der Ertragswertrechnung bringt der Zinssatz mit sich, mit dem man künftige Erträge auf einen Gegenwartswert zurückführt. Denn 1000 Euro, die ich in acht Jahren erhalte, sind, abhängig vom Zinssatz, heute weniger wert. Lege ich nämlich heute 1000 Euro Festgeld zu einem Zinssatz von fünf Prozent an, dann habe ich in acht Jahren mit Zins und Zinseszins 1477,50 Euro. Doch die Zinssätze der kommenden Jahre kenne ich nun einmal nicht. Steigt der Marktzins in den acht Jahren über fünf Prozent, dann sinkt der Wert meiner Festgeldanlage. Deshalb schwankt täglich der Kurswert einer im Übrigen sicheren deutschen Staatsanleihe.

Auf jeden Fall ist Vermögen, und nicht nur das Geldvermögen, eine flüchtige Größe, die in guten wie in schlechten Zeiten rasch schrumpfen kann.

15. Wozu dient Finanzvermögen? Der «Reichtum der Völker», so der Kurztitel des berühmten Buches von Adam Smith aus dem Jahr 1776, besteht vor allem erst einmal aus dem Arbeitsvermögen. Das wird allerdings in der volkswirtschaftlichen Vermögensrechnung nicht erfasst, die das Sachvermögen und das immaterielle nichtfinanzielle Vermögen aufaddiert. In einer geschlossenen Wirtschaft kommt in dieser Bilanz Geldvermögen nicht vor, da sich Forderungen und Verbindlichkeiten in der Summe gegenseitig aufheben. Die gängige Vorstellung, ein reiches Land besitze viel Geld, ist also volkswirtschaftlich gesehen falsch. Einzelwirtschaftlich, vom Standpunkt

eines Haushalts oder eines Unternehmens aus betrachtet, sieht die Sache ganz anders aus. Beide haben Forderungen, also Finanztitel unterschiedlichster Art, in ihrem Vermögensbestand, der häufig Portfolio genannt wird.

Ein Unternehmen bezahlt seine Rechnungen in der Regel nicht umgehend, woraus kurzfristige Forderungen entstehen. Darüber hinaus gibt es verschiedene Gründe, Geld oder geldnahe verzinsliche Forderungen zu besitzen, zum Beispiel die bereits erwähnten Vorsorge- und Spekulationsmotive. Ein Privathaushalt hält Geld für die täglichen Besorgungen. Er hat Sparkonten, die vierteljährlich oder einjährig kündbar sind, um geplante umfangreichere Anschaffungen oder unvorhergesehene Ausgaben bezahlen zu können. Er kauft Anleihen als längerfristige Anlagen. Schließlich sorgt er mit einer Lebensversicherung langfristig für das Alter vor. All das sind Finanzanlagen, auf die man ungern verzichten möchte.

Zu einer Zeit, als es die entsprechenden Instrumente noch nicht gab, tat man sich mit der Vorsorge schwer. Gegen Ernteausfall half Vorratsvermögen, was Joseph den Ägyptern klar machte. Alterssicherung war am besten mit einer großen Familie zu gewährleisten: ein Generationenvertrag im eigenen Hause. Heute besteht das Haushaltsvermögen hauptsächlich aus einer Immobilie, Rentenansprüchen sowie dem Finanzvermögen in den oben erwähnten Varianten.

Finanzvermögen gleicht Schwankungen aus, die auf der Einnahmenseite durch Wirtschaftskrisen entstehen können, aber auch durch persönliche Ereignisse wie Krankheit und Alter. Auf der Ausgabenseite treten ebenfalls Schwankungen auf, wenn z. B. das Auto plötzlich nicht weiter will. Da aber Finanzvermögen grundsätzlich aus Forderungen besteht, ist die Sicherheit, die es bietet, nur relativ: Sie ist an die Zahlungsfähigkeit des jeweiligen Schuldners gebunden und an die Wertbeständigkeit der Anlage. Beides ist nicht garantiert, vor allem nicht über längere Perioden. Finanzkrisen und Inflation können auch ein umfangreiches Vermögen in kurzer Zeit abschmelzen lassen.

16. Kapital – Quelle der Wohlfahrt oder der Ausbeutung? Kapital ist ein Begriff, der den Ökonomen viel Kopfzerbrechen bereitet. Allein schon die Frage, wo wir es in der Bilanz eines Unternehmens finden, ist nicht eindeutig zu beantworten. Mal wird von den Aktiva, dem Sach- und Finanzvermögen, als Kapital gesprochen. Das Sachkapital bringt im Produktionsprozess zusammen mit der Arbeit die Produkte des Betriebes hervor. Auf der anderen Seite spricht man von den Passiva als Eigen- und Fremdkapital. Kapital ist dann also das Geld, mit dem die Produktionsmittel finanziert werden.

Aus diesem Blickwinkel ergibt sich der für die kapitalistische Produktionsweise typische Ablauf: Geld → Ware → (mehr) Geld. Der Unternehmer setzt Geld ein, das er von Kapitalgebern eingesammelt oder sich geliehen hat, kauft damit Produktionsmittel und Arbeitsleistungen und produziert eine Ware, für die er wieder Geld erlöst. Und zwar sollte es etwas mehr als das eingesetzte Geld sein. Denn schließlich wollen er und seine Geldgeber einen Gewinn machen.

Unter vor-kapitalistischen Bedingungen lief die Sache einfacher ab: Ware → Geld → Ware. Der Bauer mästete einen Ochsen, trieb ihn auf den Markt und kaufte sich von dem Erlös einen Anzug oder einen Pflug. Er wollte bei dem Geschäft sicher nicht schlecht abschneiden. Aber Gewinn war nicht sein Hauptziel, sondern der Pflug oder der Anzug. Und eine doppelte Buchführung, die es ihm erlaubt hätte, den Gewinn genau zu berechnen, kannte er nicht. Die konsequente Gewinnorientierung der kapitalistischen Produktion ist eine der wichtigen Ursachen für das moderne Wirtschaftswachstum.

Sachkapital sind produktive Vermögensgegenstände, die über einen längeren Zeitraum genutzt werden können – Gebäude und Infrastruktureinrichtungen über lange Perioden, Maschinen und Ausrüstungen nutzen sich rascher ab. Zeit spielt also im Zusammenhang mit dem Kapital eine besondere Rolle. Während der Fischer ein Netz knüpft, das heißt in eine produktivere Technik investiert, kann er nicht fischen. Zum Überleben braucht er einen Nahrungsmittelvorrat, das heißt Ersparnisse. Das ist die einfachste Form von Kapitalbildung.

In einer hoch arbeitsteiligen Wirtschaft findet das alles simultan statt – Schiffbau, Netze knüpfen, fischen, Fischverarbeitung. Doch das Grundprinzip bleibt erhalten: Um Kapitalgüter herzustellen, muss man auf die Produktion von Konsumgütern verzichten, das heißt sparen.

Neben dem technisch-finanziellen Aspekt, der in der modernen Ökonomie zentral steht, hat Kapital auch einen sozio-ökonomischen Aspekt. Das war das Thema von Karl Marx. Das Privateigentum an den Produktionsmitteln, am Sachkapital, und die Bereitstellung des Lohnfonds, den er variables Kapital nannte, geben nach

Marx dem Kapitalisten die Kontrolle über den Produktionsprozess und ordnen ihm die mittellosen Arbeiter im Lohnarbeitsverhältnis unter. Das ist die kapitalistische Klassengesellschaft, die zwar auf Grund des technisch-finanziellen Aspekts hoch produktiv ist, aber die Arbeiter entfremdet und ausbeutet. Das mag für das 19. Jahrhundert zutreffend gewesen sein. Im 21. Jahrhundert sind die sozio-ökonomischen Produktionsverhältnisse komplexer.

Die kritische Haltung dem Kapital gegenüber konnte Marx schon von den griechischen Philosophen Platon und Aristoteles übernehmen, die in der gewinnorientierten Wirtschaftsweise bereits eine Entfremdung von der Natur des Menschen sahen. Vor allem das Finanzkapital, der monetäre Aspekt des Kapitals, und seine hohe Konzentration wurden zu einem Ärgernis. Am schlimmsten äußerte sich das im Nationalsozialismus, der das «schaffende» Industriekapital vom «raffenden» Finanzkapital unterschied und daraus seine antisemitische Hetze ableitete. Noch in den Kommentaren zur jüngsten Finanzmarktkrise waren ähnliche kapitalkritische Untertöne zu hören.

17. Wozu dient Kredit?   Das lateinische *credere* heißt glauben, vertrauen. Ein Kredit ist Vertrauenssache. Das ist leicht einzusehen. Denn bei einem Kredit werden gegenwärtige Güter gegen künftige Güter getauscht. Dazwischen liegt eine Zeitperiode, in der viel passieren kann. Ein Bauer gibt seinem Nachbarn einen Sack Saatgut, das ihm der Nachbar nach der Ernte zurück zu erstatten hat, vielleicht auch etwas mehr. Das tut er im guten Vertrauen auf die Sorgfalt und die Rückgabewilligkeit des Nachbarn oder im guten Vertrauen auf das Rechtssystem, das ihm im Konfliktfall zu seinem Recht verhilft.

Naturalkredit ist heutzutage eher selten, die Geldform das Übliche. Da wird gegenwärtige Kaufkraft, Liquidität, getauscht gegen künftige Kaufkraft. Daraus entsteht eine zeitlich festgelegte Forderung. Warum macht man das? Im einen wie im anderen Fall, weil Not am Mann ist oder dringend benötigtes Geld fehlt. Der Nachbar hat kein Saatgut mehr und könnte sein Feld nicht bestellen. Wer Geld aufnimmt, braucht zusätzliche Liquidität für produktive oder konsumtive Zwecke. Kauf oder Bau eines Hauses übersteigen für gewöhnlich das unmittelbar verfügbare Vermögen eines Haushalts, also wird eine Hypothek aufgenommen. Die Investitionen eines Unternehmens werfen erst im Laufe von Jahren einen Ertrag ab, müssen aber vorfinanziert werden. Soweit das nicht aus eigenen Mitteln möglich ist, beansprucht man Kredite.

Kredit hält den Wirtschaftsprozess in Bewegung. Er ist sozusagen das Schmiermittel, das gebraucht wird, um die zu unterschiedlichen Zeitpunkten anfallenden Kosten und einlaufenden Erträge der wirtschaftlichen Tätigkeit in Übereinstimmung zu bringen. Die Zeiträume, die dabei überbrückt werden, können unterschiedlich lang sein. Ein Lieferantenkredit läuft üblicherweise nicht länger als einen Monat, eine Hypothek bisweilen über dreißig Jahre.

Der Staat als der größte Einzelkreditnehmer muss ebenfalls den Zeitraum zwischen seinen Ausgabenverpflichtungen und seinen Steuereinnahmen überbrücken. Darüber hinaus nimmt er oft Kredit auf in der Erwartung, künftig mehr Steuern einzunehmen. Die Laufzeiten seiner Kredite variieren zwischen einem Tag (Tagesanleihe) und dreißig Jahren (Bundesanleihen). In Großbritannien gibt es seit dem 18. Jahrhundert sogar Staatspapiere mit einer unbeschränkten Laufzeit, die so genannten *consols*. Der Kreditgeber erhält sein Geld dann nicht vom Kreditnehmer, dem britischen Staat, zurück, sondern dadurch, dass er das Papier auf dem Markt verkauft.

Kredit gewähren kann im Prinzip jeder. Den Lieferantenkredit oder den Wechselkredit verabreden die Geschäftspartner erst einmal direkt untereinander. Daneben haben sich über die Zeit spezialisierte Kreditinstitute herausgebildet, vor allem die Banken. Die heute angebotenen Kreditformen sind äußerst vielfältig. Das Volumen der im Laufe eines Jahres gewährten Kredite übersteigt das Bruttoinlandsprodukt, den Wert der im Inland produzierten Güter und Dienstleistungen, um ein Vielfaches.

Während Bargeld eine Forderung gegen jedermann ist, die rechtlich nicht einklagbar ist, sondern auf Vertrauen in die Zentralbank beruht, sind Kreditgeschäfte rechtlich sorgfältig geregelt. Ihnen liegt ein Vertrag zugrunde, und das Rechtssystem schützt die Forderung des Gläubigers. Länder mit einem unzuverlässigen Rechtssystem haben deshalb auch eine unterentwickelte Kreditwirtschaft und sind dementsprechend arm.

18. Ist der Zins widernatürlich? Kredit gibt es nicht umsonst. Er hat seinen Preis, den wir Zins nennen. Der Zins ist also der Preis für die zeitliche Nutzung von Geld oder eines beliebigen anderen Gutes. Denn auch für die Nutzung einer Wohnung fällt ein Mietzins an.

Für einen modernen Ökonomen sind das selbstverständliche Tatsachen. In kaum einem zeitgenössischen Lehrbuch wird man daher die Frage erörtert finden, was Ursprung und Wesen des Zinses seien, dafür aber eher komplizierte Analysen der Kreditnachfrage und des Kreditangebots, die die Höhe des Zinses bestimmen.

Ganz anders war das in früheren Zeiten, als Ökonomen von Haus aus Philosophen waren und sich mit Fragen der Ethik beschäftigten. Von Aristoteles stammt das Verdammungsurteil, der Zins sei wider die Natur und Zinsnehmen unethisch. Wie kam der weise Alte auf diese Idee? Geld ist seiner Ansicht nach steril, es wirft keine Jungen, wobei das griechische Wort für Zins (*tokos*) gerade einen Wurf Jungtiere bezeichnet. Nun ist zweifellos richtig: Legt man einen Haufen Geld in eine Kiste, passiert nichts, während bei Hamstern oder Mäusen einem bald sehr viel mehr entgegenspringen.

Gibt man das Geld jedoch aus, dann ist es verbraucht. Hier wird der Unterschied zwischen Mietzins und Geldzins festgemacht: Bei einer Wohnung lassen sich Eigentum und Nutzung trennen, bei Geld angeblich nicht. Das stimmt für den einzelnen Geldschein, aber nicht für die abstrakte Forderung, die ihm zugrunde liegt. Denn schließlich muss das geliehene Kapital zurückerstattet werden. Dass aber Geld auf dem Umweg über die Produktion oder den Handel zu mehr Geld führen kann, hat Aristoteles nicht in seine Überlegung einbezogen.

Karl Marx, der seinen Aristoteles hoch schätzte, hat diesen kapitalistischen Produktionsprozess, der einen Gewinn hervorbringt, minutiös analysiert. Der Zins ist dabei eine wichtige Größe, sei es dass er auf geliehenes Geld zu zahlen ist, sei es dass er für das eingesetzte Eigenkapital in Rechnung gestellt werden muss. Die Quelle des Zinses ist der in der Produktion entstandene Mehrwert, wobei die Höhe des Zinses, anders als sonst ein Wert in der Marxschen Ökonomie, allein von Angebot und Nachfrage auf dem Markt bestimmt wird. So weit, so gut. Zum Skandalon wird die Sache in den Augen von Marx erst durch die private Aneignung des Mehrwerts und damit auch des Zinses. Das ist Ausbeutung.

Die sozialistischen Planwirtschaften des 20. Jahrhunderts haben sich schwer getan mit diesem Marxschen Erbe. Lange Zeit hielten sie den Zins für eine kapitalistische Ausgeburt, bis sie merkten, dass Kapital leicht verschwendet wird, wenn seine Nutzung nicht mit Kosten verbunden ist. Denn Kapital ist auch im Sozialismus knapp und sollte nur in den produktivsten Verwendungsmöglichkeiten eingesetzt werden. Einen Kreditmarkt, der den Zins in seiner Höhe festlegt, gab es nicht. Denn die Entscheidungen über Sparen und Investieren wurden dort nicht individuell, sondern zentral gefällt. Doch man führte zumindest kalkulatorische Größen ein, die einem Zins entsprachen.

In einer Marktwirtschaft mit Privateigentum scheint die Sache recht einfach: Angebot und Nachfrage bestimmen den Zins. (Die Zentralbank hat da allerdings noch ein Wörtchen mitzureden – mehr dazu unter Frage 32.) Doch muss der Zins positiv sein? Häufig wird behauptet, nur bei einem positiven Zins seien die Leute bereit zu sparen, denn Konsumverzicht müsse sich lohnen. Das ist keineswegs selbstverständlich. Denn für die Altersversorgung beispielsweise wäre manch einer schon zufrieden, sein Geld wertbeständig über mehrere Jahrzehnte erhalten zu können. Auf Grund der geldpolitischen Interventionen in der jüngsten Krise ist der Realzins, das heißt der Zins nach Abzug der Inflationsrate, bis fast auf Null gesunken, ohne dass es die Sparneigung wesentlich beeinträchtigt hätte. Doch ob es ein ausreichendes Kreditangebot bei einem gesetzlichen Zins von Null gäbe, scheint eher zweifelhaft.

Was ist jedoch ausreichend? Da kommt die Nachfrage ins Spiel. Stark vereinfacht richtet sich die Nachfrage nach den Investitionswünschen von Unternehmern, die wiederum von den Ertragsaussichten bestimmt werden. Stellen wir uns den Grenzfall einer so genannten stationären Wirtschaft vor, die nicht wächst und keinen technischen Fortschritt kennt. Dann gibt es keine ertragreichen Investitionsprojekte mehr, alles reproduziert sich einfach, auch das Sachkapital – das wird über die Abschreibungen finanziert. Geld für Investitionszwecke ist nicht erforderlich, und der Zins tendiert gegen Null. Nicht dass er diese Erklärung vorgetragen hätte, aber man könnte Aristoteles zugute halten, dass er in einer Zeit lebte, in der die Wirtschaft fast stationär war. Da war auch ein positiver Zins nicht natürlich.

19. Müssen Zinsnehmer auf das ewige Leben verzichten? Wenn sich die drei Religionen des Buches, Judentum, Christentum und Islam, über eines einig waren, dann über die Ablehnung des Zinses. Das ist leicht einzusehen. Denn wer nahm früher einen Kredit auf –

Bedürftige, die nichts mehr zu essen oder kein Dach über dem Kopf hatten. Solidarität verlangt, ihnen zu helfen. Ein Kredit ist das Mindeste, damit gewinnt der Arme Zeit. Zeit aber ist Gottes Geschenk und kann nicht verkauft werden, fanden die Scholastiker. Der Kredit wurde für Konsum verbraucht, die Rückzahlung schwer genug. Zinsen würden nur in tiefere Armut führen.

Im fünften Buch Moses steht das folgenschwere Gebot: «An dem Fremden magst du wuchern, aber nicht an deinem Bruder». Wucher ist hier gleichbedeutend mit Zins. Die Bedeutung unzulässig hoher Zinsen hat es erst später angenommen. Die Unterscheidung zwischen Fremden und Brüdern ist typisch für die beschränkte Moral in traditionalen Gesellschaften. Außerhalb des Netzwerks der eigenen Leute wird egoistisches und opportunistisches Verhalten für normal und ethisch unbedenklich gehalten. Schon das Neue Testament und dann vor allem die Aufklärung mit der Emanzipation des Individuums haben den kategorischen Imperativ postuliert, nach dem die Moral allgemein gültige Normen setzt.

Ein klares Zinsverbot ist im Neuen Testament nicht zu finden, dafür aber das Gleichnis vom Herrn, der seinen Knechten jeweils ein Pfund aushändigt, um nach Verlauf einiger Zeit zu erfahren, was sie damit unternommen haben. Den, der das Pfund im Sacktuch aufbewahrt hat, schilt er: «Warum hast du denn mein Geld nicht auf die Bank gebracht, und wenn ich gekommen wäre, hätte ich es mit Zins zurückfordern können?» (Lukas 19,23) Dieses Gleichnis stellt hohe Anforderungen an den Exegeten, der das Zinsverbot aufrecht erhalten will.

Die Kirche hatte sich im Hochmittelalter auf das alttestamentarische Zinsverbot und den aristotelischen Bannfluch festgelegt. So wurde es für die Kaufleute in den oberitalienischen Städten schwer, ihre Kredit- und Bankgeschäfte abzuwickeln, die nun einmal mit Zinsen verbunden waren. Auf das ewige Leben wollten sie eigentlich nicht verzichten. Hier kamen ihnen die Scholastiker zu Hilfe. Wenn auch widerstrebend fanden sie im 14. und 15. Jahrhundert Argumente für zinsähnliche Zahlungen.

Als Erstes wurden Verzugszinsen gebilligt. Dann sah man, dass Kreditvergabe mit Kosten verbunden ist, die heute mit der Abschlussprovision gedeckt werden. Größere Schwierigkeiten bereitete das Risiko. Denn es nutzt ja nur wenig, einen geplatzten Kredit im Nachhinein mit Strafen zu belegen – im Zweifelsfall ist das Geld dann verloren. Schließlich durchschaute der heilige Bernardino von Siena (1380-1444) den produktiven Charakter von Kredit unter Kaufleuten: Man verleiht nicht Geld, sondern Kapital, das man selbst mit Gewinn nutzen könnte. Den entgangenen Gewinn sollte der Zins ersetzen – heute nennen wir das die Opportunitätskosten der Kreditvergabe.

Diese «Theorien» wurden als Anleitungen für Beichtväter entwickelt, die mit dem schlechten Gewissen der Kaufleute umzugehen hatten. Aber auch die Praxis zeigte, dass ein striktes Zinsverbot wenig sinnvoll war. Legt der Staat in unruhigen Zeiten den Bürgern Zwangsanleihen auf, um die Kriegskosten zu decken, wären sie ohne Verzinsung faktisch Enteignung und würden politischen Widerstand hervorrufen. Ein anderes Phänomen sind die so genannten *montes pietatis*, öffentliche Pfandleihhäuser, die mit niedrigen Zinsen den einzigen legalen Geldverleihern der Zeit, den Juden, Konkurrenz machten. Das war eine Idee der Franziskaner, die damit ökonomische Vernunft bewiesen. Nicht die Vertreibung der Juden, wie sie in England und Frankreich stattgefunden hatte, sondern Wettbewerb ist auf dem Kreditmarkt das beste Mittel gegen hohe Zinsen. Und ein öffentlicher Kreditgeber – darauf beruht auch heute noch die Idee der Sparkassen – strebt nicht nach Gewinn, sondern kann sich mit der Deckung der Risiken und Kosten einschließlich der Geldbeschaffungskosten zufrieden geben.

Der Islam hat das Zinsverbot bis heute beibehalten, wobei er keine Autorität wie den Papst kennt, der auf dem fünften Laterankonzil 1515 zumindest die Zinsnahme der *montes pietatis* legalisiert hatte. Das im Koran verankerte Zinsverbot kann nicht aufgehoben werden. Allerdings bedarf auch das der Interpretation hinsichtlich der Geldgeschäfte, die erlaubt und die verboten sind. Grundsätzlich geht es wie im christlichen Mittelalter um von vornherein vertraglich bestimmte feste Zahlungen in Verbindung mit einem Kredit. Und auch hier hat man zahlreiche Umgehungsstrategien entwickelt, die dem Gesetz Genüge tun, aber eine normale Wirtschaftstätigkeit nicht behindern. Vor allem die islamischen Banken und Investmentfonds müssen sich auf die religiösen Vorschriften einstellen, was in der Regel über unterschiedliche Formen der Beteiligung erfolgt.

20. Ist jedes Kreditgeschäft mit Risiko verbunden? Bei einem Kreditgeschäft fallen Leistung und Gegenleistung zeitlich auseinander. Der Kapitalgeber zahlt jetzt den Kreditbetrag, der Schuldner verspricht die Rückzahlung zu einem späteren Zeitpunkt. Dazwischen kann Vieles geschehen, das bei Abschluss des Kreditvertrages nicht vorherzusehen ist. Risikolose Kredite gibt es genauso wenig wie risikolose Vermögensobjekte. Aber natürlich können die Risiken sehr unterschiedlich sein. Die Rückzahlung einer deutschen Staatsanleihe wird mit an Sicherheit grenzender Wahrscheinlichkeit termingerecht erfolgen. Bei einer griechischen Staatsanleihe ist das schon eher zweifelhaft, und einem jungen Start-up-Unternehmen geht möglicherweise nach wenigen Jahren die Luft aus.

Risiken treten in unterschiedlicher Form und aus den verschiedensten Ursachen auf. Relativ einfach zu handhaben sind Zufallsereignisse, denen man eine objektive Wahrscheinlichkeit zurechnen kann. So beträgt die Wahrscheinlichkeit, dass ich eine Drei würfele, 1/6 oder 16,7 %. Leider sind solche Ereignisse im Wirtschaftsleben eher selten, und für die meisten Zukunftsereignisse kennt man keine objektive Wahrscheinlichkeit. Sie sind einfach unsicher.

Deshalb ist der sorgfältige Umgang mit Risiko, das Risikomanagement, eine wesentliche Voraussetzung für Kreditgeschäfte und Vermögensanlagen, damit sie nicht zu Enttäuschungen führen. Das ist leichter gesagt als getan. Um den Schaden aus unglücklichen Ereignissen möglichst gering zu halten, werden verschiedene Strategien angewendet. Zum einen bestimmt sich die Höhe des Zinses nach dem Risiko. Dann lässt sich der Kreditgeber Sicherheiten geben, zum Beispiel eine Hypothek. Schließlich sind Informationen über den Kreditnehmer Voraussetzung für Risikoabschätzung und Kreditsicherung. Unternehmen wie die Schufa (Schutzgemeinschaft für allgemeine Kreditsicherung) sind spezialisiert darauf, diese Informationen zu sammeln und zu verkaufen.

Versicherung ist eine fundamentale Überlebensstrategie. Die Menschen haben das vor allem durch Kooperation erreicht, in der Familie, in der Sippe und heute im Wohlfahrtsstaat. Grundprinzipien sind das Zusammenlegen von unabhängigen Einzelrisiken und das Gesetz der großen Zahl. Dadurch werden individuell existenzgefährdende Ereignisse in beherrschbare umgewandelt. Krisen können entstehen, wenn die Einzelrisiken nicht unabhängig voneinander sind.

Denn dann übersteigen die Ansprüche möglicherweise das Vermögen der Versicherung.

Je höher die Summen geworden sind, die in der Wirtschaft umlaufen, desto komplexer sind auch die Institutionen und Instrumente geworden, die zur Risikovermeidung und Risikosicherung dienen. Der einfache Kontoinhaber wird durch die Einlagensicherung gegen das Insolvenzrisiko seiner Bank geschützt. Doch das inzwischen unübersehbare Instrumentarium des modernen Finanzmarktes mit den unterschiedlichsten Formen von Derivaten, die grundsätzlich der Risikostreuung und Risikovermeidung dienen sollten, ist inzwischen selbst zu einem Risikofaktor geworden. Er kann nur durch sorgfältige staatliche Regulierung eingegrenzt werden.

Banken

21. Wer macht das Geld?   Das Recht, Münzen zu schlagen, gehört zu den Regalien, den Rechten des Souveräns. In Zeiten, da Geld aus Gold- und Silbermünzen bestand, benötigte man allerdings das entsprechende Edelmetall, um Geld machen zu können. Daran fehlte es den Fürsten in den meisten Fällen. Sie beschäftigten sogar Alchimisten, um Gold, und das heißt Geld, zu machen. Doch das führte nicht zum gewünschten Erfolg. Entweder das Edelmetall fand sich im Boden des Landes, wie im Erzgebirge oder in Tirol. Auf diese Bodenschätze legte der Souverän dann über das Bergregal seine Hand. Oder Gold und Silber mussten im Außenhandel durch Exportüberschüsse verdient werden, die bei den Kaufleuten anfielen. Von ihnen konnte es der Fürst erwerben.

Gold und Silber waren Geld. Und die Bedeutung des Münzregals bestand darin, dass allein der Souverän daraus Münzen, das heißt genormtes Geld, schlagen konnte. Das tat er gerne für jedermann, der Edelmetall zur Münze brachte, denn er behielt dabei einen Münzgewinn ein, den so genannten Schlagschatz, heute auch Seigniorage genannt. Das ist der Unterschied zwischen dem Nennwert der Münze und ihren Produktionskosten. Die Versuchung des Münzherrn ist natürlich groß, den Edelmetallgehalt der Münze gegenüber dem Nennwert zu verschlechtern.

Gold und Silber sind unhandlich, vor allem bei größeren Beträgen, und sie haben hohe Transportkosten einschließlich des Risikos geraubt zu werden. Als sich die ersten Banken herausbildeten, erfanden sie die Banknote als Geldersatz, ein Papier, auf dem die Einlage von Gold oder Silber bestätigt und gegen dessen Vorlage es wieder herausgegeben wurde. Bald merkten die Banker aus Florenz und der Lombardei, dass diese Noten zirkulierten, ohne dass die Einlöseverpflichtung sofort in Anspruch genommen wurde. Man konnte also durch die Gewährung eines Kredits mehr davon in Umlauf bringen, als Gold und Silber im Tresor lagen. Damit wurde der Geldersatz zu Geld, Kreditgeld. Nicht mehr der Souverän allein, auch die Banken machten Geld.

So ist es bis heute. Das Recht, Geld zu machen, scheint noch immer beim Staat zu liegen, der es teilweise an die Zentralbank delegiert. Dabei handelt es sich aber nur um so genanntes Basisgeld, das Bargeld und Kreditgeld der Notenbank. Daneben zirkuliert das Kreditgeld der Geschäftsbanken. Den Unterschied sehe ich mit bloßem Auge nicht, wenn ich mit meiner Girokarte von der B-Bank im Laden bezahle. Aber sollte die B-Bank zahlungsunfähig werden, das heißt nicht mehr über ausreichendes Zentralbankgeld verfügen, dann wird meine Girokarte, das heißt das Geld der B-Bank, im Laden nicht mehr akzeptiert, auch wenn mein Konto dort im Plus steht.

Wie die Bezeichnung Notenbank sagt, werden die Geldnoten von der Zentralbank herausgegeben, während der Staat die Münzen direkt prägt. Das führt in «Euroland» zu der Besonderheit, dass die Noten der Europäischen Zentralbank keinen Hinweis auf ihre nationale Herkunft enthalten, während die Münzen mit nationalen Symbolen ausgestattet sind. Darin lebt das alte Münzregal fort. Allerdings wird die Gesamtmenge von Noten und Münzen durch die EZB festgelegt. Die Bargeldmenge ist relativ stabil, im August 2011 belief sie sich auf etwa 870 Milliarden Euro. Die Guthaben der Banken bei der EZB schwanken dagegen erheblich. Nicht alles Bargeld zirkuliert auch im Eurosystem. Solange es in den Tresoren des Bankensystems lagert, ist es eben nicht in Umlauf. Und ein nicht unbeträchtlicher Teil befindet sich im Ausland, wo es neben der einheimischen Währung benutzt oder unter der Matratze gehortet wird.

Die Verfügbarkeit von Gold und Silber stellt für Staat und EZB jedenfalls keine Beschränkung mehr dar. Papier ist geduldig. Und noch geduldiger ist ein Girokonto, auf dem das Bankensystem durch Kreditgewährung Geld machen kann, und von dem es durch Kredittilgung wieder verschwindet. Die Geschäftsbanken machen den größten Teil des Geldes, nämlich das Kreditgeld. Im August 2011 waren das 3600 Milliarden Euro. Eigentlich könnte man ihnen auch erlauben, so wie früher Papiergeld zu drucken. Es hat sich jedoch als zweckmäßig herausgestellt, nur einer Bank dieses Recht einzuräumen und diese Bank dann als Zentralbank zu etablieren, als Bank der Banken. Letztere wickeln ihre Geschäfte untereinander dann in Zentralbankgeld ab. Papiergeld und Kreditgeld können von der Notenbank und den Geschäftsbanken fast beliebig produziert werden. Deshalb bedarf es einer sehr sorgfältigen Geldpolitik, damit nicht zu viel davon in Umlauf kommt und das Geld seinen Wert verliert.

22. Wie viel Geld ist in Umlauf? Als Zahlungsmittel kann grundsätzlich jeder Vermögensgegenstand dienen. Von Geld sprechen wir dann, wenn er einen eindeutigen Wert hat und liquide ist. Wo man aber in der Geldpyramide die Grenze zwischen Geld und anderen Vermögensobjekten ansiedelt, ist eine Frage der Zweckmäßigkeit. Warum wollen wir das überhaupt wissen?

Solange die Geldmenge sich mehr oder minder automatisch regelte, wie unter dem Goldstandard bis 1914, war das eigentlich uninteressant. Begriff und Bestimmung der Geldmenge wurden wichtig, als die Ökonomen Theorien über die Zusammenhänge zwischen Geldmenge, Preisniveau und Wirtschaftsentwicklung formuliert hatten. Denn in diesen Theorien fiel der Wirtschaftspolitik, genauer der Geldpolitik, eine Verantwortung für die Stabilität des Preisniveaus und – zumindest nach der Sichtweise einzelner ökonomischer Schulen – auch für die Stabilität der Konjunkturentwicklung zu. Die Geldmenge wurde zu einem wirtschaftspolitischen Instrument. Voraussetzung dafür ist natürlich, dass die Wirtschaftspolitik auch Einfluss darauf hat. Das ist der Fall, seitdem die Geldmenge nicht mehr an einen festen Anker wie das Gold gebunden ist, sondern vom Bankensystem frei geschaffen werden kann.

Für die Geldpolitik ist es deshalb wichtig, die Geldmenge zu kennen und eventuell auch zu steuern. Die Frage lautet also: Welche Vermögensgegenstände benutzen wir in der Regel, um Güter und Dienstleistungen zu erwerben? Das ist erst einmal das, was auch im täglichen Sprachgebrauch als Geld bezeichnet wird: das Bargeld, über das die Bürger verfügen und das sich nicht in den Kassen der Banken befindet, und die Guthaben auf dem Girokonto. Beides zusammen. Bargeld und Guthaben auf Sichtkonten, bildet die so genannte Geldmenge M_1. Im Juli 2011 betrug die Geldmenge M_1 im Eurosystem 4700 Milliarden Euro.

Dieses Geld hat als Vermögen die unangenehme Eigenschaft, keine Zinsen abzuwerfen. Deshalb legt fast jeder das Geld, das er nicht unmittelbar benötigt, auf einem Sparkonto mit bestimmter Kündigungsfrist oder auf einem Terminkonto mit bestimmter Bindungsfrist an. Beträgt die Kündigungsfrist zum Beispiel weniger als drei Monate oder die Bindungsfrist weniger als zwei Jahre, dann lassen sich diese Mittel relativ rasch liquidieren und in Kaufkraft umwandeln. Das ist für eine vorausschauende Geldpolitik zu berücksichtigen, und so erfasst man die um diese Spar- und Termingelder erweiterte Geldmenge M_1 als Geldmenge M_2. Im Juli 2011 waren das 8500 Milliarden Euro, es gab also Spar- und Termingelder in fast gleicher Höhe wie das noch flüssigere Geld in der Geldmenge M_1.

Schließlich müssen für eine mittelfristige Geldpolitik noch einige weitere geldähnliche Vermögenstitel wie Geldmarktpapiere und Bankschuldverschreibungen berücksichtigt werden. Auch sie können schnell zu Geld gemacht werden, soweit sie eine Laufzeit von weniger als zwei Jahren haben. Rechnet man sie zur Geldmenge M_2 hinzu, dann erhält man die Geldmenge M_3: 9700 Milliarden Euro im Juli 2011.

Die Wissenschaft hat herausgefunden, dass die Geldmenge M_3 am besten die potentielle Kaufkraft repräsentiert und damit das Geschehen auf den Märkten bestimmt. Deshalb hat die Europäische Zentralbank M_3 als wichtigste Kontrollvariable gewählt. Was das konkret für die Geldpolitik bedeutet, werden wir unter Frage 30 sehen.

Das Verhältnis von Bruttoinlandsprodukt (BIP) zur Geldmenge zeigt an, welchen Wert des BIP ein Euro im Laufe eines Jahres bewegt. Im Jahr 2010 betrug das BIP der Eurozone 9200 Milliarden Euro, das heißt für die Geldmenge M_3 lag das Verhältnis zum BIP im Sommer 2011 bei ungefähr eins. Man nennt das auch die Umlaufgeschwindigkeit des Geldes, was nicht ganz zutreffend ist. Denn das BIP gibt das gesellschaftliche Endprodukt wieder, zu dessen Herstellung in zahlreichen Transaktionen Vorprodukte und Vorleistungen bewegt werden müssen. Ein Euro M_3 wechselt also tatsächlich mehr als einmal im Jahr die Hand. Für die Geldpolitik ist vor allem relevant, ob und wie sich die Umlaufgeschwindigkeit über die Zeit verändert. Nimmt die Umlaufgeschwindigkeit zu, dann scheint bei gleicher

Geldmenge mehr Geld im Markt zu sein, um Kaufwünsche zu artikulieren.

23. Was leisten Banken eigentlich? Banken sind Finanzmarktinstitute, die sich auf bestimmte Geschäfte spezialisiert haben. Daneben gibt es weitere Institute wie Versicherungen, Pensionsfonds, Anlage- und Beteiligungsfonds, die andere Spezialisierungen aufweisen, auch wenn sich ihre Geschäfte manchmal mit denen der Banken überschneiden.

In Zeiten intensiver Handelstätigkeit, wie etwa in der Antike und wieder seit dem Hochmittelalter, besteht eine intensive Nachfrage nach Finanzdienstleistungen. Das sind Zeiten, in denen sich die Banken herausgebildet haben. Wie bei jeder anderen wirtschaftlichen oder politischen Organisation ist dieser Entwicklungsprozess nicht zum Stillstand gekommen. Und so weist eine Bank des Jahres 2010 andere charakteristische Züge auf als eine Bank der Jahre 1960 oder 1910 und sicher als eine Bank des 16. Jahrhunderts oder um Christi Geburt.

An den alten Namen von Bankhäusern kann man die verschiedenen Geschäftszweige ablesen: Depositenbank, Handelsbank, Diskontobank, Kreditbank, Investitionsbank, Hypothekenbank, Wechselbank. Daraus leiten sich drei zentrale Funktionen der Banken ab: die Aufnahme von Einlagen, Depositen, das heißt Sicht- und Spareinlagen, die Erleichterung des in- und ausländischen Handelsverkehrs durch die Hereinnahme (Diskontierung) von Wechseln, die Gewährung von Handelskrediten und der Devisenhandel (das alte Geschäft der Geldwechsler), und die Kreditfinanzierung von Investitionen, sei es im Hausbau (Hypotheken) oder im gewerblichen Bereich.

Vor allem aus dem Depositengeschäft hat sich im Laufe der Zeit eine weitere zentrale Aufgabe der Banken entwickelt, die mit der schwindenden Bedeutung des Bargeldes (Noten und Münzen) immer wichtiger geworden ist und nur zu leicht übersehen wird: die Aufrechterhaltung des Zahlungsverkehrs. Wir haben uns schon fast daran gewöhnt, dass Zahlungen zeitgleich oder spätestens innerhalb von 24 Stunden erfolgen. Das spart Kosten und verringert das Risiko der Zahlungsunfähigkeit des Schuldners wie der vermittelnden Banken. Dahinter steht aber eine hoch komplexe Organisation des Giroverkehrs, die sich mittlerweile auf den gesamten Euroraum und darüber hinaus erstreckt. Da die Verrechnung in diesem modernen System (das den Namen TARGET2 trägt) zeitgleich stattfindet, muss sie brutto erfolgen, das heißt jede einzelne Zahlung wird in Zentralbankgeld verrechnet und nicht mehr nur die Salden am Ende des Tages. Im TARGET-System müssen die Salden der Geschäftsbanken immer ausgeglichen sein – Kredit wird nicht gegeben. Nur im Verkehr über die Grenzen, bei dem auch die Notenbanken einbezogen sind, können zwischen diesen Salden offen bleiben, die zuweilen kritisierten TARGET-Salden, die Kredite zwischen den Ländern darstellen.

Der Finanzsektor, in dessen Zentrum die Banken stehen, bezieht seine Existenzberechtigung aus zwei einfachen Tatsachen:

Erstens: Die Kauf- und Verkaufsoperationen der einzelnen Bürger wie großer Unternehmen fallen zeitlich auseinander. Zur Überbrückung wurde das Geld erfunden. Die Geldeinnahmen und -ausgaben finden nicht zeitgleich statt, so dass die einen Einnahmenüberschüsse, die anderen Ausgabenüberschüsse aufweisen. Bei Großinvestitionen, die sich erst im Laufe von Jahrzehnten rentieren, ist das evident. Aber solche Ungleichgewichte treten auch kurzfristig auf. Die einen wollen Überschüsse über die Zeit sichern, die anderen Ausgaben unmittelbar tätigen. Beide Parteien können sich direkt auf dem Markt treffen. Oder es bietet sich ein Vermittler zwischen ihnen an. Dann sprechen wir von Finanzintermediation, und das ist die Hauptfunktion der Banken.

Zweitens: Alle Geschäfte, die nicht punktuell in Raum und Zeit stattfinden (was eine fiktive Vorstellung ist), sind mit kleineren und größeren Gefährdungen verbunden, mit Risiken: Lager- und Transportverluste, zu denen auch Diebstahl und Unterschlagung zählen, Geldentwertung, Zahlungsunfähigkeit. Der Finanzsektor im Allgemeinen und Banken und Versicherungen im Besonderen haben sich darauf spezialisiert, diese Risiken zu vermindern. Dabei helfen ihnen Informationen, die sie über ihre Kunden und über die allgemeine Wirtschaftslage zusammentragen, es hilft ihnen das Recht, das die Einhaltung von Verträgen und Eigentumsrechte garantiert, und es hilft das Gesetz der großen Zahl, das Versicherung ermöglicht.

Um die Bedeutung der Banken für unser arbeitsteiliges und hoch spezialisiertes Wirtschaftssystem zu erkennen, braucht man sich nur vorzustellen, es gäbe sie nicht oder sie funktionierten schlecht. Das kommt in Kriegs- und Krisenzeiten immer wieder einmal vor. Geldentwertung, Kreditklemme, Unterbrechung des Zahlungsverkehrs, Austrocknen der Investitionsmittel sind die unmittelbaren Folgen, und die Wirtschaftstätigkeit fällt auf ein primitives Niveau zurück, auf dem der direkte Tausch vorherrscht.

24. Woher nimmt eine Bank das Geld für Kredite? Jeder, der etwas Geld übrig hat, kann es seinem Nachbarn, der es braucht, leihen. Wenn Banken strikt nach diesem Prinzip arbeiten würden, dann wäre ihre Fähigkeit, Kredite zu gewähren, bald erschöpft. Denn das Geld, das die Eigentümer in das Geschäft als Eigenkapital eingebracht haben und über das die Bank uneingeschränkt verfügen kann, beträgt nur einen Bruchteil der Bilanzsumme einer modernen Bank.

Diese Bilanzsumme, das heißt der Vermögenswert aller Forderungen der Bank gegenüber der Außenwelt (die so genannten Aktiva) bzw. der Vermögenswert aller Forderungen der Außenwelt gegenüber der Bank (die so genannten Passiva), wird vor allem durch die Einlagen der Kunden aufgebläht. Müsste die Bank die Einlagen, die ja zurückgefordert werden können, voll durch Bargeld in ihren Tresoren decken, dann hätte sie keinen zusätzlichen Spielraum, Kredite zu vergeben.

Wir sahen bereits, dass schon die Florentiner und Lombarden des Mittelalters eine solche hundertprozentige Deckung ihrer Verbindlichkeiten für überflüssig hielten und mit einem Teil des ihnen anvertrauten Goldes Kreditgeschäfte machten. Nicht anders verhält es sich mit den Einlagen, die heute ein Kunde bei seiner Bank macht. Die Bank hält eine gewisse Bargeldreserve an oder hinterlegt die Reserve auf ihrem Konto bei der Zentralbank. Den Rest versucht sie gewinnbringend zu investieren. Das kann ein Kredit an das Automobilhaus drei Straßen weiter sein oder der Ankauf von griechischen Staatsanleihen. An solchen Investitionen haftet immer ein Risiko, mal ein größeres, mal ein geringeres. Um die Gefahr einer zu großen Kreditgewährung einzudämmen, legen die Zentralbank eine Mindestreserve und die staatliche Bankenregulierung eine Mindestquote des Eigenkapitals fest.

Die Bank macht also mit dem Geld ihrer Kunden Geschäfte. Das finden die Kunden auch in Ordnung. Denn schließlich erwarten sie zumindest bei längerfristigen Anlagen eine positive Verzinsung. Die Bank ist eigentlich nur Vermittler zwischen ihren Einlegern und ihren Kreditkunden. Allerdings finden bei dieser Vermittlung einige

Transformationen statt: Kleine Sparbeträge werden in größere Kredite umgewandelt, kurzfristige Bindungen in längerfristige Engagements, die Scheu der Kleinanleger vor Risiken wird in eine höhere Risikobereitschaft transformiert.

Der Sparer weiß fast nichts über die Kreditrisiken, er vertraut auf die Solidität seiner Bank. Die Spezialisierung der Bank und ihre Informationsvorteile erlauben ihr, die Risiken der Kreditkunden genauer einzuschätzen, was niedrigere Zinssätze ermöglicht. Die Bank verfügt über bessere Möglichkeiten als der Sparer, die Liquidität des Schuldners und die Bedienung des Kredits zu überwachen.

Waren die Einlagen der Kunden im traditionellen Bankgeschäft die Hauptfinanzierungsquelle für die Kreditgewährung, so haben sich die Gewichte in neuerer Zeit etwas verschoben. Das Publikum hält seine Ersparnisse nicht nur direkt bei der Bank, sondern erwirbt auch am Markt oder an der Börse Eigentumstitel (Aktien) oder Schuldtitel (Anleihen, Geldmarkt- und andere Finanzierungspapiere). Hier treten Banken wieder als Vermittler auf, wofür sie Provisionen kassieren. Die zusätzlichen Mittel, die sie möglicherweise für weitere Kreditgewährung benötigen, müssen sie sich dann allerdings anderweitig beschaffen. Das tun sie, indem sie eben solche Schuldtitel auf den Markt bringen. Man mag sich nun fragen, worin für den Anleger der Vorteil einer Bankanleihe liegt gegenüber einem Sparkonto bei der gleichen Bank. Der ist vor allem in einer besseren Verzinsung und einer höheren Liquidität zu suchen. Denn Schuldtitel sind, anders als ein Sparkonto, handelbar.

Dieser Strukturwandel hat nicht nur auf der Passivseite der Bankbilanz, also bei ihren Finanzierungsquellen, stattgefunden. Er findet auch auf der Aktivseite, das heißt bei ihren Investitionen, statt. Neben der klassischen Kreditgewährung spielt der Erwerb von Schuldtiteln, zum Beispiel von deutschen, griechischen oder anderen Staatsanleihen, eine wichtige Rolle. Natürlich ist auch das eine Form der Kreditgewährung, nur eben an einen Schuldner, mit dem die Bank in keiner direkten Beziehung steht, den sie folglich auch nicht so gut überwachen kann.

25. Wie funktionieren Geldschöpfung und Geldvernichtung genau? Die Zentralbank und die Kreditbanken machen also das Geld. Vertiefen wir jetzt die Einsicht in diese wichtige Funktion! Die Zentralbank schöpft Geld, indem sie Noten druckt. Mit welcher

Geschwindigkeit das möglich ist, hat man in der Hyperinflation von 1922–1923 erfahren. Der umgekehrte Vorgang der Geldvernichtung fand am 15. November 1923 statt, als 1 Billion Papiermark in eine Rentenmark umgetauscht wurde.

Mit dem Bedrucken von Papier ist es nicht getan. Es muss auch in Umlauf gebracht werden. Das geschieht, indem die Notenbank damit Forderungen erwirbt: Forderungen an den Staat (Staatsschuldverschreibungen), Forderungen an die Banken (Kredite der Zentralbank an die Geschäftsbanken) oder Forderungen der Banken gegenüber Dritten, die sie an die Zentralbank weiterreichen, und schließlich Forderungen ans Ausland (Devisen). Die Notenbank muss nicht einmal jede dieser Forderungen mit frisch gedrucktem Bargeld bezahlen. Es genügt, dass sie den Banken den Betrag auf einem Konto gutschreibt.

Diese Geldschöpfung durch Erwerb von Forderungen findet laufend im Rahmen der geldpolitischen Maßnahmen statt. Die Umkehrung des Verfahrens bedeutet eine Vernichtung von Zentralbankgeld: Die Zentralbank verkauft Forderungen oder sie erneuert gewährte Kredite nicht in vollem Umfang. Das erhaltene Zentralbankgeld, es ist ja selbst eine Schuld dieser Bank, verschwindet dann aus den Bilanzen von Zentral- und Geschäftsbank.

Ganz ähnlich ist der Vorgang, mit dem Kreditbanken Geld schöpfen und vernichten. Sie dürfen zwar kein Papier bedrucken, aber sie können sehr wohl Kredite an Dritte gewähren. Grundsätzlich ist es gleichgültig, ob sie das über verbriefte Forderungen, z. B. Staatspapiere, nicht verbriefte Forderungen, z. B. einen traditionellen Bankkredit, oder über Forderungen ans Ausland (Devisen) machen. Während die Geldschöpfungskapazität der Zentralbank unbegrenzt ist, sind die Geschäftsbanken jedoch gesetzlich gezwungen, Reserven in der Form von Bargeld und Zentralbankguthaben zu halten, um ihre Liquidität zu sichern.

Das Verhältnis von Reserven zu Einlagen legt die maximale Geldschöpfungskapazität der Geschäftsbanken fest und wird von ihnen nach Erfahrung bestimmt. Die Geldpolitik kann aber auch einen Mindestreservesatz festlegen. Wie viel Geld die Banken dann tatsächlich schöpfen, das heißt wie viel Kredite sie innerhalb dieser Kapazitätsgrenze vergeben, hängt von Angebot und Nachfrage nach Kapital ab, das heißt von den Kreditzinsen, die sie erhalten können, und von den Zinsen, die sie für ihre Refinanzierung zahlen müssen.

In normalen Zeiten ist der von den Banken angestrebte Reservesatz eine relativ konstante Rate. Herrscht Optimismus vor, zeigen sich die Banken kreditfreudiger. In turbulenten Zeiten, in denen es vielleicht sogar zu Bankzusammenbrüchen kommt, werden die Bankkunden jedoch unruhig und heben – sicher ist sicher – vermehrt Bargeld von ihrem Konto ab. Vorsichtige Banken erhöhen deshalb ihren Reservesatz, um nicht Gefahr zu laufen, ihre Schalter schließen zu müssen. Beides, die vermehrte Bargeldhaltung wie der erhöhte Reservesatz, führt dazu, dass sich bei der gleichen Menge Zentralbankgeld das Geldangebot der Banken vermindert, Geld also vernichtet wird.

Dieser Prozess fand in den USA während der großen Depression in den Jahren 1931–1933 statt, als mehr als ein Drittel aller amerikanischen Banken bankrott ging oder von anderen Banken übernommen wurde. Das Geldangebot sank um 35 %, bis Präsident Roosevelt im März 1933 Bankfeiertage anordnete und die Banken kurzfristig schloss. Neue Gesetze und Regulierungen stellten das Vertrauen wieder her, und das System konnte sich erholen. In der jüngsten Finanzkrise 2007–09 hat die amerikanische Zentralbank das Angebot an Zentralbankgeld drastisch erhöht, um eine ähnliche Entwicklung, die sich verheerend auf die Wirtschaft auswirkt, zu verhindern.

26. Ist der Markt nicht den Banken überlegen? Banken sind Unternehmen, die der Vermittlung von Finanzoperationen dienen. Das sahen wir bereits. Aber warum bedarf es dieser Vermittlungsdienste überhaupt, die ja schließlich Kosten verursachen? Warum können Kreditgeber und Kreditnehmer nicht direkt auf dem Markt zusammenfinden?

Die ökonomische Theorie geht grundsätzlich davon aus, dass der Markt die effizienteste Vermittlungsinstanz ist. Nun sind Ökonomen kaum so naiv nicht zu wissen, dass diese Behauptung von fiktiven Voraussetzungen ausgeht. Denn wäre das tatsächlich der Fall, dürfte es nicht nur keine Banken geben, sondern auch generell nicht die Organisationsform des Unternehmens. Die fiktiven Annahmen besagen, dass Märkte vollständig und perfekt sind. Indem man die Annahmen an der Realität testet, entdeckt man die Faktoren, denen Unternehmen, darunter die Banken, ihre Existenz verdanken. Ganz zentral stehen dabei Information und die Kosten der Informationsbeschaffung.

Geld anzulegen oder Kredite zu gewähren erfordert möglichst vollständige Information: Wem überlasse ich mein Geld, was hat er damit vor, wie ist er bisher mit Geld umgegangen, was sind die Aussichten seines Geschäftszweigs und der Wirtschaft im Allgemeinen? Keine dieser Fragen lässt sich mit Sicherheit beantworten. Kredit ist Vertrauenssache. Das Informationsproblem des Kreditgeschäfts besteht neben der unsicheren Zukunft, die nun einmal damit verbunden ist, in dem, was Ökonomen asymmetrische Information nennen: Die eine Partei, der Kreditnehmer, weiß mehr und kennt mehr Details als die andere, der Kreditgeber. Die Folge ist, dass der Kreditgeber nicht zwischen guten und schlechten Schuldnern unterscheiden kann. Das wird er im Preis, in unserem Fall dem Zins, berücksichtigen und sich gegen das höchste Risiko wappnen.

Die Annahme perfekter Märkte geht unter anderem davon aus, dass alle verfügbare Information öffentlich ist. Sie sieht also von der Informationsasymmetrie ab. Jeder kann zwar nicht alles wissen, aber niemand hat einen Informationsvorsprung. So kann ich mein Geld, ohne einen Intermediär einzuschalten, am besten direkt auf dem Markt anlegen, indem ich Staatspapiere, Unternehmensanleihen, Aktien oder auch Fondsanteile kaufe. Das hat nebenbei den Vorteil, immer liquide zu sein, denn es handelt sich ja um marktgängige Vermögensobjekte, die man jederzeit veräußern kann. Der Wert dieser Vermögensobjekte ist allerdings nicht wie bei einer Bankeinlage nominell fixiert, sondern wird vom Markt entsprechend ihrer Profitabilität und ihrem Risiko bestimmt.

Selbst wenn alle verfügbare Information öffentlich wäre, würde es den individuellen Sparer viel zu viel kosten, sich diese zu beschaffen, sie zu verarbeiten und auszuwerten. Darüber hinaus gibt es viele Gründe, warum in der Realität nicht alle verfügbare Information öffentlich ist, warum zum Beispiel Informationsasymmetrien weiter bestehen. Vor allem mittlere und kleine Betriebe und der individuelle Hausbauer hätten große Probleme, sich das benötigte Geld auf dem Markt zu beschaffen. Denn ihnen fällt es schwer, glaubhafte Information über sich öffentlich zu machen.

Und damit kommen die Banken ins Geschäft. Sie verfügen über «nicht-öffentliche» Information, vor allem wenn sie als Hausbanken mit ihren Kunden längerfristig zusammenarbeiten. Sie sehen die Kontobewegungen, lassen sich bei Kreditanfragen die Bücher vorlegen, sie kennen die Kunden persönlich, und sie begleiten den Kredit über seine Laufzeit und achten darauf, ob er die erwarteten Resultate bringt. Denn der Informationsasymmetrie vor der Kreditgewährung entspricht die verhaltensbedingte Gefährdung danach: Hält sich der Kreditnehmer an seine Pläne, geht er sorgfältig mit dem Geld um? Der Markt ist anonym, die Bankbeziehung nicht. All diese Informationen dienen dazu, die Kreditrisiken zu verringern und damit auch das Risiko der Einleger, die ihr Geld der Bank anvertrauen. Die Bank kann den Zins risikogerecht differenzieren, wodurch der durchschnittliche Zinssatz sinkt. Hier liegt der volkswirtschaftliche Nutzen der Banken.

Im Laufe der Zeit sind die Finanzmärkte vollständiger und perfekter geworden. Das schlägt sich darin nieder, dass immer mehr Geld direkt auf dem Markt angelegt wird bzw. dass sich die Unternehmen benötigtes Geld direkt auf dem Markt beschaffen. Das Bankgeschäft ist strukturellen Veränderungen unterworfen. Die Rolle der Banken als Finanzintermediär hat sich geändert, indem sie beispielsweise solche Unternehmensanleihen auf dem Markt platzieren, das so genannte Investmentbanking. Sie werden also nicht vom Markt verdrängt.

27. Verbriefung von Krediten – ein gefährliches Spiel? Eine der zahlreichen Innovationen auf dem Finanzmarkt ist die so genannte Verbriefung von Forderungen. Das Instrument Verbriefung ist als solches altbekannt: Die Aktie ist ein verbrieftes Eigentumsrecht, die Anleihe eine verbriefte Forderung. Beide haben den Vorteil, dass man sie problemlos weiterreichen, das heißt verkaufen kann. Das können wir auch, denken die Banken und machen Folgendes. Sie packen eine Anzahl ihrer eigenen Forderungen an Kreditnehmer zu einem Paket zusammen und verkaufen das Paket an eine eigens dafür gegründete Zweckgesellschaft. Das Geld, um diesen Ankauf zu tätigen, beschafft sich die Zweckgesellschaft, indem sie Wertpapiere dem Wert des Pakets entsprechend an Investoren verkauft. Die Verzinsung und Rückzahlung der Wertpapiere erfolgt aus dem Zins- und Tilgungsstrom der so verbrieften Kreditforderungen.

Finanztechnisch und juristisch ist das Ganze etwas komplizierter, doch der Sinn für die Bank erschließt sich leicht. Sie tauscht auf der Aktivseite ihrer Bilanz Kreditforderungen, die für die Laufzeit des jeweiligen Kredits praktisch nicht liquidierbar und dazu noch mit Risiko behaftet sind, gegen liquides Geld. Mit diesem Geld kann die

Bank wiederum neue Geschäfte machen, zum Beispiel neue Kredite vergeben. Gleichzeitig ist sie die Sorge um die alten Risiken los.

Ganz so leicht geht es allerdings nicht: Mit dem Risiko würde die Bank auch jedes Interesse an der Überwachung der Schuldner verlieren, wozu die Käufer der verbrieften Wertpapiere aber nicht in der Lage sind. Um das Wertpapier attraktiv zu machen, wird die Bank ein Restrisiko, das heißt einen Anteil des Forderungspakets selbst behalten. Damit signalisiert sie den Käufern der Wertpapiere ihr weiteres Interesse und entsprechende Bemühungen im Risikomanagement. (Verbriefte Forderungen, bei denen die Bank kein Restrisiko übernimmt, meiden kundige Investoren wie die Pest.)

Die Käufer der Wertpapiere erwarten im Gegenzug eine Rendite, die über den normalen Sparzinsen liegt. Gleichzeitig sind die verbrieften Forderungen im Unterschied zum ursprünglichen Bankkredit marktgängig. Das heißt, sie können zum Marktpreis weiter verkauft werden. Damit hat die Liquidität zugenommen. Die Bank und ihre Zweckgesellschaft zusammen können ein größeres Kreditvolumen bewegen. Denn neben den ursprünglichen Einlagen, die nach wie vor auf der Passivseite der Bankbilanz stehen, haben sie ja von den Käufern der Wertpapiere Geld bekommen. Wahrscheinlich wird auch volkswirtschaftlich durch diese Operation das Kreditvolumen zunehmen. Denn die erhöhte Rendite lockt mehr Spargelder an. Ob das wünschenswert ist, steht auf einem anderen Blatt.

Am Beginn der Finanzmarktkrise im Jahre 2007 hatte die Verbriefung von amerikanischen Hypothekarkrediten stark zugenommen und Geld aus dem Ausland angezogen. Gleichzeitig blähte sich das Kreditvolumen auf. Im Hinblick darauf, dass sie diese Forderungen nicht in ihrer Bilanz behalten mussten und gleich verbrieft weiterverkaufen konnten, haben die Banken hoch riskante Kredite vergeben. Für die Käufer der Verbriefungen war das Risiko nicht transparent. Denn die Hypothekarkredite waren auf dem Papier ja pfandgesichert. Als allerdings eine Krise eintrat und man auf das Pfand zurückgreifen, das heißt die entsprechenden Häuser verkaufen musste, verfielen die Immobilienpreise, und der Wert des Pfandes lag plötzlich unter Buchwert. Die Kredite wurden notleidend, und die Preise der Verbriefungen sanken.

So läuft es nicht immer ab, aber innovative Finanzprodukte wie die verbrieften Hypothekarkredite haben häufig gefährliche Haken und Ösen.

28. Verdienen Banker zu viel Geld? Das ist eine schwierige Frage. Denn was heißt schon zu viel? Ist es nicht skandalös, wenn ein Spitzenbanker dreißig bis vierzig mal soviel im Jahr verdient wie die Bundeskanzlerin? Merkwürdigerweise scheint es bei einem Spitzenfußballer weniger anstößig zu sein, vierzig bis fünfzig mal so viel mit nach Hause zu nehmen. Wir befinden uns offensichtlich auf glattem Parkett.

Hier geht es um Spitzeneinkommen von Händlern und Investmentbankern, nicht um den Sparkassendirektor oder Abteilungsleiter einer Großbank. Und die wirklich exorbitant hohen Gehälter werden gar nicht von den «Bankern» verdient, sondern von den Fondsmanagern, die Vermögen von mehreren Milliarden Euro oder Dollar bewegen. Daran schließt sich sogleich die Bemerkung an, dass diejenigen, die diesen Fondsmanagern die Milliarden anvertrauen, kein Wort über die Höhe der Einkommen verlieren, solange die ihr Vermögen zu vermehren wissen. Und genau daran sind die Einkommen der Manager gekoppelt – es sind Erfolgsprämien.

Das Grundgehalt eines Investmentbankers ist in der Regel niedrig. Geld bekommt er, wenn er es zuvor verdient hat. So erhöht der Bonus die Flexibilität der Bank, die niedrige feste Kosten hat, und stimuliert den Händler zur Leistung. Der wird in seiner Angestelltenposition quasi zum Unternehmer. Das ist nicht jedermanns Sache.

Gut, Leistung soll sich lohnen. Aber muss es so viel sein? Würden die Einkommen der Spitzenbanker auf der ganzen Welt um die Hälfte gekürzt, es würde sich nichts ändern. Sie würden mit dem gleichen Einsatz arbeiten. Die Fußballspieler übrigens genau so. Aber kürzt man nur in Deutschland und nicht im Ausland, dann wandert der Spitzenfußballer zu Real Madrid ab und der Spitzenbanker in die City von London oder an die Wall Street. Das heißt, wir haben einen globalen Markt für Spitzenbanker und Spitzenfußballer, deren Fähigkeiten einerseits relativ selten, aber andererseits heiß begehrt sind. Man könnte natürlich die Gehälter in Deutschland kürzen und gleichzeitig eine Mauer hochziehen. Aber dann befänden wir uns in einem etwas anderen System.

Wer legt konkret die Einkommen von Bankvorständen fest? Das tun die Eigentümer der Bank, bei Aktiengesellschaften die Anteilseigner, bei staatlichen Banken die Politiker von Staat oder Gemeinde und bei Genossenschaftsbanken die Genossen. Sie alle haben ein Interesse daran, dass die Gehaltsbäume nicht in den Himmel wachsen. Denn schließlich sind die Vorstandsgehälter Kosten, die zu Lasten der Gewinne gehen. Zugegeben, der einzelne Anteilseigner einer Großbank hat kaum ein Wort bei der Gehaltsfestsetzung mitzureden. Solche Dinge werden im Aufsichtsrat ausgehandelt, wo häufig ehemalige Vorstandsmitglieder den Vorsitz haben. Aber man hört auch nicht von Aktionären, die sich von ihrem Anteil getrennt hätten, weil der Vorstand zu viel verdient.

Und eines kommt noch hinzu. Schon als die Banker noch Bankier hießen und in holzgetäfelten Räumen mit altväterlichen Portraits an der Wand Zigarre rauchend ihre Kunden empfingen, strahlten sie Wohlhabenheit aus. Das war wichtig für die Reputation des Hauses. Denn wir sahen bereits, Bankgeschäfte sind Vertrauenssache, und einem ärmlichen Bankier vertraut niemand sein Geld an.

Zentralbank und Geldpolitik

29. Wie kam es zur Errichtung einer Zentralbank? Die Europäische Zentralbank (EZB) ist die Notenbank des Euroraumes. Sie besitzt das Monopol der Notenausgabe. Das heißt allerdings nicht, dass Notenbank und Zentralbank immer das Gleiche wären. In der Vergangenheit hatten viele Banken das Privileg, Noten drucken zu dürfen. Um die Jahrhundertwende zum 20. Jahrhundert gab es in den USA zum Beispiel über 5600 nationale Banken, die Noten, das heißt letztendlich Schuldscheine, herausgeben konnten. In Deutschland verloren die letzten vier dezentralen Notenbanken (Sachsen, Bayern, Württemberg und Baden) erst 1934 das Recht der Notenausgabe. Dieses Recht hatte 1934 allerdings nur noch symbolischen Wert, so wie die Mitgliedsländer der europäischen Währungsunion das Recht haben, Münzen mit nationalen Symbolen zu prägen.

Die Vielfalt der Banknoten war unproblematisch, wo sie in einer einheitlichen Währung (z.B. dem Dollar oder der Goldmark) herausgegeben wurden und wo sie zum Nennwert in diese Währung bzw. in eine bestimmte Menge Gold umgetauscht werden konnten. Dadurch blieb die monetäre Einheit gewahrt, und die einzelne Notenbank war gezwungen, für hinreichende Deckung ihres Notenumlaufs zu sorgen. Tat sie das nicht, konnte auch eine Notenbank in Zahlungsschwierigkeiten geraten, das heißt der Einlösepflicht nicht Genüge leisten und bankrott gehen. Selbst die ehrwürdige *Bank of*

England rettete sich in der Krise von 1839 nur durch einen Kredit der *Banque de France*.

Die Zentralisierung des Notenprivilegs entwickelte sich im Laufe der Zeit, ist aber kaum älter als hundert Jahre. Wesentlich dazu beigetragen hat die Erklärung bestimmter Noten zu gesetzlichen Zahlungsmitteln, was eine schrittweise Trennung vom Gold bedeutete, auch wenn die Einlösungspflicht weiter bestand. Das englische Parlament erklärte die Noten der *Bank of England* bereits 1833 zu gesetzlichen Zahlungsmitteln. In Deutschland erhielten die Noten der *Reichsbank* erst 1909 diesen Status. Damit konnten Gläubiger die Begleichung einer Schuld in diesen Noten nicht mehr verweigern, wodurch natürlich die Nachfrage danach zunahm und andere Noten vom Markt verdrängt wurden.

Mit der stürmischen Ausdehnung des Kreditgeldes der einzelnen Geschäftsbanken stellte sich wieder die Aufgabe, die monetäre Einheit zu wahren. Das wird dadurch gewährleistet, dass die Banken ihre Salden untereinander eins zu eins in einem zentralen Standardgeld verrechnen. Dafür bieten sich das Gold oder das Notengeld einer großen, zentralen Bank an wie der *Bank of England*, ursprünglich einer privaten Bank, oder der *Preußischen Bank*, einer halbstaatlichen Bank und Vorgängerin der *Reichsbank*. Indem die *Preußische Bank* in den 60er Jahren des 19. Jahrhunderts Zweigstellen auch außerhalb der preußischen Grenzen errichtete, verstand sie es, schon vor der Reichsgründung die monetäre Vorherrschaft in Deutschland zu erlangen.

Nach der Abschaffung des Goldes als Basisgeld, das heißt der Aufhebung der Einlösepflicht, wird ein zentrales Verrechnungsgeld noch dringender erforderlich. Solange die große, zentrale Bank, die es zur Verfügung stellt, jedoch neben der Funktion als Knoten im Netzwerk der Banken auch noch eine normale Geschäftstätigkeit ausübt, sind Interessenkonflikte möglich. Der entscheidende Schritt zu einer vollwertigen Zentralbank ist der Übergang von einem einstufigen System mit unterschiedlichen Banken, die miteinander konkurrieren, zu einem hierarchischen, zweistufigen System mit einer Zentralbank als alleiniger Notenbank und als Bank der Banken und des Staates. Die Zentralbank arbeitet nicht unmittelbar mit den Wirtschaftsunternehmen, sondern nur noch mit den Geschäftsbanken. Daneben führt sie die Konten der staatlichen Organisationen. Sie steht nicht mehr in Konkurrenz zu den übrigen Banken und sie ist nicht notwendigerweise auf Gewinnerzielung aus.

30. Was ist Aufgabe der Zentralbank? Zentralbankchef zu sein, war einmal ein geruhsamer Posten. Unter dem Goldstandard legten Vorschriften oder Regeln fest, wie viel Noten gedruckt werden durften. Der Wechselkurs der Währung war durch die Eintauschpflicht der Noten in Gold fixiert. Eine Bankenaufsicht gab es nicht (in Deutschland bis 1931, in den USA bis 1933). Der Reichsbankdirektor hatte ein hohes Renommee und politischen Einfluss, aber wenig Entscheidungsspielraum. Der heutige Präsident der Europäischen Zentralbank und der Vorsitzende des amerikanischen Federal Reserve Board tragen dagegen eine gewaltige Verantwortung, nicht nur für die Währung und das Finanzwesen und damit für die Wirtschaft ihres Währungsraums, sondern für die Weltwirtschaft insgesamt.

Das liegt einerseits daran, dass die Bedeutung der Finanzwirtschaft stark gewachsen ist. Andererseits hat sich dieser Sektor in der Nachkriegsperiode immer mehr internationalisiert. Entscheidungen, die sich auf die großen Reservewährungen der Welt richten, den US-Dollar, den Euro, den japanischen Yen, wirken sich nicht nur auf die internationalen Finanzmärkte aus, sondern greifen tief in die reale Wirtschaftsentwicklung ein.

Einige Aufgaben der Zentralbank sind bereits zur Sprache gekommen. Sie hat das Monopol der Notenausgabe, ist also für die Bereitstellung des Bargelds verantwortlich. Darüber hinaus legt sie die verfügbare Menge von Basisgeld, dem Zentralbankgeld, fest. Das ist ein nicht unerhebliches Element der gesamten Geldmenge, ob nun als M_1, M_2 oder M_3 gemessen (vgl. Frage 22). Die Geldmenge spielt eine wichtige Rolle für die Geldwertstabilität in Form niedriger Inflation. Diese zu wahren, gilt als oberste Pflicht der Zentralbank.

Daraus entwickelt sich der geldpolitische Auftrag der Zentralbank, der weitere Ziele umfassen kann. Die Zentralbank hat dabei nicht notwendigerweise ein Monopol. In vielen Ländern mischt die Regierung in der Geldpolitik mit oder behält sich die wichtigen Entscheidungen vor, die sie dann durch die Zentralbank ausführen lässt. Nicht so im Eurosystem, dessen Mitgliedsländer die geldpolitische Verantwortung voll der Europäischen Zentralbank übertragen haben.

Nicht zufällig wird die Zentralbank Bank der Banken und des Staates genannt. Abgesehen von der Kontoführung für die staatlichen Organisationen benutzt der Staat die Zentralbank vor allem in Kriegs- und Krisenzeiten, um seine Geldnöte zu beheben. Das ist nicht im Sinn der Sicherung der Geldwertstabilität, wovon wir Deutschen nach zwei Weltkriegen, Hyperinflation und zwei Währungszusammenbrüchen ein Lied singen können.

Als Bank der Banken ist die Zentralbank für die Versorgung der Banken mit Liquidität verantwortlich, natürlich nur so weit sie das im Rahmen der Geldpolitik verantworten kann. In Krisenzeiten kommt ihr aber eine besondere Bedeutung zu. Denn die Sicherung des Systems als Ganzes geht geldpolitischen Überlegungen vor. Und so wird die Zentralbank zum Retter in letzter Not oder Kreditgeber der letzten Instanz (*lender of last resort*), wie es die Ökonomen nennen.

Neben dem Binnenwert einer Währung ist auch der Außenwert, der grundsätzlich schwanken kann, zu beachten. In der Wechselkurspolitik für den Euro hat der Europäische Rat neben der EZB ein Wort mitzureden. Zum Beispiel wenn es um die Festlegung des Wechselkursregimes geht (vgl. Frage 50). Jedes Land, aber auch das Eurosystem als Ganzes, verfügt über Währungsreserven, dessen Management eine weitere Aufgabe der Zentralbank darstellt. Dabei kann es um gewaltige Beträge gehen. Schließlich sahen wir bereits, dass für das reibungslose Funktionieren der Wirtschaft ein effizientes Zahlungs- und Verrechnungssystem Voraussetzung ist. Das können die Geschäftsbanken untereinander regeln. In vielen Fällen kommt dabei aber der Zentralbank eine bedeutende koordinierende Aufgabe zu.

31. Was will die Geldpolitik? Wirtschaftspolitik besteht aus zwei Grundelementen, der Ordnungspolitik und der Prozesspolitik. Die Ordnungspolitik legt den allgemeinen Rahmen, sozusagen die Spielregeln fest, nach denen die Wirtschaft sich richten muss. Hier geht es um die Frage, was man dem Markt überlässt und was der Staat regeln und planen sollte. Die Prozesspolitik greift unmittelbar in das wirtschaftliche Geschehen ein. Sie ändert Steuersätze oder gibt Geld aus, um ihre Ziele zu erreichen. Über die allgemeinen Ziele jeder Wirtschaftspolitik ist man sich schnell einig: Vollbeschäftigung, Wachstum oder Wohlstandsmehrung, Preis- oder Geldwertstabilität, außenwirtschaftliches Gleichgewicht. Zu diesen vier «klassischen» ökonomischen Zielen treten weitere hinzu, wie soziale Gerechtigkeit und ökologische Nachhaltigkeit.

Die Instrumente, die der Regierung für die Erreichung der Ziele zur Verfügung stehen, hängen von der gewählten Wirtschaftsordnung ab. In einer Planwirtschaft, wie sie in den sozialistischen Ländern Osteuropas bis 1989/1990 praktiziert wurde, hat der Staat grundsätzlich direkten Zugriff auf alle wirtschaftlichen Vorgänge. Nicht so in einer Marktwirtschaft.

Über die ultra-liberale Vorstellung einer völligen Abstinenz des Staates brauchen wir uns keine Gedanken zu machen. Die gibt es in der Realität nicht. Doch sind der Regierung einer Marktwirtschaft die Hände stärker gebunden als in einer Planwirtschaft. Schließlich sollen in der Marktwirtschaft die wesentlichen Entscheidungen von denen getroffen werden, die davon auch unmittelbar betroffen sind. Typisch für eine marktkonforme Wirtschaftspolitik ist die Globalsteuerung: Der Staat sollte nicht diskriminierend in einzelne Prozesse eingreifen, sondern Maßnahmen ergreifen, die für alle Wirtschaftssubjekte gleichermaßen gültig sind. Dieser Anforderung entsprechen besonders gut die Steuerpolitik und die Geldpolitik.

Für die Geldpolitik stellt sich die Frage, welches von den allgemeinen Zielen der Wirtschaftspolitik für sie wichtig ist. Grundsätzlich alle vier «klassischen» ökonomischen Ziele. Allerdings gibt es Prioritäten, und die liegen in den einzelnen Ländern unterschiedlich.

Was die Europäische Union betrifft, so legt der Vertrag über die Arbeitsweise der Europäischen Union, der Lissabon-Vertrag, in Artikel 127 das Europäische System der Zentralbanken eindeutig fest: Vorrangiges Ziel ist die Preisstabilität, und nur wo diese nicht beeinträchtigt wird, sollte die allgemeine Wirtschaftspolitik der Union unterstützt werden. In den Vereinigten Staaten liegen die Prioritäten anders: Die Zentralbank, das Federal Reserve System, hat primär für Vollbeschäftigung und Wachstum zu sorgen und erst dann die Preisstabilität sicher zu stellen.

32. Kann die Geldpolitik ihre Ziele überhaupt erreichen? Eine
halbwegs befriedigende Antwort auf diese Frage würde ein eigenes Buch fullen, denn damit beschaftigt sich ein ganzer Zweig der Wirtschaftswissenschaft, die monetäre Makroökonomie. Und die Gelehrten sind sich keineswegs einig. Wir werden uns notgedrungen auf einige Grundüberlegungen beschränken müssen. Die Aufgabe besteht darin, für die vier «klassischen» Ziele der Wirtschaftspolitik, Vollbeschäftigung, Wachstum, Preisstabilität und außenwirtschaftliches Gleichgewicht, ein möglichst optimales Ergebnis zu erreichen. Dafür stehen dem Politiker vor allem die Haushalts- oder Fiskalpolitik und die Geldpolitik zur Verfügung. Um Letztere geht es.

Ausgangspunkt der Überlegungen ist der etwas theoretische Fall einer langfristig stabilen Volkswirtschaft. Gleichgewicht auf den wichtigen Märkten, dem Gütermarkt, dem Arbeitsmarkt sowie dem Vermögens- und Geldmarkt, bedeutet, dass sich der Markt in einem Zustand befindet, in dem die Marktteilnehmer keine Veranlassung sehen, ihre Entscheidungen zu ändern, zum Beispiel mehr zu konsumieren oder die Investitionen zu erhöhen. Im Gleichgewicht gelten entsprechende Preise – Güterpreise, Löhne, Zinsen –, die von realen Angebots- und Nachfragefaktoren bestimmt sind: einerseits vom Einkommen und vom Verhalten der Menschen, die auf die Nachfrage wirken, andererseits von den vorhandenen Ressourcen und ihrer Produktivität, die das Angebot bestimmen.

Geld kommt in der Liste dieser Faktoren nicht vor. Die Zentralbank legt zwar eine nominale Geldmenge fest, aber dadurch wird nur das Preisniveau bestimmt, ebenfalls eine nominale Größe. Real geht vom Geld kein Einfluss aus, es ist neutral. Erhöht die Zentralbank die nominale Geldmenge, dann steigt auf längere Sicht das Preisniveau, wir haben Inflation. Sonst passiert aber nichts: Die Menge der produzierten und konsumierten Güter, die gearbeiteten Stunden, all das bleibt unverändert.

Die Dinge ändern sich etwas, wenn man sie kurzfristig betrachtet. Die kurze Frist ist der Zeitraum, in dem Güterpreise und Nominallöhne gleich bleiben, selbst wenn sich anderswo in der Wirtschaft etwas ändert. Dann besteht die Möglichkeit, dass eine Änderung der Geldmenge sich auf den Zins auswirkt. Der beeinflusst wiederum die Kreditnachfrage und dadurch die Nachfrage nach Gütern und Diensten und auch nach Arbeitskräften. Hier ist das Geld nicht mehr neutral, sondern wirkt sich auf die reale Wirtschaft aus.

Befindet sich die Wirtschaft im Gleichgewicht, unternimmt die Zentralbank nichts. Hat allerdings ein Schock das Gleichgewicht gestört, sei es dass eine euphorische Stimmung die Konjunktur überhitzt, sei es dass ein plötzlicher Nachfrageausfall zu Beschäftigungsverlusten führt, dann kann sie aktiv werden. Vor allem für den letzten Fall hat der englische Ökonom John Maynard Keynes, nach dem eine derartige Politik auch keynesianisch genannt wird, ein staatliches Eingreifen gefordert. Die Geldpolitik kann über den Zins einen Impuls auf die Nachfrage nach Investitionsmitteln ausüben. Ähnlich stimulierend wirkt sich eine autonome Steigerung der Staatsausgaben aus, die durch eine Zunahme der Staatsverschuldung (*deficit spending*) finanziert wird. Am Ende erhalten wir, so Keynes, eine positive Spiralbewegung nach oben, den berühmten Multiplikatoreffekt.

Andere Ökonomen sind solchen Maßnahmen gegenüber eher skeptisch. Sie glauben nicht, dass die Preise lange genug starr sind, um den gewünschten Effekt eines geldpolitischen Impulses zu erzielen. Die Verbraucher und Unternehmen können außerdem ein Verhalten an den Tag legen, das die Transmission der geldpolitischen Impulse bremst oder ganz verhindert. Zum Beispiel kommt es vor, dass die Nachfrage nach Investitionsmitteln ausbleibt trotz niedrigster Zinsen. Die Wirtschaft nimmt das zusätzliche Geld als Liquidität auf, macht aber nichts damit. Das nennt man Liquiditätsfalle. Manche haben darin eine Kuriosität der Großen Depression der 1930er Jahre gesehen. Aber der Fall tauchte wieder auf, als Japan in den 1990er Jahren in eine Depression geriet, aus der es sich auch mit einer starken Erhöhung der Geldmenge und einer hohen Staatsverschuldung nicht befreien konnte.

Wie so oft in der Wirtschaft spielen Erwartungen eine entscheidende Rolle: Erwarten die Wirtschaftssubjekte, dass die Geldpolitik die Räder schneller laufen lässt, und verhalten sie sich danach, dann gibt es Aussicht auf Erfolg. Doch insgesamt zeigt die Erfahrung, dass eine Beeinflussung von Beschäftigung und Wachstum durch geldpolitische Maßnahmen nur in seltenen Fällen so positiv verläuft. Die Fiskalpolitik scheint hierfür geeigneter, obwohl auch sie es nicht immer schafft, konjunkturelle Einbrüche sofort auszugleichen. Damit haben wir die Geldpolitik aber nicht *ad acta* gelegt. Denn noch ist nichts gesagt über ihre Fähigkeit, ihr Hauptziel, Preisstabilität, zu verwirklichen.

33. Und wo bleibt die Preisstabilität? Das ist der entgegengesetzte Fall von Stimulierung. Es geht darum, die Preissteigerungsrate, die Inflation, auf ein erträgliches Niveau zurückzufahren. Anhänger einer bestimmten Theorierichtung in der Ökonomie, die Monetaristen, behaupten, Inflation sei ein monetäres Phänomen, hänge also vor allem von der Höhe der Geldmenge ab. Das ist insoweit richtig, als langfristig eine Erhöhung der Geldmenge nur zu Preissteigerungen führt. Von da aus betrachtet kann es bei der Inflationsbekämpfung nur um die effektive Kontrolle der Geldmenge gehen. Ist die Inflationsrate zu hoch, dann muss die Geldmenge redu-

ziert werden. Kurzfristig hat das aber eine unerwünschte dämpfende Nebenwirkung auf die reale Wirtschaft. Es muss deshalb das Ziel der Zentralbank sein, einen Anstieg des Preisniveaus von vornherein zu verhindern.

Doch nicht nur die Geldmenge kann inflationäre Prozesse auslösen, die berüchtigte Lohn-Preis-Spirale zum Beispiel auch. Wenn die Arbeitnehmer in Tarifauseinandersetzungen Lohnerhöhungen durchsetzen, die über die Produktivitätssteigerung hinausgehen, dann reagieren die Unternehmer in der Regel mit nachträglichen Preiserhöhungen, um die gestiegenen Kosten zu decken. Nun kommt es auf die Politik der Zentralbank an, ob sie die für die Preiserhöhungen erforderliche Geldmenge zur Verfügung stellt oder nicht. Tut sie es, dann ist die Lohn-Preis-Spirale in Bewegung gesetzt. Tut sie es nicht, dann kommt es zur Geldverknappung, zur Zinssteigerung und zu einem realen Abschwung, inklusive Rückgang der Beschäftigung. Solange die Regierung Einfluss auf die Zentralbank hat, wird sie diesen Konflikt zu verhindern suchen und lieber die Inflation in Kauf nehmen. Solche Abläufe ließen sich beispielsweise in den 1960er und 1970er Jahren in Frankreich und Italien beobachten.

Schwierig wird die Situation für die Zentralbank, wenn so genannte Stagflation herrscht, das heißt wenn gleichzeitig hohe Inflations- und Arbeitslosenraten vorliegen. Denn das eine verlangt eine kontraktive und das andere eine expansive Geldpolitik. Man kann vielleicht zwei Fliegen mit einer Klappe schlagen, aber nicht mit einem Instrument, der Geldmenge, zwei konträre Ziele verfolgen. Auch hier ist es wichtig, von vornherein zu verhindern, dass es so weit kommt. Und deshalb sollte die Geldpolitik sich auf die Preisstabilität konzentrieren.

Wenn die Zentralbank glaubhaft machen kann, dass sie jede Inflationsneigung im Keim ersticken wird, dann werden die Wirtschaftssubjekte mit der angekündigten niedrigen Inflationsrate rechnen. Die Tarifparteien werden zum Beispiel nur einen dementsprechenden niedrigen Inflationsausgleich in ihre Lohnvereinbarungen einbauen (zusätzlich zur Produktivitätssteigerung). Denn sie wissen, höhere, inflationstreibende Lohnsteigerungen führen unmittelbar zu einer kontraktiven Politik mit Folgen für die Beschäftigung.

Nach anfänglichen Schwierigkeiten hatte die Bundesbank seit den 1970er Jahren den Ruf erworben, sich an dieses Prinzip zu halten. Das führte in Deutschland zu einer vergleichsweise niedrigen Inflation. Die Aufgabe, die Arbeitslosigkeit zu bekämpfen, bleibt dann der Fiskalpolitik der Regierung vorbehalten. Dieser Arbeitsteilung entspricht auch die Zielsetzung der Europäischen Zentralbank.

Bleibt noch die Frage zu beantworten, inwieweit die Zentralbank die Geldmenge tatsächlich beeinflussen kann. Schließlich verfügt sie unmittelbar nur über zwei Hebel, die aber nicht unabhängig voneinander sind: die Zentralbank- oder Basisgeldmenge und den kurzfristigen Geldmarktzins, auch Leitzins genannt (genauer, die kurzfristigen Leitzinsen, denn es sind mehrere Sätze). Die kaufkraft- und damit preisbestimmende Geldmenge M_3 ist, wie wir sahen, erheblich umfangreicher und wird letztendlich auf der Ebene der Geschäftsbanken vom Kreditangebot und der Nachfrage nach Kredit festgelegt.

Die Zentralbank kontingentiert die Basisgeldmenge auf der Angebotsseite, indem sie entweder andere Vermögenstitel (vor allem Anleihen, aber keine Aktien) auf dem offenen Markt ankauft oder verkauft. Im ersten Fall bringt sie Basisgeld in Umlauf, im zweiten zieht sie es aus dem Umlauf zurück (vgl. Frage 22). Den gleichen Effekt haben pfandgesicherte Kredite, die den Banken gewährt oder nicht erneuert werden. Auf der Nachfrageseite steuert sie die Nachfrage nach Basisgeld über den kurzfristigen Geldmarktzins. Wie der Name Leitzins andeutet, hat dieser aber auch einen gewissen Einfluss auf die Kreditzinsen der Geschäftsbanken. Kurzum, wenn sie es nur konsequent anpackt, gelingt es der Geldpolitik, die Preissteigerungen in den angepeilten Grenzen zu halten.

34. Sollte die Zentralbank unabhängig sein?   Eine effektive Geldpolitik setzt Glaubwürdigkeit voraus. Nur wenn die Wirtschaftssubjekte überzeugt sind, dass die Zentralbank ihr Hauptziel, ein stabiles Preisniveau, konsequent verfolgt, stellen sie ihre Inflationserwartungen darauf ein. Die Preise – und vor allem auch die Löhne – werden nicht täglich an die jeweilige Situation angepasst. Sie haben längere Zeit Gültigkeit, manchmal über mehrere Jahre. Deshalb spielen die Inflationserwartungen eine wichtige Rolle, denn man muss die wahrscheinliche Preissteigerungsrate bei der Preisfestlegung antizipieren.

Das höchste Maß an Glaubwürdigkeit sahen zahlreiche Wirtschaftstheoretiker in einer festen Bindung der Geldmenge. Sei es, dass sie einen Standard wie den Goldstandard befürworteten. Sei es, dass sie eine fixe Wachstumsrate der Basisgeldmenge forderten verbunden mit einem hohen Mindestreservesatz für die Geschäftsbanken, was ihren Spielraum für die Kreditgeldschöpfung einschränkt. Der liberale deutsche Ökonom Walter Eucken (1891-1950) plädierte vor sechzig Jahren für einen solchen Automatismus, «weil die Erfahrung zeigt, dass eine Währungsverfassung, die den Leitern der Geldpolitik freie Hand lässt, diesen mehr zutraut, als ihnen im allgemeinen zugetraut werden kann». Vor ihm hat Joseph Schumpeter (1883-1950), nach ihm der Nobelpreisträger Milton Friedman (1912-2006) die gleiche Ansicht vertreten.

Vor allem kleine Länder in Osteuropa, wie Estland (bevor es den Euro übernahm), Litauen und Bulgarien, die auf Grund der Transformation von der Plan- in die Marktwirtschaft keine geldpolitische Erfahrung hatten, sind mit einer solchen Bindung gut gefahren. Die großen Industrieländer halten dagegen wenig vom Autopiloten und steuern ihre Geldpolitik lieber von Hand.

Allerdings wuchs auch dort das Misstrauen gegen die Weisheit und Disziplin der «Leiter der Geldpolitik», die zu nah an der Regierung sitzen. Üblicherweise war nämlich die Zentralbank dem Finanzminister untergeordnet. In Nazideutschland übte der Reichswirtschaftsminister ab 1939 in Personalunion die Funktion des Reichsbankpräsidenten aus. Damit war die Kriegsfinanzierung gesichert, aber auch die darauf folgende Inflation. Doch auch in friedlicheren Zeiten besteht die Gefahr, dass eine Regierung, die bald wiedergewählt werden will, geldpolitische Impulse bevorzugt, die kurzfristig zu einer verbesserten Konjunkturlage führen, deren langfristige inflationäre Folgen aber jenseits des Wahltermins auftreten.

Da die Inflationsangst in Deutschland besonders groß ist, nimmt es nicht Wunder, dass gerade die Bundesbank verselbständigt wurde. Der Finanzminister hat kein Weisungsrecht gegenüber dem Bundesbankdirektorium. Zwar werden dessen Mitglieder von der Politik ernannt, doch danach sind sie unabhängig in ihren Entscheidungen. Die Verfassung der Europäische Zentralbank, die dieses Modell von der Bundesbank übernommen hat, sieht vor, dass die Mitglieder ihres Direktoriums nur eine Sitzungsperiode von acht Jahren in ihrer Position verweilen dürfen, damit sie nicht eventuell auf die Politik schielen, um ihre Wiederwahlchancen zu erhöhen. Zusammen mit dem Auftrag, in erster Linie für ein stabiles Preisniveau und damit einen stabilen Geldwert zu sorgen, schafft diese Verfassungskonstruktion gute Voraussetzungen für die Glaubwürdigkeit der Zentralbank. Sowohl die Bundesbank wie die EZB in ihrer bislang kurzen Geschichte haben die in sie gesetzten Erwartungen in dieser Hinsicht erfüllt.

Es gibt auch kritische Stimmen zur Unabhängigkeit der Zentralbank. Vor allem von keynesianischer Seite wird angeführt, dass ein wohlabgestimmtes Zusammenspiel von Geld- und Fiskalpolitik konjunkturelle Rezessionen besser auffangen könne. Empirische Untersuchungen haben jedoch gezeigt, dass Länder mit einer unabhängigen Zentralbank durchschnittlich keine höhere Arbeitslosigkeit aufweisen als Länder mit einer politisch gebundenen Zentralbank. Gelingt es nämlich, die Inflation dauerhaft niedrig zu halten, sind auch keine Stabilisierungsmaßnahmen erforderlich, die kurzfristig wachstumsmindernd wirken.

Schwerer wiegt der Einwand, dass hier ein Politikfeld, die Geldpolitik, der demokratischen Kontrolle entzogen ist. Denn weder die Bundesbank, noch die EZB sind einem Parlament verantwortlich. Zwar werden Verfassung und Auftrag der Zentralbank durch demokratischen Beschluss legitimiert. Doch darüber hinaus beschränkt sich die Legitimation auf den Erfolg ihrer Politik. Der Europäische Rat und das Europäische Parlament können erfolgloses Operieren der Zentralbank nicht sanktionieren. Ebensowenig können sie mit einfacher Mehrheit Auftrag und Verfassung ändern. Aber genau das ist ja der Sinn der Unabhängigkeit der Zentralbank, die sich am besten mit der Unabhängigkeit der Gerichte vergleichen lässt.

35. Muss der Staat die Banken beaufsichtigen?   In einer Marktwirtschaft werden Unternehmen durch den Markt diszipliniert, das heißt durch den Wettbewerb. Qualität der Produkte, Preise, Service, all das muss sich im Wettbewerb beweisen. Auch die interne Organisation der Unternehmung, das Management von Personal, Kosten und Risiko, unterliegt diesem Zwang. Ineffizienz wird durch Verlust bestraft, der die Eigentümer wachrüttelt, und letztlich durch das Ausscheiden aus dem Markt, den Konkurs. Wozu bedarf es da gesetzlicher Regeln und einer staatlichen Aufsicht?

Leider schafft der Markt nicht immer, was man sich von ihm verspricht. Wo Wettbewerb nicht möglich ist, kann er seine Kontrollfunktion auch nicht ausüben. Man wird nicht zwei Schienen- oder Stromnetze nebeneinander errichten, um mehr Konkurrenz auf dem Bahn- oder Energiemarkt zu erhalten. Neben diesen technisch bedingten Monopolen gibt es aber auch strukturelle Wettbewerbsbeschränkungen durch Kartelle und Monopole. Sie zu unterbinden, ist Aufgabe der Wettbewerbspolitik. Für den Bankensektor sind weitere Marktunvollkommenheiten von Bedeutung. Dazu zählen insbesondere externe Effekte. Ökonomen verstehen darunter Effekte, die die gesellschaftliche Wohlfahrt beeinflussen, jedoch nicht das einzelne Unternehmen berühren und deshalb von ihm unberücksichtigt bleiben.

Ein klassischer Fall ist das Systemrisiko im Bankensektor. Gerät eine einzelne Bank in Zahlungsschwierigkeiten, ist das für ihre Kunden peinlich: Sie kommen nicht an ihr Geld. Es kann aber auch passieren, zumal wenn diese Bank groß ist, dass das Vertrauen in die Banken insgesamt schwindet und die Menschen ihr Geld von den Konten auch der gesunden Banken abheben wollen – ein so genannter Bankenrun, der Bankpleiten zur Folge hat. Das riskante Verhalten einer einzelnen Bank bringt den gesamten Sektor in Gefahr, was die einzelne Bank in ihrer Unternehmenspolitik nicht berücksichtigt. Und selbst wenn sie es tut, wird sie es nicht in ausreichendem Maß tun. Denn die Vertrauenswürdigkeit des Bankensektors ist ein öffentliches Gut, für das der Einzelne zu wenig aufwendet. Deshalb muss die Öffentlichkeit dafür Sorge tragen.

Es besteht also ein gesamtgesellschaftliches Interesse daran, dass die einzelne Bank sich nicht unvernünftig verhält und zu hohe Risiken eingeht. Auch wenn sie keinen Einfluss auf zahlreiche Marktrisiken hat, kann sie jedoch sehr wohl die Auswirkungen dieser Risiken beherrschen. Ein verantwortungsbewußtes Risikomanagement wird sich darauf richten. Doch hier genügt der Gesellschaft die Kontrolle durch den Markt nicht. Vorsorgliche Regulierung schränkt die Handlungsspielräume der Banken von vornherein ein, damit es möglichst nicht zu Fehlverhalten kommt.

Eine weitere Marktunvollkommenheit, die asymmetrische Information, haben wir bereits in Frage 26 kennen gelernt. Wir sahen auch, dass sie einen wichtigen Grund für die Existenz von Banken abgibt. Der kleine Anleger verfügt selten über ausreichende Information, um seine Schuldner effektiv einzuschätzen und zu überwachen. Deshalb nutzt er lieber die Vermittlungsdienstleistung einer Bank. Leider verfügt der einzelne Anleger ebenso selten über ausreichende Information und Motivation, die Bonität einer Bank einzuschätzen und ihr Geschäftsgebaren zu überwachen. Deshalb ist es sinnvoll, im Interesse aller Anleger, und das heißt im gesellschaft-

lichen Interesse, diese Überwachung in staatliche Verantwortung zu
übergeben. So erhalten wir eine Art Überwachungspyramide: Die
Banken überwachen die Kreditnehmer und die staatliche Aufsichtsbehörde überwacht die Banken. Damit werden Kreditausfälle und
Bankenkrisen nicht grundsätzliche verhindert, ihre Wahrscheinlichkeit aber erheblich reduziert.

36. Basel I, Basel II, Basel III – wo liegen denn die? Alle hochent-
wickelten Industrieländer der Welt kennen eine gesetzliche Regulierung und staatliche Aufsicht der Finanzdienstleister. Dazu gehören
in Deutschland neben den Banken auch Versicherungen, Wertpapier-
häuser, Investment- und Pensionsfonds und sogar die börsennotier-
ten Unternehmen, aber nicht die Börse selbst, für die eine eigene
Aufsicht auf Länderebene besteht. Für die betroffenen Unternehmen
ist die Sache nicht ergebnisneutral. Gewinnträchtige Geschäftsfelder
werden eingeschränkt, Informationspflichten auferlegt, Mindestvor-
schriften für teures Eigenkapital erlassen. All das wirkt sich auf die
Kosten aus.

In einer globalisierten Welt – und der Finanzsektor ist besonders
stark internationalisiert – können unterschiedliche nationale Vorschriften zu Wettbewerbsverzerrungen führen. Am Ende lassen sich
alle Banken in dem Land nieder, das die schwächsten Vorschriften
hat. Um das zu verhindern, haben die Notenbankpräsidenten der
G-10-Länder (Belgien, Deutschland, Frankreich, Großbritannien, Italien, die Niederlande, Schweden, Schweiz, Kanada, USA und Japan)
1974 den Baseler Ausschuss für Bankenaufsicht gegründet. Anlass
war übrigens der Zusammenbruch der international operierenden
Kölner Herstatt-Bank, deren Devisenspekulationen sowohl intern
wie extern unzureichend überwacht worden waren. Der Baseler Ausschuss, dem inzwischen Vertreter zahlreicher weiterer Länder ange-
hören, hat keine gesetzgeberische Kraft, auch keine supranationale
Richtlinienkompetenz. Er formuliert Prinzipien und Standards für
die Regulierung und Kontrolle der Banken. Es bleibt den Ländern
vorbehalten, egal ob Mitgliedsländer oder nicht, diese Empfehlungen
umzusetzen. Das geschieht in der Regel weltweit, wenn auch mit zeitlichen Verzögerungen.

Seit 1974 entwickelt der Baseler Ausschuss die Bankenregulierung
und ihre Koordinierung kontinuierlich weiter. Drei Dokumente
haben dabei einen besonderen Status erlangt. Da ist zuerst die Eigen-

kapitalvereinbarung von 1988, auch Basel I genannt. Darauf hatten amerikanische Banken gedrängt, die befürchteten, japanische Banken könnten sich durch niedrige Eigenkapitalanforderungen Wettbewerbsvorteile verschaffen. Das von den Eigentümern aufgebrachte Eigenkapital, eine teure Finanzierungsform, ist sozusagen der Verlustpuffer eines Unternehmens. Es ist also sinnvoll, zur Absicherung von Risiken hier einen Mindestumfang zu fordern. Basel I legte ihn auf 8 Prozent der risikogewichteten Aktiva einer Bank fest.

2004 folgte mit dem neuen Eigenkapitalrahmen eine Reform der Vereinbarung von 1988, Basel II genannt. Sie berücksichtigte die Erfahrungen mit Basel I sowie den gewachsenen Umfang und die zugenommene Komplexität der Bankgeschäfte. Basel II ruht auf drei Säulen: auf der Verfeinerung der Detailvorschriften von Basel I, auf einer qualitativen Beurteilung der Banken und ihrer internen operativen Verfahren, und auf einer Offenlegungspflicht, womit die Geschäftspraktiken transparenter und ihre Kontrolle durch den Markt stimuliert werden sollen.

Die internationale Finanzmarktkrise 2007–2009 hat gezeigt, dass auch eine vorsorgliche Regulierung Systemkrisen nicht verhindern kann. Vor allem musste man erkennen, dass in dem Wettlauf zwischen dem Hasen, der Aufsichtsbehörde, und dem Igel, den Banken, Letztere immer wieder vergnügt rufen konnten: Ich bin schon da. Mit innovativen Produkten und Verfahren hatten sie die Regeln umgangen, die nun einmal nur auf Erfahrungen der Vergangenheit beruhen können. Deshalb gab der Baseler Ausschuss 2009 erneut ein Paket von Empfehlungen heraus, Basel III, das die Standards von Basel II effektiver machen soll. Es geht um die innovativen Instrumente. Der Hebel der Fremdfinanzierung, mit dem ein gegebenes Eigenkapital immer größere Bilanzsummen bewegen kann, wird verkürzt. Großbanken, die für den internationalen Markt ein Systemrisiko darstellen (man erinnere sich nur an Lehman Brothers!), müssen eine noch größere Fähigkeit nachweisen, Verluste auffangen zu können.

Es ist verständlich, dass die Banken der immer schärferen Regulierung und Überwachung ihrer Tätigkeit nicht uneingeschränkt positiv gegenüberstehen. Inzwischen ist der Bankensektor neben der Atomindustrie der am stärksten regulierte Wirtschaftsbereich. Der freien Entfaltung unternehmerischer Initiative sind damit Grenzen gesetzt. Verhaltene Kritik, die Umsetzung von Basel II und Basel III könne die Finanzierung des Mittelstandes gefährden, soll die Politik zur Vorsicht bei der Umsetzung mahnen. Denn die Finanzierung des Mittelstandes ist das Hauptgeschäft der Banken. Die großen Unternehmen finanzieren sich direkt auf dem Kapitalmarkt. Andererseits müssen die Banken auch einsehen, dass das öffentliche Gut Sicherheit und Reputation, das durch die Regulierung bereitgestellt wird, ihrem Geschäft zuträglich ist.

37. Wie sicher ist mein Geld bei der Bank? Bankgeschäfte sind Vertrauenssache. Schließlich heißt Kredit auf Deutsch Vertrauen. Doch je mehr man sich die Risiken vor Augen hält, die damit verbunden sind, desto größer werden die Zweifel: Marktrisiko, Kreditrisiko, Liquiditätsrisiko, operationelles Risiko. Man will es eigentlich gar nicht so genau wissen.

Doch was sind die Alternativen zur Einlage bei der Bank? Auf der einen Seite kann man sein Geld direkt im Markt anlegen, das heißt Aktien oder Anleihen und andere Schuldpapiere kaufen. Professionelle Großanleger wie Investment- und Pensionsfonds oder Versicherungen tun das. Sie verfügen über das notwendige Wissen und entsprechende Information, um die Risiken realistisch einschätzen zu können. Für den einfachen Bürger wird der erforderliche Aufwand meistens zu groß.

Früher hat er häufig die private Lösung gewählt und tut das in weniger entwickelten Ländern auch heute noch. Er erwirbt Sachvermögen und hortet sein Geldvermögen im Safe oder im Garten. Leider lauern um die Ecke schon wieder die Risiken. Das Liquiditätsrisiko belastet das Sachvermögen: Man kommt nicht so rasch an sein Geld, wenn man es braucht. Das Marktrisiko, nämlich die Geldentwertung, macht auch vor dem Safe nicht halt. Das private Horten von Geld hat aber auch volkswirtschaftliche Folgen: Es entzieht der Wirtschaft kaufkräftige Nachfrage, die Ersparnisse liegen fest und fehlen den Unternehmen, die damit Investitionen finanzieren könnten. Das Wachstum der Wirtschaft wird gebremst.

Die Vermittlung zwischen Sparen und Investieren, die unter anderem von den Banken geleistet wird, liegt also auch im gesellschaftlichen Interesse. Je größer das Vertrauen des Einzelnen in seine Bank ist, desto reibungsloser findet die Vermittlung statt. Eine Sicherung der Einlagen liegt demnach nicht nur im Interesse der Kunden, sondern ebenso im Interesse der Banken und der Gesellschaft. Bei den öffentlichen Banken, vor allem den Sparkassen, und bei den Genossenschaftsbanken war die Einlagensicherung auf Grund ihrer rechtlichen Konstruktion schon immer gegeben. Die Privatbanken haben das dann auf der Verbandsebene freiwillig organisiert. Wie auch in anderen Fällen des Konsumentenschutzes hat die EU 1994 mit ihrer Einlagensicherungsrichtlinie eine gesetzliche Regelung geschaffen. Das haben die Mitgliedländer der EU umgesetzt, Deutschland erst im Jahr 1998. Denn es sträubte sich gegen diese gesetzliche Regelung und hat sogar eine am Ende erfolglose Klage vor dem Europäischen Gerichtshof angestrengt.

Gesichert werden vor allem die Sicht-, Termin- und Spareinlagen bei den Banken, nicht die Inhaberpapiere wie Aktien und Anleihen. Nach dem Schock der jüngsten Finanzmarktkrise sind die Höchstbeträge der gesetzlichen Einlagensicherung erheblich heraufgesetzt worden. Ab dem Jahr 2011 liegt dieser Betrag bei 100 000 Euro. Die einzelne Bank kann natürlich höhere Beträge garantieren, was bei den privaten Banken durch ihren freiwilligen Einlagensicherungsfonds auch geschieht. Bei öffentlichen Banken und Genossenschaftsbanken gibt es keine Obergrenze, da hier die einzelnen Institute praktisch nicht in Konkurs gehen können.

Inflation

38. Hat Geld überhaupt einen Wert?   Was für eine Frage! Ist es nicht Geld, wonach alle streben? Und das sollte keinen Wert haben? Schaut man etwas genauer hin, dann ist das mit dem Wert des Geldes gar nicht so selbstverständlich. Denn warum streben alle nach Geld? Kaum um seiner selbst willen, sondern weil man damit (fast) alles kaufen kann. Das Tauschmittel Geld hat also keinen Wert an sich, sondern bezieht seine Wertschätzung aus dem Nutzen der Dingen, die sich damit erwerben lassen. Geld ist allerdings nicht nur Recheneinheit und Tauschmittel ohne eigenen Wert. Es dient auch als Wertaufbewahrungsmittel. Und etwas, das Werte aufbewahren kann, muss wohl selbst einen Wert haben. Geld ist ein Vermögensgegenstand. Damit wird es zu einem Gut wie jedes andere. Die Nachfrage danach orientiert sich am Realwert des Vermögensbestandes, den man bei Änderungen des Preisniveaus durch mehr oder weniger Güterkonsum auf der gewünschten Höhe zu halten versucht.

Der nominale Wert des Geldes beruht auf seiner Kaufkraft, und das ist keine absolute, sondern eine relative Größe. Die Kaufkraft des Geldes misst sich am Preisniveau, das sich aus den Preisen aller Güter errechnen lässt, die man erwerben will. Wer ein Hartz-IV-Einkommen bezieht, weiß sehr genau, wie groß die Kaufkraft seines Geldes ist. Oder umgekehrt: Das Hartz-IV-Einkommen wird auf Grund eines Warenkorbes festgelegt, den die Politik für minimal erforderlich hält, und der dazu gehörigen Preise. Hartz-IV-Empfänger erhalten eine konkret definierte Kaufkraft in Geldform.

Man könnte die Güter im Hartz-IV-Warenkorb auch direkt den Empfängern zuteilen. Das wäre aber wenig sinnvoll, denn die Menschen sind verschieden: Die einen haben Kinder, die anderen nicht, die einen haben hohe, die anderen niedrige Einkommen, und die Geschmäcker sind sowieso nicht gleich. So hat jeder seinen eigenen Warenkorb, den er erwerben will, und damit ist die Kaufkraft des Geldes für jeden subjektiv anders. Auch regional gibt es Kaufkraftunterschiede. Das wird bei einem so großen Währungsraum wie «Euroland» besonders augenfällig. Denn ein Euro ist in Portugal sehr viel mehr wert als in Finnland. Das Preisniveau lag im Jahr 2010 in Portugal bei einem Wert von 88 (bezogen auf den Durchschnittswert von 100 für die 27 EU Staaten) und in Finnland bei 123. Finnen mussten also 40 Prozent mehr als Portugiesen für ihren täglichen Verbrauch bezahlen. Deutschland nahm einen Mittelwert von 104 ein. Selbst innerhalb Deutschlands variiert der Geldwert: Für einen Euro bekommt man in München weniger als in der Uckermark.

Statistisch müssen wir mit Durchschnitten rechnen. Das bedeutet, wir ermitteln einen repräsentativen Warenkorb und schauen, was der kostet. Das ist leichter gesagt als getan. Denn ein Paar Schuhe ist nicht ein Paar Schuhe, und die Preise der gleichen Waren sind nicht gleich im Kaufhaus auf dem Kurfürstendamm und im Einkaufszentrum auf der grünen Wiese. Überlassen wir es den Statistikern, diese Probleme zu lösen! Es sind nicht ihre einzigen. Denn selbst der subjektive Warenkorb ändert sich mit der Zeit: Für den Studenten sieht er, bei gleichem Einkommen, anders aus als für den Rentner. Und ständig kommen neue Produkte auf den Markt.

Üblicherweise wird das Preisniveau als Indexgröße ausgedrückt, zum Beispiel als Verbraucherpreisindex. Hier werden die Kosten des repräsentativen Warenkorbes in einem Basisjahr auf 100 normiert. Von da ausgehend lassen sich Änderungen des Preisniveaus, und damit Geldwertänderungen, in den Folgejahren berechnen und auf anschauliche Weise verdeutlichen. Man bezeichnet die Kaufkraft des Geldes auch als den inneren Wert des Geldes. Er ist auf Grund der damit verbundenen statistischen Probleme nicht eindeutig zu ermitteln. Anders verhält es sich mit dem äußeren Wert des Geldes. Währungen werden international gehandelt. Wo es einen freien Devisenmarkt gibt, trifft man auch einen eindeutigen Preis an, den Devisen- oder Wechselkurs.

39. Was bedeutet Inflation? Das lateinische *inflare* heißt aufblasen. Nach modernem Verständnis bezeichnet der Begriff Inflation den Prozess eines steigenden Preisniveaus oder eines fallenden Geldwertes. Begriff und Phänomen sind relativ jung. Erst seit der Weltwirtschaftskrise der 1930er Jahre steigen die Preise, mit geringfügigen Ausnahmen mal rascher, mal langsamer, aber stetig. Davor wechselten Perioden der Preissteigerung mit Perioden des Preisverfalls ab. Dieser Wechsel wurde als Konjunktur beschrieben, worunter wir heute Schwankungen des Bruttoinlandsprodukts und der Beschäftigung verstehen.

Allerdings gab es schon einmal eine Periode säkularer Entwertung des Geldes. Sie setzte unmittelbar nach der Entdeckung Amerikas ein. War in den Jahrhunderten davor der Gold- und Silbervorrat in Europa nur langsam gewachsen, stieg er nach 1500 sprunghaft an. In der Folge nahmen die Wirtschaftstätigkeit langsam und die Preise rascher zu. Die Ökonomen des 16. und 17. Jahrhunderts standen vor einem neuen Phänomen, das sie recht bald aus dem Zufluss von spanischem Silber und Gold erklären konnten. Ursprünglich bedeutete Inflation deshalb ein Aufblähen der Geldzufuhr. Damit haben wir bereits einen ersten Ansatz zur Erklärung steigender Preise.

In Zeiten, da der Konsum zum größten Teil aus Nahrungsmitteln, vor allem Getreide bestand, gaben der Weizen- und der Roggenpreis den Maßstab ab für die allgemeine Preisentwicklung. Ihr Ansteigen, meist auf Grund von Ernteausfällen, wurde als Teuerung und Hungerperiode erfahren, da die Löhne selten so rasch der Preisentwicklung folgten. Das Problem tritt in den ärmsten Ländern der Welt noch immer auf, wo zum Beispiel die Steigerung der Getreidepreise von 2005 bis 2008 um ungefähr 130 Prozent verheerende Folgen für die Bevölkerung hatte.

Mit der Inflation wird zwar alles teurer, aber heute ist bei uns eine

Verarmung der Bevölkerung damit eher nicht verbunden. In normalen Zeiten erwarten wir eine Inflation von etwa 2 Prozent. Das ist der Betrag, den sich die Europäische Zentralbank zum Ziel gesetzt hat und den sie in der Regel auch erreicht. Mit dieser erwarteten Inflationsrate kann man also allgemein rechnen. Das tun die Tarifparteien in den Lohnauseinandersetzungen, indem sie einen Inflationsausgleich anstreben. Das tun auch die Banken, wenn sie ihren Nominalzins festlegen. Die Kaufkraft der Bevölkerung schwankt deshalb nicht annähernd so stark, wie das früher in Zeiten der Teuerung der Fall war.

Gegenstück zur Inflation ist die Deflation, der Preisverfall. Man sollte meinen, über sinkende Preise würden sich alle freuen. Doch das glatte Gegenteil ist der Fall: Die Ökonomen und die Wirtschaftspolitiker fürchten die Deflation wie der Teufel das Weihwasser. Denn sie verdirbt die Stimmung. Steigende Preise deuten auf eine kräftige Nachfrage und folglich auf eine Boomphase. So einfach ist es nicht immer, aber es entspricht der Stimmungslage. Fallende Preise werden dagegen als Zeichen von Absatzschwäche interpretiert. Mit ihnen sinkt die Stimmung in den Keller, Investitionen bleiben aus, und die Wirtschaft rutscht in eine Rezession. Die Geldpolitik bemüht sich deshalb, die Preisausschläge möglichst gering zu halten. Aber sie setzt sich nicht eine Inflation von Null Prozent zum Ziel. Denn da es sich bei der Inflationsrate um einen Durchschnitt handelt, müssten bei absoluter Preisstabilität viele einzelne Preise fallen, und in einer konjunkturellen Abschwächung sogar das Preisniveau insgesamt.

40. Hat VW seine Preise seit 1974 vervierfacht? 1974 brachte VW den Golf I auf den Markt. Der Grundpreis betrug 8000 DM. Das sind umgerechnet 4090 Euro. 2011 konnte man einen Golf VI ab 17 000 Euro erwerben. Der Preis des Grundmodells hat sich also mehr als vervierfacht, oder die Preissteigerungsrate betrug über die 37 Jahre jährlich 3,9 Prozent. Über den gleichen Zeitraum sind die Lebenshaltungskosten in Deutschland im Durchschnitt um 2,5 Prozent gestiegen (dabei müssen wir Daten für Westdeutschland mit Daten für das wiedervereinigte Deutschland verketten).

Welche Schlüsse lassen sich daraus ziehen? Die Geldsumme, die ich auf den Tisch legen muss, um einen VW Golf zu erhalten, hat sich mehr als vervierfacht. Richtig. VW hat seine Preise erhöht, und zwar überdurchschnittlich. Falsch. Denn der Golf VI des Jahres 2011 ist nicht mehr das gleiche Auto wie der Golf I des Jahres 1974. Leistung, Qualität, Ausstattung, Sicherheit – alles hat sich geändert. Damit wird es fast unmöglich zu bestimmen, welcher Teil der Preissteigerungsrate von 3,9 Prozent auf Produktverbesserungen und welcher Teil auf inflationäre Preissteigerungen zurückzuführen ist. Die Schwierigkeit besteht darin, einen Geldwert für die Qualitätsverbesserungen zu finden.

Man kann sich leicht vorstellen, dass die Statistiker, die einen Index der Verbraucherpreise berechnen sollen, ständig mit ähnlichen Problemen zu kämpfen haben. Gerade bei technischen Produkten sind Qualitätsverbesserungen an der Tagesordnung. Bei Dienstleistungen ist das sehr viel weniger der Fall: Ein Haarschnitt bleibt ein Haarschnitt. Aber schon bei der medizinischen Versorgung spielt die Qualität wieder eine Rolle – würden wir sonst so viel länger leben als unsere Vorfahren?

Die Statistik muss also aus den Preissteigerungsraten die Qualitätsverbesserungen herausrechnen, um die reine Inflation zu erhalten. Dazu hat sie unterschiedliche Methoden entwickelt, die wir nicht im Einzelnen zu untersuchen brauchen. Die «wirkliche» Preissteigerung bei VW kennen wir nicht.

41. Was treibt die Preise? Als das spanische Gold und Silber nach Europa strömten und eine säkulare Preissteigerung zu beobachten war, kamen die Gelehrten, die sich mit Fragen der Wirtschaft beschäftigten (berufsmäßige Ökonomen gab es im 16. Jahrhundert noch nicht), bald darauf, dass beide Phänomene etwas miteinander zu tun haben müssen. Gold und Silber waren Geld, folglich wuchs die Geldmenge M. Das Handelsvolumen T, das heißt die Käufe und Verkäufe, die mit dieser Geldmenge getätigt wurden, waren gleich geblieben: Die zugenommene Kaufkraft traf auf ein mehr oder minder starres Angebot. Das Gleichgewicht konnte nur über ein steigendes Preisniveau P wiederhergestellt werden. Etwas später erkannte man, dass noch ein weiterer Faktor eine Rolle spielt, nämlich die Umlaufgeschwindigkeit V des Geldes: Je schneller das Geld die Hand wechselt, desto mehr Transaktionen kann eine gegebene Geldmenge bewältigen. Wir erhalten eine einfache Gleichung:

$$M \times V = P \times T$$

Auf beiden Seiten des Gleichheitszeichens stehen Geldquantitäten. Deshalb wird die Gleichung auch Quantitätsgleichung genannt. Das ist eine Identität, die am Ende immer erfüllt sein muss, folglich noch keine Theorie, die den Preisauftrieb erklären könnte. Dazu muss man Annahmen hinsichtlich der vier Variablen machen. Nehmen wir einmal an, das Preisniveau P sei die abhängige Variable, die von den übrigen bestimmt wird. V und T seien unveränderlich, und die Geldmenge M sei die unabhängige Variable, die von außen bestimmt wird. Dann ist klar:

$$P = (M \times V) / T$$

in Worten: Steigt die Geldmenge M, dann nimmt auch das Preisniveau P entsprechend zu.

Jetzt haben wir eine Theorie, deren Erklärungswert vom Realitätsgehalt der Annahmen abhängt. Ist das Handelsvolumen T wirklich konstant? Im 16. Jahrhundert war das durchschnittliche Wirtschaftswachstum in Europa kaum wahrnehmbar. Im heutigen China treffen wir dagegen Wachstumsraten von etwa 10 Prozent an. Sollen die Preise stabil bleiben, muss die Geldmenge parallel mitwachsen.

Ist die Umlaufgeschwindigkeit V wirklich konstant? Sie wird bestimmt von Gewohnheiten, wie lange man nämlich das Geld im Beutel hält. Und sie wird bestimmt von der Technik der Zahlungsabwicklung. Beides kann sich sowohl langfristig wie kurzfristig ändern. Kurzfristig bleibt man in der Krise lieber liquide: Die Kassenhaltung nimmt zu und damit die Umlaufgeschwindigkeit ab, während man im Boom sein Geld einsetzt und Liquiditäts- und Vorsichtsüberlegungen eher hintanstellt. Langfristig nimmt die Umlaufgeschwindigkeit zu auf Grund des Übergangs von Bargeld zu Buchgeld und der technischen Entwicklungen im Zahlungsverkehr.

Wie gut ist also unsere Theorie? Sie ist im Laufe der Zeit immer schlechter geworden. Bessere Theorien sind an ihre Stelle getreten. Aber die Verbesserungen bestehen vor allem in Verfeinerungen der alten Theorie. Schlechter geworden ist sie vor allem, weil sich der Charakter des Handelsvolumens T im Laufe der Zeit verändert hat. Früher wurde es vom Kauf und Verkauf von Gütern und Dienstleistungen bestimmt. Das ließ sich mit dem Bruttoinlandsprodukt erfassen. Heute ist das Handelsvolumen der Finanztransaktionen unendlich viel größer als der Umsatz materieller Güter und Dienstleistungen. Der Handel mit Vermögenstiteln schwankt tagtäglich, womit auch die Umlaufgeschwindigkeit des Geldes starken Ausschlägen ausgesetzt ist. So sind die einfachen Wirkungszusammenhänge weitgehend entkräftet.

Der Nobelpreisträger Milton Friedman hat 1970 trotzdem den viel zitierten Satz geprägt: «Inflation ist immer und überall ein monetäres Phänomen und zwar in dem Sinn, dass sie nicht ohne eine Vermehrung der Geldmenge stattfinden kann, die rascher ist als das Wachstum der Produktion». Friedman verweist uns also auf die einfache Quantitätsgleichung zurück. Trotz aller theoretischer und empirischer Bedenken und Spitzfindigkeiten sah er darin eine brauchbare Faustregel für die Wirtschaftspolitik: Lasst die Geldmenge nicht schneller wachsen als die Wirtschaft, dann bleiben die Preise stabil! Wir sahen bereits im Zusammenhang mit der Geldpolitik, dass diese Faustregel für die Zentralbanken in der Inflationsbekämpfung noch immer eine Rolle spielt.

42. Wieso werden Immobilien im Preisindex nicht berücksichtigt? Die Statistik misst Inflation mit Hilfe verschiedener Indizes: Lebenshaltungskostenindex, Verbraucherpreisindex, Industriepreisindex, Index der Großhandelspreise, Deflator des Bruttoinlandsprodukts. Für die ersten beiden werden zusätzliche Berechnungen differenziert nach Zusammensetzung der Haushalte angestellt (Zwei-Personen-Haushalte, Vier-Personen-Haushalte, Rentnerhaushalte usw.). Die Indizes unterscheiden sich hinsichtlich der Güter und Dienstleistungen, die sie erfassen und deren Preise sie über die Zeit vergleichen.

Was in diese Indizes nicht eingeht, sind die Preise von Vermögensgegenständen wie Immobilien, Aktien, Anleihen, Devisen, Kunstgegenständen. Beim Verbraucherpreisindex und beim Industriepreisindex ist das verständlich. Vermögensobjekte sind keine Konsumgüter und keine Produktionsmittel. Die gesamte Inflationsrechnung bezieht sich auf die sogenannte Realsphäre der Wirtschaft, die produzierten Güter und Dienstleistungen, nicht auf Vermögensgegenstände.

Doch auch Immobilien oder Aktien haben Preise, und es werden Preisindizes für sie berechnet: Immobilienpreisindex, Aktienindex, Rentenindex. In einer Marktwirtschaft ändern sich alle diese Preise ständig. Einige wie der Rentenindex schwanken um einen festen Mittelwert, andere wie der Immobilienpreis- und der Aktienindex schwanken um einen in der Regel ansteigenden Trend.

Von inflationären Entwicklungen ist dabei eher selten die Rede. Dabei tauchen von Zeit zu Zeit sogenannte spekulative Blasen auf wie die Dotcom-Blase 1999–2001 oder die Immobilienpreisblase im Anlauf zur Finanzmarktkrise 2007–2009. Eine Preisblase ist nichts anderes als das Ergebnis von Inflation, was ja Aufblasen heißt. Doch sie wird nur wahrgenommen, wenn sie platzt. Der langfristige Anstieg des Deutschen Aktienindexes (DAX) wird nicht als Inflation interpretiert, sondern er entspricht, wie es heißt, der fundamentalen Entwicklung der Unternehmen. Man nimmt also an, die Ertragsfähigkeit, der innere Wert des Vermögensgegenstandes hat zugenommen.

Wir haben hier einen interessanten Perspektivenwechsel vor uns. Inflation, das heißt steigende Lebenshaltungskosten werden aus der Perspektive der Käufer betrachtet und dementsprechend negativ bewertet. Die Politik, konkret die Zentralbank, hat für Preisstabilität zu sorgen. Steigende Vermögenspreise werden aus der Perspektive der Verkäufer beziehungsweise der Besitzer betrachtet und dementsprechend positiv bewertet. Mein Haus gewinnt an Wert, und ich gewinne an Kredit. Steigende Aktienkurse drücken Zuversicht aus und sind der Lohn für eine riskante Investition.

Der Politik und auch der Zentralbank käme es nicht in den Sinn, Preisstabilität für Vermögenspreise auf ihre Fahnen zu schreiben. Erinnern wir uns aber an Friedmans Faustregel, dann ist deutlich, Vermögenspreise können langfristig nur steigen, wenn die Geldmenge entsprechend zugenommen hat. Es ist die Inflation der Geldmenge, die die Preise steigen lässt, egal ob es sich um Güter- oder Vermögenspreise handelt.

43. Wem schadet Inflation, wer profitiert davon? Eine Hyperinflation ist eine wirtschaftliche und soziale Katastrophe. Eine Inflation von 2 oder 3 Prozent gilt den meisten Zentralbanken als anzustrebende optimale Preisentwicklung. Wo ist da die Grenze zwischen der guten und der schlechten Inflation? Wer wird überhaupt davon getroffen?

Auf den ersten Blick ist die Sache ganz einfach. Wer ein festes Einkommen bezieht oder wer eine feste Summe als Kredit vergeben hat, der sieht seine realen Einkünfte und sein reales Vermögen durch die Inflation schwinden. Umgekehrt werden für die Schuldner die realen Lasten leichter: Sie zahlen die feste Summe, deren Kaufkraft jedoch vermindert ist. Für die Wirtschaft insgesamt ändert sich nichts: Was die einen verlieren, gewinnen die anderen. Inflation ist ein stillschweigender Umverteilungsprozess. Sollten die Gewinner auch die politische Macht in Händen halten, werden sie wenig dagegen unternehmen.

Wenn der inflationäre Trend allerdings bekannt ist, stellt sich jeder darauf ein. Die Lohnsteigerungen, die man in Tarifverhandlung vereinbart, werden den Inflationstrend berücksichtigen, damit die Reallöhne nicht fallen. Die Zinsen, die man für Kredite erhebt, schließen die Inflationsrate ein. Und ist die inländische Inflation höher als im Ausland, wird der Wechselkurs der Währung um die Inflationsdifferenz korrigiert.

Auf der anderen Seite gilt in Deutschland, aber auch anderswo, grundsätzlich das Nominalwertprinzip nach der alten Maxime: Mark ist Mark. Einmal vereinbarte Schuldverträge werden im Nachhinein nicht an eine unerwartete Geldentwertung angepasst. Damit trifft die Inflation Geldvermögen stärker als Sachvermögen. Ein Schuldner, der Einfluss auf die Geldentwertung hat, kann sich das zunutze machen. Ein solcher Schuldner ist insbesondere der Staat.

In der augenblicklichen Krise der öffentlichen Verschuldung, die viele Staaten der Welt ergriffen hat, taucht deshalb immer wieder der Ratschlag auf, die Inflation etwas rascher als die üblichen 2 bis 3 Prozent steigen zu lassen, etwa 4 bis 5 Prozent. Dann steigen die nominalen Einnahmen des Staates, und die alten Staatsanleihen lassen sich leichter zurückzahlen. Natürlich bekommen die Halter der Staatsanleihen nicht die volle Kaufkraft zurück, die sie dem Staat geliehen haben. Aber das schätzt man für sozial verträglicher ein als eine radikale Sanierungspolitik mit Haushaltskürzungen und Steuererhöhungen, die kurzfristig wachstumsmindernd wirkt und die Arbeitslosigkeit ansteigen lässt. Unterstützt wird eine solche Empfehlung von jenen ökonomischen Theorien, die einer unerwarteten Inflation kurzfristig eine stimulierende Wirkung zuschreiben.

Solche Theorien, die ihren Ausgangspunkt bei John Maynard Keynes genommen hatten, waren vor allem in den 1960er und 1970er Jahren verbreitet. Damals glaubte man herausgefunden zu haben, es bestehe ein relativ fester Zusammenhang zwischen der Inflationsrate und der Arbeitslosenquote. Es hieß, man könne sich sozusagen eine geringere Arbeitslosigkeit mit einer geldpolitisch hervorgerufenen höheren Inflation erkaufen. Leider stellte sich bald heraus, dass diese einfache Beziehung nicht stabil ist, wenn jedermann die Inflation erwartet. Geht die Inflation nicht von der Geldpolitik aus, sondern von schockartigen Preisveränderungen, z. B. einem Ölpreisschock, dann kommt es eher zur «Stagflation», das heißt einem Zusammentreffen hoher Inflation und hoher Arbeitslosigkeit.

Hohe Inflationsraten sind rundheraus schädlich. Darüber besteht Einigkeit unter Ökonomen. Die Preise, aber auch das Preisgefüge werden unsicher und damit die Entscheidungen der Produzenten und der Konsumenten. Die Steuerungsfunktion der Märkte wird geschwächt. Empirische Untersuchungen haben gezeigt, dass auch eine moderate Inflation nicht mit einer besseren Wirtschaftslage und höherer Beschäftigung verbunden ist. Die kurzfristig stimulierende Wirkung der Geldpolitik ist nur so lange positiv, wie sie nicht auf die Preise durchschlägt. Dieser Erkenntnis entspricht der Auftrag der Europäischen Zentralbank, primär das Preisniveau zu stabilisieren und nur dann stimulierend aufzutreten, wenn dieses nicht gefährdet ist.

44. Wie schaffte es die DDR, Inflation zu vermeiden?

Die Wirtschaft der DDR ist kaum in guter Erinnerung. Sie leistete nicht, was man von ihr erwartete. Aber zumindest die Preise waren stabil, heißt es im Osten des Landes manchmal. Als Verbraucher konnte man in der Tat diesen Eindruck gewinnen. Und die Politik, vor allem Erich Honecker (1912–1994), feierte die Preisstabilität als sozialistische Errungenschaft. Er hatte mit seinem Amtsantritt 1971 einen Preisstop verfügt, den er eisern aufrechtzuerhalten versuchte. War das möglich?

In einer Planwirtschaft liegt die Preisbildung «fest in der Hand des Staates». Damit wird der Markt als Ausgleichsmechanismus zwischen Angebot und Nachfrage ausgeschaltet. Wo Angebot und Nachfrage nicht übereinstimmen, müssen andere Mechanismen ersatzweise eintreten: Rationierung, Schlangestehen, Schwarzmärkte und Ersatzkäufe. Man nimmt, was man bekommt; vielleicht kann man es später gegen das, was man braucht, eintauschen. Das ist mit Kosten für den Konsumenten verbunden. Auf den Schwarzmärkten im

Osten herrschten nicht nur freie Preisbildung und hohe Preise, sondern dort wurde nicht einmal die Mark der DDR akzeptiert und man musste mit D-Mark bezahlen.

Zwar gehörte weitgehende Selbstversorgung, Autarkie, zu den wirtschaftspolitischen Zielen im Sozialismus. Doch ein Land mittlerer Größe wie die DDR konnte sich nicht ganz aus der Weltwirtschaft ausklinken. Folglich war sie den inflationären Trends der Weltwirtschaft ausgesetzt, zum Beispiel durch die Verteuerung der Rohstoffe. Gleichzeitig erwartete die Bevölkerung im Lande, dass die Löhne steigen. Bei festen Preisen wäre das nur im Rahmen der Produktivitätssteigerung möglich, und die fiel nicht besonders hoch aus. Kurzum, es gab inflationäre Impulse – und trotzdem keine Inflation?

Das System der geplanten Preise war in zwei voneinander weitgehend unabhängige Teilbereiche gespalten: die Industriepreise, mit denen die Betriebe untereinander rechneten, und die Verbraucherpreise für die Konsumenten. Die Industriepreise der DDR stiegen mit zunehmenden Kosten, die Verbraucherpreise nicht. Den Ausgleich dazwischen mussten ständig zunehmende Subventionen aus dem Staatshaushalt schaffen.

Führte das nicht zu einer wachsenden Verschuldung des Staates? Offene Staatsverschuldung lässt sich in einer zentralisierten Planwirtschaft vermeiden. Etwas anderes ist die Verschuldung gegenüber dem Ausland, die durch Handelsdefizite entsteht. Der Staatshaushalt war regelmäßig ausgeglichen, er finanzierte sich vornehmlich aus den Gewinnabführungen und anderen Abgaben der Betriebe. Die Betriebe wurden gezwungen, ihre Investitionen mit Krediten zu finanzieren, die sie von der Staatsbank erhielten. Denn einerseits verfügte das Bankensystem über nicht unerhebliche Spareinlagen der Bevölkerung, und andererseits konnte die Staatsbank wie jede Zentralbank Geld schöpfen. Da die Betriebe in der sozialistischen Wirtschaft Staatsunternehmen sind, resultiert die ganze Operation in einer verschleierten, indirekten Verschuldung des Staates, was bei der Wiedervereinigung zu großen Problemen führte.

Offensichtlich diente die Preispolitik der Sozialpolitik. Eine marktwirtschaftliche Sozialpolitik subventioniert nicht die Güter des Grundverbrauchs, sondern stützt die Einkommen personengerichtet über Sozialausgaben wie Hartz IV. Dadurch kann der Markt seine nützliche Funktion ausüben, und es treten nicht die für die

Planwirtschaft typischen Verschwendungs- und Mangelerscheinungen auf.

45. Kann man Metallgeld inflationieren? Geldentwertung ist kein neuzeitliches Phänomen. Bevor der Zustrom spanischen Goldes und Silbers aus Südamerika im 16. Jahrhundert die Geldmenge in Europa aufblähte, war diese relativ stabil, da die Gold- und Silberfunde auf dem Kontinent bescheiden ausfielen. Geldvermehrung war deshalb nur über eine Münzverfälschung möglich. Man verringerte den Metallgehalt oder das Gewicht einer Münze und behielt den Nennwert bei. So ließen sich aus einer gegebenen Menge Gold und Silber erheblich mehr Münzen schlagen. Das geht so lange gut, wie die Münzverschlechterung unbemerkt bleibt – also kaum sehr lang.

Das Münzregal war Privileg des Souveräns. Er bediente sich seiner vor allem in Kriegszeiten, wenn er Geld brauchte, um seine Soldaten zu bezahlen. Denn Steuern zur Kriegsfinanzierung ließen sich nur schwer erheben. Zum einen war das Steuersystem in den meisten Ländern schwach entwickelt, zum anderen mussten Steuern von den Ständen bewilligt werden, die sich regelmäßig sträubten. Münzverschlechterung war deshalb ein effektiver und rasch verfügbarer Steuerersatz. Auch heute hat Geldvermehrung eine ähnliche Wirkung, man spricht deshalb von Inflationssteuer.

Die Verringerung des Metallgehalts der Münzen beeinflusst nicht unmittelbar die Kaufkraft des Geldes, sondern erst die darauf folgende Zunahme der Geldmenge. Nur der Wechselkurs zu anderen Währungen wird vom Metallgehalt bestimmt. Deshalb wirkt eine Münzverschlechterung bei nicht allzu großer Vermehrung der Geldmenge und darauf folgender Inflation wie eine Abwertung, die den Export stimuliert. Solche Abwertungen sind deshalb auch in Handelsstädten mit eigener Münze anzutreffen. Einzig Florenz, der führende Finanzplatz im späten Mittelalter, wies eine bemerkenswerte monetäre Stabilität auf. Der 1252 zum ersten Mal geprägte Fiorino oder Florin enthielt 3,54 Gramm Gold. Im Jahr 1500 waren es immer noch 3,53 Gramm.

Wie immer bei einer Inflation wurden auch bei der Münzverschlechterung die Gläubiger und Bezieher fester Einkommen getroffen. Das waren die weltlichen und geistlichen Grundherren, am Ende auch der König selbst, dessen Einkommen aus der Grundrente seiner Ländereien und aus festen, steuerähnlichen Abgaben bestand.

Die Grundherren besaßen politische Macht, so dass Münzverschlechterungen in Kriegszeiten zwar geduldet wurden, dann aber rückgängig gemacht werden mussten.

Eine Verschlechterung der Münzen konnte nur sehr kurze Zeit unbemerkt bleiben. Dann trat das so genannte Greshamsche Gesetz in Wirkung. Zwar lässt sich bei Sir Thomas Gresham (1519–1579), einem englischen Kaufmann und Finanzberater von Königin Elisabeth I., nirgendwo der Satz belegen: «schlechtes Geld vertreibt gutes Geld». Doch jeder Kaufmann seiner Zeit kannte das Phänomen. Wer minderwertiges Geld in Händen hält, versucht, es so schnell wie möglich auszugeben, während er gutes Geld zur Wertaufbewahrung in seinen Tresor legt.

Im Mittelalter waren es die französischen Könige, die immer wieder auf Münzverschlechterungen zurückgriffen. Vor allem der hundertjährige Krieg mit England verschlang Unsummen. Im deutschen Reich trat das Phänomen zwar auch auf, aber das Münzwesen war stärker dezentralisiert, wodurch mehr Wettbewerb herrschte. Die erste offene Inflation in Deutschland verursachte Kaiser Friedrich III., der in Wien 1457–1460 die so genannten Schinderlinge prägen ließ, um sich Söldner leisten zu können. Damit hat er sich bei der Wiener Bevölkerung nicht sehr beliebt gemacht. Im Dreißigjährigen Krieg war Münzverschlechterung dann an der Tagesordnung. Auch Friedrich der Große hat seinen Siebenjährigen Krieg nicht nur mit englischen Subventionen finanziert, sondern auch mit schlechtem Geld.

46. Wie konnte es zur Hyperinflation 1922/1923 kommen?
Wenn es in der deutschen Wirtschaftsgeschichte ein traumatisches Erlebnis gegeben hat, dann war das die Hyperinflation in den Jahren 1922/1923. Auch die Weltwirtschaftskrise nach dem Crash von 1929 hat tiefe Spuren hinterlassen. Doch im November 1923, als die Hyperinflation zum Stehen kam, war ein ganzes Zeitalter zu Ende. Das politische System hatte sich schon 1918 verändert. Das alte Sozial- und Wertesystem löste sich jedoch erst in der Zeit danach auf, als die Rechnung für den Krieg zu bezahlen war. Sebastian Haffner (1907–1999), dessen *Erinnerungen eines Deutschen* ein anschauliches Bild dieser wüsten Zeit zeichnen, stellt für Weihnachten 1923 fest: «Zum ersten Mal sah es wirklich nach Frieden aus».

Damit ist bereits eine der Ursachen der Hyperinflation angedeutet – die Kriegsfinanzierung: 1914 hob die Regierung den Goldstandard bzw. die Einlösepflicht der Reichsbanknoten auf. In der Folge konnte die Reichsbank Haushaltsdefizite des Staates monetär finanzieren, das heißt sie konnte Geld drucken. Bis Ende des Krieges hatte sich der Notenumlauf bereits mehr als verfünffacht, die Preise allerdings nur etwas mehr als verdoppelt. Sie sollten rasch aufholen: Von 1918 bis Juni 1922 wuchsen der Notenumlauf mit dem Faktor 5,5, die Preise mit dem Faktor 32,4, das sind im Durchschnitt etwa 350 Prozent pro Jahr – schrecklich, aber noch keine Hyperinflation. Was dann einsetzte, verlässt den Bereich des Vorstellbaren. Auf dem Höhepunkt betrug die monatliche Preissteigerungsrate 32 400 Prozent. Am besten veranschaulicht man sich den Irrsinn am Briefporto: 1918 kam auf einen Brief eine Marke von 15 Pfennig, im November 1923 eine Marke von 10 Milliarden Mark.

In der Geschichte des Geldes ist dieses Ereignis nicht einmalig. Österreich, Ungarn, Polen und Russland erlebten in der Zeit nach dem Ersten Weltkrieg ähnliche, wenn auch nicht ganz so dramatische Geldentwertungen. Die griechische Hyperinflation von November 1943 bis November 1944 wies eine höhere monatliche Steigerungsrate auf. Den Rekord hält Ungarn mit seiner Hyperinflation unmittelbar nach dem Zweiten Weltkrieg: $41,9 \times 10^{15}$ Prozent in einem Monat – 41 900 Billionen Prozent.

Das ist technisch nicht mehr zu bewältigen, während die 10-Milliarden-Briefmarke im November 1923 noch gedruckt und ausgegeben wurde, wie jeder weiß, der einmal Briefmarken gesammelt hat. Praktisch war das Geldsystem zusammengebrochen, und man fragt sich, warum die Leute überhaupt noch Bargeld akzeptierten. Sie taten es immer weniger, wichen auf lokale Ersatzwährungen und fremde Währungen aus, vor allem den Dollar, sie tauschten Güter und reduzierten ihre Kassenhaltung radikal. Aber die Regierung bezahlte in der eigenen Währung. Selbst ein völlig entgleistes Geldsystem ist offensichtlich besser als gar keines.

Gelddrucken ist eine besondere Form der Besteuerung, wobei die Geldvermögen der Bevölkerung besteuert werden, indem man sie entwertet. Eine solche Inflationssteuer lässt sich leicht einführen und ebenso leicht eintreiben. Der Staat greift zu diesem Mittel, weil er durch normale Besteuerung und Schuldenaufnahme seinen Haushalt nicht mehr ausgleichen kann. Das ist im Krieg oft der Fall. 1923 kam die Ruhrbesetzung durch französisch-belgische Truppen hinzu, auf die man mit passivem Widerstand reagierte. Die Arbeitslöhne an der Ruhr wurden aus der Staatskasse bezahlt.

Ist das Rad erst einmal in Bewegung, dann dreht es sich immer schneller. Die Geldmenge treibt die Preise, und die Preise treiben die Geldmenge. Die Staatseinnahmen über «normale» Steuern werden ständig geringer, denn in der Zeit zwischen Steuerbescheid und Steuereintreibung entwertet sich der Betrag rapide: Es gilt nach wie vor das Nominalwertprinzip «Mark ist Mark». Die Inflationssteuer, das heißt die Geldvermehrung muss fortwährend wachsen, weil der reale Steuerertrag auf Grund der beschleunigten Geldentwertung hinter der geplanten Größe hinterher hinkt. Weitere treibende Kraft ist die Umlaufgeschwindigkeit des Geldes. Wenn das Geld innerhalb von Tagen oder sogar Stunden in der Tasche verbrennt, rennt jeder, der Geld eingenommen hat, so rasch er kann, es wieder los zu werden. So verringert sich die Steuerbasis für die Inflationssteuer, das Geldvermögen der Bevölkerung. Das Ganze ist ein Wettlauf zwischen Staat und Bevölkerung um die Kaufkraft des Geldes, die dabei auf der Strecke bleibt.

Wie setzt man dem Hexensabbat ein Ende? Eigentlich ganz einfach: mit einer Währungsreform. Die diskreditierte Papiermark wurde durch eine neue, glaubwürdige Währung ersetzt, die Rentenmark. Das fand am 20. November 1923 statt, als der Dollarkurs 1:4,2 Billion betrug und man durch Streichung von 12 Nullen wieder auf den alten nominalen Kurs von 1:4,20 zurückkommen konnte. Dabei ist die Bindung der Währung an einen Anker, Gold oder Grundvermögen, nicht entscheidend. Entscheidend ist die Weigerung der Zentralbank, das Geld über das vom Wachstum gebotene Niveau hinaus zu vermehren und den Staat durch Gelddrucken zu finanzieren. Damit wird der Staat gezwungen, und das ist die eigentliche Stabilisierungsleistung, seinen Haushalt radikal zu reorganisieren, die Ausgaben zu reduzieren und die Steuern zu erhöhen. Das innerhalb allerkürzester Zeit zu leisten, ist schwer. Doch es gelang der kurzlebigen Regierung unter Gustav Stresemann (1878–1929) innerhalb weniger Wochen, Vertrauen in das Gelingen der Reform zu schaffen.

Internationale Finanzen

47. Braucht jeder Staat sein eigenes Geld? Was hat der Staat eigentlich mit dem Geld zu tun? Wir sind geneigt zu sagen: alles. Einige Ökonomen meinen dagegen: nichts. Die Wahrheit liegt wie so häufig irgendwo dazwischen. Geld ist ein ökonomisches Phänomen, und die Ökonomie kennt keine Grenzen. Grundsätzlich kann jeder Geld in Umlauf bringen. Ob es akzeptiert wird, ist eine andere Frage. Es hat sich als nützlich erwiesen, dass Münzherren mit Autorität – lange bevor es Territorialstaaten gab – das Geldzeichen durch Münzprägung normierten. Auch diese Münzen kannten keine Grenzen. Ihr Tauschwert untereinander wurde von ihrem Metallgehalt bestimmt, denn man konnte sie ja jederzeit ummünzen. Als Notengeld das Warengeld ersetzte, kam der Staat noch immer nicht ins Spiel. Banknoten wurden von Notenbanken herausgegeben. Das konnten private wie staatliche Unternehmen sein, die miteinander in Wettbewerb standen. Solange Währungen konvertibel sind und freie Devisenmärkte bestehen, ist Geld grundsätzlich international.

Im 19. Jahrhundert hatten sich dann Zentralbanken mit dem Monopol der Notenemission herausgebildet. Der entscheidende Eingriff des Staates in den Geld- und Zahlungsverkehr ist jedoch die Übernahme der Zentralbank in staatliche Jurisdiktion und der gesetzgeberische Akt, bestimmtes Geld, das Zentralbankgeld, zum gesetzlichen Zahlungsmittel zu erklären. Damit hat der Staat Verantwortung für ein funktionierendes Finanzsystem übernommen. Ob die damit verbundenen Aufgaben aber besser im nationalen Rahmen oder auf überstaatlichem Niveau erfüllt werden, ist ein praktisches Problem.

Solange die Währungen stabil sind, ist es grundsätzlich gleichgültig, welche Währung in einem Land verwendet wird. Darüber entscheidet nicht nur der Staat, sondern auch die Bevölkerung. So wie in der DDR auch die D-Mark im Umlauf war und sogar vom Staat in seinen Intershops als Zahlungsmittel akzeptiert wurde, gibt es viele Fälle der so genannten informellen Dollarisierung. Vor allem für Sparzwecke weichen die Bürger gerne auf eine stabile Fremdwährung aus. Nimmt das überhand, dann geraten das offizielle Währungssystem und die Geldpolitik in Schwierigkeiten.

Daneben gibt es die offizielle Dollarisierung. El Salvador, Panama und Ecuador zum Beispiel haben den Dollar als offizielle Währung eingeführt. In Europa ist der Euro die Landeswährung Montenegros, das weder EU-Mitglied noch Mitglied der Währungsunion ist. Da stellt sich natürlich die Frage, wie diese Länder an das Geld kommen, das im Lande im Umlauf ist, und wie sie ihre Geldmenge bestimmen. Das ist auf zwei Wegen möglich: Entweder sie haben einen Exportüberschuss, den sie sich in Dollar oder Euro bezahlen lassen, oder sie haben einen Nettokapitalimport, das heißt erhalten Kredite oder Direktinvestitionen aus dem Ausland.

Offenkundig wird der Verzicht auf eine eigene Währung in einer Währungsunion. Die historischen Fälle brachten meistens ein größeres und ein kleines Land zusammen: die Schweiz und Liechtenstein, Frankreich und Monaco, Belgien und Luxemburg. Seit 1999 besteht aber die Europäische Wirtschafts- und Währungsunion (EWWU), die inzwischen 17 Mitglieder aufweist und als gemeinsame Währung den Euro hat. Auch hier stellt sich die Frage, wer die Geldpolitik macht, wer die verfügbare Geldmenge bestimmt. Das muss in einer Währungsunion zentral erfolgen. In der EWWU wurde diese Aufgabe der Europäischen Zentralbank in Frankfurt am Main übertragen. Für die einzelnen Mitgliedländer bedeutet das die Aufgabe der Souveränität im Bereich der Geld- und Währungspolitik.

48. Konverti ... was? Konvertibilität ist die vornehmste Eigenschaft von Geld. Es kann jederzeit und überall in Waren und Dienstleistungen umgetauscht werden. Je konvertibler ein Zahlungsmittel ist, desto mehr ist es Geld. Auf einem freien Markt hat das gesetzliche Zahlungsmittel die höchste Konvertibilität: Jeder muss es zur Begleichung einer Schuld akzeptieren. Erinnern wir uns an die sozialistischen Planwirtschaften, dann wird die Bedeutung augenfällig. Ein Betrieb konnte dort mit seinem Geld nicht einfach Maschinen oder Ausrüstungen kaufen. Wichtiger als das Geld war die Plananweisung. Sozialistisches Geld war bereits intern nicht voll konvertibel.

Von externer Konvertibilität wird im internationalen Zahlungsverkehr gesprochen. Gemeint ist damit die Umtauschmöglichkeit nationaler Währungen. Ein freier Devisenmarkt setzt vollständige Konvertibilität der Währungen voraus. Was ist dafür erforderlich? Vor allem ein freier Devisen- und Kapitalverkehr. Geld der eigenen Währung und Fremdwährungen dürfen frei ein- und ausgeführt und frei gehandelt werden. Devisen braucht man, um in anderen

Ländern Waren zu kaufen und um auf Reisen zu gehen. Devisen nimmt man ein durch den Export und die Bereitstellung von Dienstleistungen für Ausländer. Einen besonders großen Anteil am internationalen Zahlungsverkehr beansprucht jedoch der Kapitalverkehr, das heißt Direktinvestitionen, Kredite und der Handel mit Vermögenstiteln wie Aktien, Anleihen und Finanzderivaten.

Warum sollte man den freien Devisen- und Kapitalverkehr beschränken? Dafür gibt es zahlreiche Gründe und zahlreiche historische Beispiele. Für einen marktwirtschaftlich orientierten Wirtschaftspolitiker ist klar, dass Devisenbewirtschaftung, das heißt die staatliche Beschränkung und Kontrolle des Devisenhandels, im günstigsten Fall wirkungslos ist, weil es immer schwer zu kontrollierende Schlupflöcher gibt. Und im ungünstigsten Fall wirkt sie sich nachteilig auf Wirtschaft und Wohlfahrt des Landes aus. Trotzdem fand immer wieder Devisenbewirtschaftung statt.

Ziel der Devisenbewirtschaftung ist der Ausgleich der Zahlungsbilanz. Das ist die Bilanz des Zahlungsverkehrs eines Landes mit dem Ausland. Exporte bringen Geld herein, Importe kosten Geld, Kapitalimporte bringen wieder Geld herein, Kapitalexporte schaffen Geld nach draußen. Wie jede Bilanz ist auch die Zahlungsbilanz immer ausgeglichen. Nur findet der Ausgleich, wenn Waren- und Kapitalverkehr das nicht schaffen, auf Kosten der Währungsreserven statt. Und das möchte man vermeiden.

Eine Planwirtschaft beansprucht das Monopol über den internationalen Handel und Zahlungsverkehr und kann so für eine ausgeglichene Zahlungsbilanz sorgen. Der notorische Kreditbedarf der DDR zeigt, dass das nicht so recht gelang. In einer Marktwirtschaft interveniert der Staat mit Maßnahmen der Kapitalverkehrskontrolle und der Devisenbewirtschaftung. Dass sich unter solchen Bedingungen weder Handel und Tourismus noch ein internationaler Kapitalverkehr voll entwickeln können, scheint offensichtlich. Die Ein- und Ausfuhr von Geld muss kontrolliert werden. Das ist neben den aufblühenden Schwarzmärkten die Crux einer solchen Politik.

Wie schafft man allerdings das Zahlungsbilanzgleichgewicht ohne dirigistische Eingriffe? Wo Devisenverkehr und -handel frei sind und auch die Wechselkurse frei schwanken können, ist das eine Angelegenheit eben dieser Wechselkurse. Denn sie sind der Preis der heimischen Währung. Wird zu viel Geld fremder Währung nachgefragt und drohen die Währungsreserven zu schmelzen, sinkt der Preis der heimischen Währung. Das wird auch Abwertung genannt und lässt die globale Nachfrage nach der abwertenden Währung steigen. Denn mit dem Preis der heimischen Währung sinken auch die Preise der heimischen Waren und die Preise der fremden Waren steigen, wodurch der Export zu- und der Import abnimmt. Haben wir es mit einem Regime fester Wechselkurse zu tun, dann muss diese Abwertung auf anderem Wege bewerkstelligt werden, wozu unter Frage 52 noch mehr zu sagen ist.

49. Was bestimmt den Wechselkurs? Der Wechselkurs ist der Preis einer Währung. Steht in der Zeitung, der Dollar sei gefallen, dann muss man für einen Dollar weniger Euro bezahlen, z. B. 71 Cent statt 74 Cent. Meistens wird der Kurs umgekehrt notiert als Preis des Euro in Dollar, was in diesem Beispiel bedeutet, dass der Kurs von 1,35 Dollar für einen Euro auf 1,40 gestiegen ist. Da der Wechselkurs zwischen Euro und Dollar frei ist, schwanken die Notierungen täglich, ja stündlich. Wer legt sie fest?

Angebot und Nachfrage bestimmen die Wechselkurse, genau so wie jeden anderen auf einem freien Markt gebildeten Preis. Die Nachfrage nach Dollar, Euro, Schweizer Franken oder Yen kommt aus der ganzen Welt. Importeure, die Rechnungen in diesen Währungen zu begleichen haben, Reisende und Investoren treten auf dem Devisenmarkt als Nachfrager auf. Erdöl beispielsweise wird in Dollar abgerechnet, ob es nun aus den OPEC Staaten oder aus der Nordsee kommt und ob es nach China oder Deutschland geliefert wird. Unternehmen und Regierungen nehmen oft Kredite in Dollar, Euro oder Schweizer Franken auf, und nicht in ihren eigenen Währungen. Alle Dollar, Euro, Schweizer Franken oder Yen, die auf den internationalen Devisenmärkten angeboten werden, haben ihren Ursprung in den USA, der EU, der Schweiz oder Japan. Sie kommen auf den Devisenmarkt, weil man in diesen Ländern entweder Waren importiert oder Kapital exportiert.

Weicht bei freien Wechselkursen die Kaufkraftparität vom Wechselkurs zwischen den USA und Euroland ab, weil die Preise in den USA gestiegen sind, dann ist die externe Kaufkraft des Dollar größer als die interne. Also ist es für Amerikaner günstig, in Europa einzukaufen. Umgekehrt sind die USA für Europäer zu teuer geworden. Die amerikanischen Exporte gehen zurück. Die USA erleiden einen Importüberschuss, der ihre Zahlungsbilanz ins Ungleichgewicht bringt. Auf dem Devisenmarkt übersteigt die Nachfrage nach Euro das Angebot. Also steigt der Preis und der Euro wertet auf bzw. der Dollar wertet ab. Das Gleichgewicht von externer und interner Kaufkraft stellt sich wieder her. Der Wechselkurs spiegelt also in der Tendenz die Kaufkraftparität wider.

Ganz so einfach ist es leider nicht mehr. Denn der Warenverkehr ist nicht mehr der einzig wichtige Bestimmungsfaktor für die Wechselkurse. Der internationale Kapitalverkehr hat gewaltig zugenommen. Da spielen andere Faktoren als die Kaufkraftparität eine Rolle, zum Beispiel Zinsunterschiede und die Bonität der Schuldner. Und schließlich darf man die Spekulation mit Devisen nicht vergessen. Die internationalen Devisenmärkte haben einen täglichen Umsatz von mehr als 4 Billionen Dollar. Das ist zehnmal mehr als das, was täglich auf den Aktienmärkten der Welt umgesetzt wird. Mit der Nachfrage der Ex- und Importeure und auch der Anleger hat das nur wenig zu tun. Hier wird mit den kleinsten Wechselkursänderungen Geld verdient – oder auch verloren.

Bei stabilen Währungen beeinflusst dieser spekulative Devisenhandel den Wechselkurs nur geringfügig. Anders verhält es sich, wenn Währungen unter Druck geraten. Dann können Kapitalbewegungen und Spekulation größere Wechselkursänderungen verursachen. In der Schuldenkrise des Jahres 2011 schafften viele Anleger Geld in die Schweiz, weil sie es dort für sicher angelegt hielten. Spekulative Devisenhändler nutzten diese Bewegung aus und haben sie damit verstärkt. So stieg der Wechselkurs des Franken weit über die Kaufkraftparität hinaus, wodurch Schweizer Exporte immer teurer wurden und Importe billiger. Erst eine entschlossene Wechselkurspolitik mit Marktinterventionen der Schweizer Zentralbank hat diesen Trend zum Halten gebracht.

50. Feste Wechselkurse, wie soll das gehen? Ein fester Wechselkurs hat den Vorteil, dass Geld mehr oder minder internationalisiert wird. Es gibt zwar unterschiedliche Währungen, aber gleichzeitig einen Standard, mit dem man fest rechnen kann. Das erlaubt Unternehmen exakte Kalkulationen ohne das Risiko, durch Wechselkursänderungen erwartete Gewinne zu verlieren. Ein fester Wechselkurs fördert also den internationalen Handel und vor allem Investitionen im Ausland. Davon profitiert die Wohlfahrt aller Beteiligten. Fragt sich: Wie hält man einen Wechselkurs fest?

Unter dem Goldstandard lag der Wechselkurs zwischen zwei Währungen automatisch fest. Wo das Geld eine freie Schöpfung der Zentralbank ohne festen Anker ist, muss die Zentralbank durch An- oder Verkauf fremder Währungen und ihre Zinspolitik dafür sorgen, dass der Kurs auf dem freien Devisenmarkt nicht die festgelegten Ober- und Untergrenzen überschreitet. Voraussetzung dafür ist ein realistisches Kursziel für den festen Kurs. Das ist ein Kurs, bei dem Angebot und Nachfrage unter normalen Umständen ausgeglichen sind. Denn ist die eigene Währung überbewertet, wird zu viel von ihr angeboten und die Zentralbank muss das Überangebot auf Kosten ihrer Währungsreserven aus dem Markt nehmen, um den Kurs festzuhalten. Ist die eigene Währung unterbewertet, dann steigen die Währungsreserven, was zwar unbegrenzt möglich ist, allerdings zur Vermehrung der heimischen Geldmenge führt mit entsprechenden inflatorischen Folgen.

Sehen wir von spekulativen Attacken und anderen außergewöhnlichen Ereignissen ab, dann bleibt der Kurs so lange realistisch, wie sich Preis- und Zinsniveau im In- und Ausland einheitlich entwickeln. Denn steigen die Preise bzw. fallen die Zinsen in einem Land stärker als anderswo, dann sinken Exporte und Investitionen, die Währung wird weniger nachgefragt, und das setzt den Wechselkurs unter Druck. Bei einem festen Wechselkurs muss die Geldpolitik und am Ende auch die Fiskalpolitik der Länder koordiniert werden. Keynesianische Konjunkturpolitik, zum Beispiel ein schuldenfinanziertes staatliches Investitionsprogramm, ist nur dann möglich, ohne den festen Kurs zu gefährden, wenn es in ähnlichem Umfang auch bei den Haupthandelspartnern durchgeführt wird. Feste Kurse zwingen zu geldpolitischer Disziplin und verhindern so höhere Preissteigerungsraten.

Damit haben wir eines der Probleme fester Kurse benannt. Inwieweit es ein echter Nachteil ist, darüber gibt es einen Schulstreit in der Ökonomie. Wer eine expansive (keynesianische) Konjunkturpolitik für zielführend hält, betrachtet den Fortfall der geldpolitischen Autonomie als Verlust. Wer expansive Politik für weitgehend wirkungslos, wohl aber für inflationstreibend hält, wie die Monetaristen, findet das weniger tragisch. Trotzdem ziehen Monetaristen meistens flexible Kurse vor. Denn als gute Liberale lehnen sie staatliche Eingriffe in die Wirtschaft prinzipiell ab.

Ein weiteres Problem fester Kurse beruht auf Zweifeln an ihrer

Stabilität. Wenn der festgelegte Kurs wegen zu hoher Inflationsunterschiede nicht mehr glaubhaft ist, wetten Spekulanten darauf, dass ab- oder aufgewertet wird. So destabilisieren sie das System. Die Kosten, den Kurs trotzdem stabil zu halten, sind dann immens. Werden sie zu hoch, trifft die Erwartung der Spekulanten ein: Es wird auf- oder abgewertet. Die Vorhersage mächtiger Spekulanten hat die Tendenz, sich selbst zu erfüllen.

Ein Vorteil von flexiblen Kursen ist, dass sie rascher auf Änderungen der Kaufkraftparitäten und auf Störungen des Gleichgewichts der Zahlungsbilanz reagieren, als die Geldpolitik das bei festen Kursen vermag. So erfordern sie weniger Währungsreserven. Die Geldpolitik wird nicht für die Währungspolitik gebraucht und ist damit frei für andere Aufgaben, wie die Sicherung der Preisstabilität oder die kurzfristige Stabilisierung der Konjunktur.

Welches Regime soll ein Land also wählen, feste oder flexible Wechselkurse? Länder, die stark vom Außenhandel abhängen und die wirtschaftlich stark miteinander verbunden sind, bevorzugen feste Kurse. Das sind einerseits kleine Länder, die naturgemäß offener sind als große, und andererseits Länder, die miteinander eine Wirtschaftsgemeinschaft bilden wie die EU. Auf der anderen Seite stehen die großen Wirtschaftsräume USA, EU und Japan. Sie sind vom Außenhandel viel weniger abhängig als die Niederlande oder Österreich. Ihre Wirtschaftsentwicklung verläuft nach eigenen Gesetzmäßigkeiten. Deshalb würde die Aufgabe der geldpolitischen Souveränität sie hart treffen. Sie entscheiden sich in der Regel für flexible Wechselkurse.

51. War Bretton Woods wirklich idyllisch? 1944 fand im idyllischen Urlaubsort Bretton Woods am Mount Washington in New Hampshire eine Konferenz statt, auf der man die Weltwährungsordnung für die Nachkriegsperiode vereinbarte. Eines der Ergebnisse war die Errichtung der Weltbank (eigentlich: Internationale Bank für Wiederaufbau und Entwicklung) und des Internationalen Währungsfonds. Ein zweites Ergebnis war die Vereinbarung eines Währungssystems, das auf festen Wechselkursen mit dem Dollar als Leitwährung beruhte, sowie einer Einlösepflicht des Dollar in Gold, die allerdings nur für Zentralbanken galt. Das ist das System von Bretton Woods, das von 1945 bis 1973 das Wechselkursregime der kapitalistischen Welt bestimmte. Vertreter der Sowjetunion hatten zwar an der Konferenz von Bretton Woods teilgenommen, aber die Ziele von Bretton Woods, freie Märkte und Konvertibilität, blieben den Planwirtschaftlern fremd.

Das Motiv, noch während des Krieges die Pflöcke für eine Nachkriegsordnung einzuschlagen, lieferten die traurigen Erfahrungen der Zwischenkriegszeit. Damals war die Wiederbelebung des Goldstandards missglückt, und das Zusammenspiel von flexiblen Wechselkursen und einer unkoordinierten, protektionistischen Wirtschaftspolitik ließ den Welthandel schrumpfen und die nationalen Wirtschaften stagnieren. Den flexiblen Wechselkursen schrieb man vor allem zwei Schwächen zu: Sie fördern Unsicherheit, was dem Handel schadet, und sie neigen zu übertriebenen Ausschlägen, weil die Spekulanten mit ihren Erwartungen jede Bewegung vergrößern.

Angestrebt wurde deshalb ein System mit festen Wechselkursen, das aber gleichzeitig Vollbeschäftigung und Wachstum nicht in Gefahr bringt. Das ist fast die Quadratur des Kreises, und es ist wohl kaum Zufall, dass das System von Bretton Woods nur in der langen Phase des Nachkriegswachstums problemlos funktionierte. Es brach in dem Moment zusammen, als diese Phase Anfang der 1970er Jahre zu Ende ging. In der darauf folgenden Krise trieb der Geist des kurzsichtigen nationalen Protektionismus wieder sein Unwesen.

Technisch basierte das System auf einem Gold-Dollar-Standard. Auf Grund der Eintauschpflicht zu einem festen Goldpreis war der Dollar also so gut wie Gold – wenn nicht sogar besser. Denn Gold ist totes Kapital und sein Wert hängt am Goldpreis, während man Dollar zinstragend anlegen kann. So entwickelte sich der Dollar zur Reservewährung der Welt. Die Welt wird durch Zahlungsbilanzdefizite der USA mit Dollar versorgt, das heißt durch einen Importüberschuss oder einen Nettokapitalexport. Anfangs sprudelte diese Quelle spärlich. Man sprach von Dollarmangel, und der Marshall-Plan war unter anderem eine Maßnahme, diesem Mangel abzuhelfen.

Ein System wie dasjenige von Bretton Woods ist in mehrfacher Hinsicht asymmetrisch. Ein Land, das viel exportiert und Zahlungsbilanzüberschüsse hat, kann diese unbeschränkt ansammeln, ohne reagieren zu müssen. Dadurch steigen nur die Währungsreserven und – das ist der Nachteil – die inländische Geldmenge, wenn der Zustrom nicht sterilisiert wird. In dieser Situation befand sich Deutschland die längste Zeit.

Ein Land mit Zahlungsbilanzdefizit dagegen trifft in seinen Währungsreserven schnell auf Grenzen, mit denen das Defizit ausgeglichen werden muss. Verstetigt sich das Defizit, ist eine Anpassung des Wechselkurses erforderlich. Eine solche Situation lockt natürlich Spekulanten an.

Die zweite Asymmetrie besteht in der Position der USA. Da der Dollar Reservewährung ist, können die USA Zahlungsbilanzdefizite mit ihrer eigenen Währung begleichen, die sich bei Bedarf nachdrucken lässt. Das heißt, die USA kennen keine Grenze für Defizite.

Von diesem Privileg machten die USA in den 1960er Jahren reichlich Gebrauch, und aus dem anfänglichen Dollarmangel wurde eine Dollarschwemme. Ursache waren die wachsenden öffentlichen Ausgaben infolge des Vietnamkrieges und Lyndon Johnsons Sozialprogramm *Great Society*. Um durch die gewaltige fiskalische Beanspruchung des Kapitalmarkts den Arbeitsmarkt nicht in Gefahr geraten zu lassen, lockerte man die Geldpolitik. Das ließ die Preise rascher steigen als bei Haupthandelspartnern wie Deutschland und Japan. Sinkende Exporte, steigende Importe und also eine negative Handelsbilanz der USA waren die unmittelbare Folge.

Die Partnerländer sind irgendwann nicht mehr bereit, weitere Dollarreserven anzuhäufen, zumal das ja inflationstreibend wirkt. Die freundliche Aufforderung der USA, auch in den Partnerländern etwas mehr Inflation zuzulassen, um so die Kaufkraftparitäten wieder an den Wechselkurs anzugleichen, fand dort wenig Zustimmung. Stattdessen gingen einige Länder dazu über, von den USA den Eintausch ihrer Dollarreserven in Gold zu fordern. Das hätte die USA in Verlegenheit gebracht, da die Auslandsschulden bald größer zu werden drohten als die Goldreserven.

Kürzen wir eine lange Geschichte ab. Die Bundesrepublik, wie immer besorgt um Preisstabilität, hatte bereits 1961 zum ersten Mal aufgewertet. 1969 tat sie es zum zweiten Mal und 1971 gab sie den Kurs der D-Mark frei. Präsident Nixon kündigte im August 1971 die Eintauschpflicht des Dollar in Gold auf. Das war das Ende des Gold-Dollar-Standards. 1973 ging man schließlich generell zu flexiblen Wechselkursen über.

Danach, und nicht zuletzt aufgrund von Spekulation, schwankten die Wechselkurse allerdings erheblich stärker als zunächst erwartet. Die Europäische Wirtschaftsgemeinschaft hatte feste Kurse zu schätzen gelernt. Wollte sie damit fortfahren, musste sie ein eigenes System entwickeln. Es sollte noch bis 1979 dauern, bis das Europäische Währungssystem aus der Taufe gehoben werden konnte.

52. Kann es auch ohne Auf- und Abwertung internationalen Wettbewerb geben?

Flexible Wechselkurse sind unter anderem auch deshalb beliebt, weil sie über nominale Auf- und Abwertungen der Währung die internationale Wettbewerbsfähigkeit einer Wirtschaft fast automatisch regulieren. Ist ein Land auf Grund von Preistreiberei zu teuer geworden, fällt der Wechselkurs, und die heimischen Produkte werden im Ausland wieder billiger. In einem Festkurssystem ist dafür die politische Entscheidung einer Kursanpassung erforderlich. Hat man eine gemeinsame Währung wie den Euro, dann gibt es keinen Wechselkurs und keine Möglichkeit mehr, durch nominale Abwertung wieder konkurrenzfähig zu werden. Das ist zur Zeit den Griechen und anderen mediterranen Euroländern schmerzhaft bewusst.

Oder lässt sich der gleiche Effekt auch auf anderem Wege erreichen? Um wieder konkurrenzfähig zu werden, müssen die Kosten runter, und zwar im Verhältnis zum Ausland. Zwei Wege führen dahin: Produktivitätssteigerungen und Lohn- und Preisdisziplin. Produktivitätssteigerungen sind in einer Phase schwachen Wachstums, rückläufiger Exporte und zunehmender Importe nur schwer zu erzielen. Denn wenn die Wirtschaft kaum wächst, wird auch wenig in neue Maschinen und Ausrüstungen investiert. Und das ist nun einmal Voraussetzung für höhere Produktivität.

Dann bleibt nur der Weg über die Lohn- und Preisdisziplin. Das heißt nicht unbedingt, dass die Löhne und Preise gesenkt werden müssten. Sie müssen nur langsamer steigen als im Ausland. Dann verbilligen sich die Exportprodukte im Verhältnis zur ausländischen Konkurrenz, und die Importprodukte verteuern sich im Verhältnis zur inländischen Konkurrenz.

Wir sehen, dass die Lohn- und Preisdisziplin exakt die gleiche Wirkung hat wie eine Abwertung des Wechselkurses. Deshalb spricht man auch von realer Abwertung. Aber ist die nominale Abwertung des Wechselkurses nicht schmerzloser als die reale Kostendisziplin? Hat man je von Straßendemonstrationen gegen eine nominale Abwertung gehört? Bei Sparmaßnahmen, Massenentlassungen, Renten- und Lohnkürzungen sind Demonstrationen an der Tagesordnung. Das zeigt leider nur, wie wenig transparent indirekte wirtschaftliche Maßnahmen für die meisten Bürger sind, obwohl sie den gleichen Effekt haben wie Lohnkürzungen und andere direkte Maßnahmen.

Reale Abwertung bedeutet, die Kosten, vor allem die Löhne, werden im Vergleich zum Ausland gesenkt. Als Erstes kann man also weniger ausländische Produkte kaufen. Das gilt nicht für die inländischen Produkte, denn mit den Kosten sollten auch die Preise zurückgehen. Eine nominale Abwertung des Wechselkurses hätte genau den gleichen Primäreffekt. Der sekundäre Effekt ist auch der gleiche: Die Exporte steigen, die Importe gehen zurück und die heimische Produktion nimmt zu. Übt man Lohn- und Preisdisziplin, ist dieser Effekt garantiert. Wertet man nominal ab, dann muss man gleichzeitig die höhere Inflation im eigenen Land zum Stehen bringen, sonst ist mit der Abwertung nichts gewonnen. Lohn- und Preisdisziplin bleibt einem also auch mit einer nominalen Abwertung nicht erspart.

Das ist nicht nur Theorie. Deutschland hatte ein Wiedervereinigungsproblem: mangelnde Wettbewerbsfähigkeit auf Grund zu hoher Löhne im Osten und eine entsprechend hohe Arbeitslosigkeit. Da die Arbeits- und Lebensbedingungen im Land nicht allzu sehr differenziert werden sollten, musste das Land als Ganzes reagieren. Von 1995 bis 2010 hat sich Deutschland die geringsten Lohnkostensteigerungen in der EU geleistet. Es hat also real abgewertet. Damit erzielte es einen beachtlichen Außenhandelsüberschuss und entsprechende Beschäftigungsgewinne. Griechenland ist das Gegenbeispiel. Dort sind von 2000 bis 2010 die Löhne um 20 Prozent und die Preise um 10 Prozent rascher gestiegen als in Deutschland. Das Resultat war ein erhebliches Außenhandelsdefizit. Um diese Wettbewerbslücke wieder zu füllen, ist eine reale Abwertung erforderlich – egal auf welchem der angegebenen Wege.

53. Manipuliert China seinen Wechselkurs? Im Welthandel gibt es seit einiger Zeit krasse Ungleichgewichte. Auf der einen Seite befinden sich die notorischen Überschussländer, zum Beispiel China, Japan, Deutschland und die Öl exportierenden Länder. Auf der anderen Seite stehen die Länder mit dauerhaften Defiziten. Dazu gehören vor allem die USA. 2010 betrug das amerikanische Handelsdefizit 500 Milliarden Dollar, das sind knapp 4 Prozent der jährlichen Wirtschaftsleistung. Von diesen 500 Milliarden fiel mehr als die Hälfte auf den Handel mit China.

Mit anderen Worten, 2010 brachte der chinesischen Exportüberschuss mehr als 250 Milliarden Dollar nach China. Einiges davon fließt als Kapitalexport auch wieder ab. Der Rest würde aber bei freiem Wechselkurs und freien Devisenmärkten den Kurs der chinesischen Währung, des Renminbi, rasch in die Höhe treiben. Eine Kurssteigerung ist jedoch aus mehreren Gründen politisch unerwünscht. Folglich muss die Zentralbank intervenieren und die Dollar aus dem Export aufkaufen. Das geschieht in großem Maßstab, und so wachsen die chinesischen Währungsreserven unaufhörlich. Die Zentralbank bezahlt natürlich mit heimischer Währung. Wenn man nichts dagegen unternimmt, steigt dadurch die Geldmenge im Inland und Preiserhöhungen drohen.

Der chinesischen Regierung sind offensichtlich drei Dinge in diesem Zusammenhang wichtig. Zum einen die Exportindustrie, die für Beschäftigung sorgt und einen raschen Übergang zu technisch höherwertigen Produkten erzwingt. Die Exporte profitieren vor allem von den niedrigen Löhnen im Lande und vom günstigen Wechselkurs. Zum anderen will China sich gegen spekulative Destabilisierungen von außen absichern, die 1997/1998 in anderen Ländern Südostasiens zur berüchtigten Asienkrise geführt hatten. Schließlich gilt es, Inflation im Inland zu verhindern.

Im Jahr 2011 betrugen Chinas Währungsreserven 3,2 Billionen Dollar. So großen Zahlen übersteigen schnell das Vorstellungsvermögen. (Besonders verwirrend ist aber der Umstand, dass die Amerikaner andere Bezeichnungen haben als die Europäer: Was wir Milliarden (10^9) nennen, heißt dort Billionen, und was dort Trillionen (10^{12}) sind, nennen wir Billionen.) Einen solchen Berg Reserven hatte bislang kein anderes Land aufgetürmt. Die Frage, wo und wie man diese Summen gewinnbringend anlegen kann, muss den chinesischen Zentralbankern schlaflose Nächte bereiten. Allein 1,2 Billionen Dollar davon sind in amerikanischen Staatsanleihen investiert.

Wie kann es zu einem solchen Ungleichgewicht kommen? Kritiker, vor allem in den USA, werfen den Chinesen vor, ihre Währung bewusst unterzubewerten. Ungleichgewichte im Außenhandel können allerdings auch bei flexiblen Wechselkursen auftauchen. Japan und die EU zum Beispiel haben gegenüber den USA ebenfalls große Exportüberschüsse, obwohl Yen und Euro frei flexibel sind. Die USA haben offensichtlich ein Problem mit ihrer Wettbewerbsfähigkeit.

Dass der Wechselkurs von China «manipuliert» wird, daran gibt es kaum Zweifel. China kontrolliert seinen internationalen Kapitalverkehr streng. Das trifft vor allem chinesische Investoren. Denn die realen Zinsen sind in China besonders niedrig. Nachdem der Renminbi von 1997 bis 2005 fest an den Dollar gebunden war, erlaubte die Zentralbank ihm danach nur kleine Aufwertungsschritte und kaufte dafür Dollar in großem Maße auf.

Überschussländer sind Kapitalexporteure. In ihnen wird mehr gespart als investiert. In Deutschland könnte man zwar mehr investieren, aber für die alternde deutsche Gesellschaft ist auch bedenkenswert, ihr Vermögen in dynamischeren Wirtschaften anzulegen. Für China liegen die Dinge einfacher: Es investiert bereits gewaltig viel im Inland, mehr würde die Wirtschaft nicht verkraften und sie überhitzen. Trotzdem sparen die Chinesen noch mehr, als die investieren. Das gilt sowohl für die Privathaushalte, für die es kein funktionierendes Sozialsystem gibt, als auch für die Unternehmen, die auf Grund der niedrigen Lohnkosten enorme Gewinne machen.

Wie kann China bei so hohen Außenhandelsüberschüssen Inflation vermeiden? Hier kommt der Regierung die Tatsache entgegen, dass die Wirtschaft noch keineswegs eine freie Marktwirtschaft ist. Zum einen gibt es, wie gesagt, Kapitalverkehrskontrollen, das heißt die Währung ist nicht voll konvertibel. Zum anderen kontrolliert der Staat über seine staatseigenen Banken auch das inländische Bankensystem. Die Kreditvergabe der Banken wird quantitativ kontingentiert. Sie müssen niedrig verzinste Zentralbankpapiere zeichnen. Ihnen werden hohe Mindestreservesätze auferlegt. All das schränkt das Wachstum der Geldmenge ein. Trotzdem hängt eine ständige Inflationsdrohung über der chinesischen Wirtschaft.

54. Bleibt der Dollar bevorzugte Reservewährung? Ein Land braucht Währungsreserven. Denn wird mehr importiert als exportiert, gerät die Zahlungsbilanz ins Defizit, das in international akzeptierter Währung auszugleichen ist. Zur Stabilisierung des Wechselkurses, vor allem in einem Festkursregime, braucht man ebenfalls Währungsreserven, um auf dem Devisenmarkt intervenieren zu können.

Doch was kann als Reserve dienen? Ihrer Natur nach benötigt man Reserven nicht unmittelbar, sondern irgendwann bei Bedarf. Reserven sollten also wertbeständig sein. Außerdem sollten sie zinstragend sein, um eventuelle Inflation auszugleichen. Will man auf die Reserven allerdings zurückgreifen, müssen sie unmittelbar verfügbar und allgemein akzeptiert sein. Denn schließlich ist ja nicht im Voraus bekannt, mit welchem anderen Land ein Handelsdefizit auftreten wird. Kurzum, die Reserven müssen voll konvertibel, möglichst wertstabil und als Zahlungsmittel überall willkommen sein. Sie müssen außerdem risikoarm sein, liquide und finanztechnisch voll entwickelt, das heißt alle möglichen Formen der Absicherung bieten.

Unter dem Goldstandard bildete der Goldvorrat der Zentralbank die Reserve sowohl als Deckung für das Notengeld wie für den internationalen Zahlungsverkehr. Auch heute haben Zentralbanken noch Goldreserven, die sie aber nicht mehr für den Zahlungsbilanzausgleich verwenden. Sie bilden vielmehr so etwas wie einen eisernen Vorrat. Für die laufenden Operationen werden Währungsreserven eingesetzt. War vor dem Zweiten Weltkrieg das britische Pfund die wichtigste Reservewährung, hat sich mit dem System von Bretton Woods der Dollar an seine Stelle gesetzt. Er erfüllte mehr oder minder zufriedenstellend die genannten Bedingungen, so dass der internationale Handel weitgehend in Dollar abgewickelt wurde. Die Preise notierten in Dollar, die Rechnungen wurden in Dollar ausgestellt. Der Dollar wurde die *lingua franca* des internationalen Währungssystems.

Ist der Dollar die einzige Währung, die dafür in Frage kommt? Schon das Gebot der Risikostreuung erfordert Alternativen. Die sind aber nur in beschränkter Zahl verfügbar. Die D-Mark war – weit hinter dem Dollar – in eine solche Rolle hineingewachsen. Diese Position hat nach 1999 der Euro übernommen und weiter ausgebaut. Der Yen ist ebenfalls zu nennen.

Aber der Schweizer Franken zum Beispiel, der von Privatanlegern als sicheres Wertaufbewahrungsmittel geschätzt wird, kann die Funktion als Reservewährung nicht ausüben. Er ist als Währung einfach zu klein. Auf der anderen Seite ist auch der chinesische Renminbi nicht geeignet: Er ist weder voll konvertibel, noch verfügt er über liquide Anlagemöglichkeiten und entwickelte Finanzmärkte. All das auszubauen, wird wohl noch einige Zeit in Anspruch nehmen.

Wegen der stabilitätsgefährdenden Ungleichgewichte des amerikanischen Außenhandels ist der Dollar ins Gerede gekommen. Bleiben amerikanische Staatspapiere, in denen viele Währungsreserven angelegt sind, weiterhin risikolos? Gerät der Wechselkurs, der gegenüber Yen und Euro (oder D-Mark) über Jahrzehnte tendenziell gefallen ist, nicht völlig ins Rutschen? Die notorisch lockere Geldpolitik der amerikanischen Zentralbank kann doch nicht ohne Folgen bleiben? All das ist bedenkenswert. Die zunehmende Rolle des Euro als Reservewährung widerspiegelt solche Bedenken. Doch der Euro kann den Dollar als Hauptreserve- und Leitwährung nicht ersetzen. Das strebt die europäische Währungspolitik auch nicht an.

Der Euro

55. Wofür ist eine Währungsunion gut? Die Europäische Union beschloss 1992 in Maastricht die Schaffung der Europäischen Wirtschafts- und Währungsunion (EWWU). Was die Bezeichnung Wirtschaftsunion konkret beinhaltet, ist nie näher bestimmt worden. Hier geht es aber nur um die Währungsunion. Die Eigenschaften einer Währungsunion hatte der Luxemburger Ministerpräsident Pierre Werner (1913–2002) in dem nach ihm benannten Werner-Bericht von 1970 definiert, dem ersten Anlauf zur EWWU. Danach sind in einer Währungsunion die Währungen voll konvertibel, die Wechselkurse absolut und unwiderruflich fest, und die Geldpolitik ist zentralisiert. Dabei können die alten Währungen weiterbestehen, doch eine gemeinsame Währung ist vorzuziehen.

Die EWWU trat 1999 in Kraft und setzte als gemeinsame Währung den Euro ein. Es gibt verschiedene historische Vorbilder, allerdings meistens mit nur wenigen Partnern. Ausnahme war die lateinische Münzunion. 1865 gegründet, dauerte sie bis zum Beginn des Ersten Weltkriegs. Belgien, Frankreich, Italien und die Schweiz vereinbarten ein auf Gold und Silber (später nur noch auf Gold) basierendes Münzsystem mit Münzen gleichen Metallgehalts und gleicher Stückelung. Sie hießen zwar Franc, Franken oder Lira, aber ihr Wert war identisch. So konnten die Münzen der Union in allen Mitgliedländern als gesetzliches Zahlungsmittel verwendet werden. Griechenland trat später der Union bei, und viele andere Länder haben das System übernommen.

Damit entfielen die Notwendigkeit des Währungsumtauschs und die minimalen Wechselkursschwankungen, die bei einem internationalen Goldstandard noch bestehen. Die Preise waren überall in vergleichbaren Einheiten ausgezeichnet. Der Währungsraum wurde größer, was den Handel und den Reiseverkehr erleichterte. Mit einer einheitlichen Währung nimmt der Nutzen des Geldes zu. Wohlgemerkt, die Institution war eine reine Münzunion. Doch Münzen waren damals das Hauptzahlungsmittel und das einzige gesetzliche Zahlungsmittel.

Die genannten Vorteile der Münzunion, der Fortfall eines Wechselkurses und damit der Kosten des Währungsumtauschs und die höhere Transparenz von Preisen, werden auch im Zusammenhang mit der europäischen Währungsunion immer wieder angeführt. Denn das kann der einfache Bürger unmittelbar nachvollziehen. Für den Unternehmer erübrigt es sich darüber hinaus, Vorkehrungen gegen das Risiko von Wechselkursschwankungen zu treffen.

Weitere Vorteile kommen hinzu. Die Gemeinschaftswährung entzieht spekulativen Kapitaltransaktionen zwischen den beteiligten Ländern den Boden, und für Handel und Kapitalverkehr zwischen den Mitgliedländern bedarf es keiner fremder Währungsreserven mehr. Die Gemeinschaftswährung erhält nach außen im Vergleich zu den nationalen Währungen größeres internationales Gewicht, was – falls erforderlich – Interventionen auf den Devisenmärkten erleichtert und den Bedarf an Devisenreserven verringert.

Die zentralisierte Geldpolitik verringert die nationalen Inflationsunterschiede. Sie werden im Einzelfall nicht vollständig beseitigt, aber systematische Abweichungen würden sich in einem Verlust der Wettbewerbsfähigkeit niederschlagen und müssten rückgängig gemacht werden. Dies ist vor allem ein Vorteil für jene Länder, die stärker zur inflationären Geldentwertung neigen, deren Politik jedoch keine ausreichende Autorität besitzt, sich dem Inflationstrend zu widersetzen. Hier ist der äußere Zwang heilsam. Fällt das Wechselkursrisiko fort und wird das Inflationsrisiko auf ein Minimum reduziert, dann sind die Zinsen, die Unternehmen und Staat in solchen Ländern für Kredite zu zahlen haben, deutlich niedriger als bei einer nationalen Währung. Für Deutschland hat das im Fall der EWWU keine Rolle gespielt, für Griechenland, Italien und Portugal war die Kostenersparnis gewaltig.

Die Wohlfahrtsgewinne, die sich aus diesen Vorteilen für die Euro-Länder ergeben, lassen sich nur schwer quantifizieren. Das liegt auch daran, dass die Alternative nicht bekannt ist. Wie wären Handel und Wirtschaft gewachsen, hätte man die Währungsunion nicht gebildet? Schauen wir in die Geschichte Deutschlands zurück, dann besteht kein Zweifel, dass die Bildung eines großen Währungsraums im geeinten Deutschland von 1871 mit der Mark als Einheitswährung an Stelle von damals noch sechs Landeswährungen die wirtschaftliche Entwicklung des Landes stark vorangebracht hat.

56. Und was sind die Kosten? «There is no such thing as a free lunch», lautet eine Grundregel der Ökonomie. Sie gilt auch hier. Den größten Nachteil einer Währungsunion haben wir bereits im Zusammenhang mit festen Wechselkursen kennen gelernt. Sie machen nämlich eine eigenständige, nationale Geld- und Wechselkurspolitik unmöglich (abgesehen von planwirtschaftlicher Kapitalverkehrskontrolle oder Devisenbewirtschaftung). Schon ein System fester Wechselkurse bedeutete einen Souveränitätsverlust. In einer Währungsunion wird er durch die einheitliche Währung festgeschrieben, die eine überstaatliche zentrale Geldpolitik erfordert.

Diesen Nachteil bekommen vor allem jene Länder zu spüren, die mit ihrer Lohn-, Preis- und Produktivitätsentwicklung hinter den anderen zurückbleiben, was sich auf Dauer in höherer Arbeitslosigkeit niederschlägt. Schon zehn Jahre nach Einführung des Euro sind solche Ungleichgewichte aufgetreten. Sie lassen sich, wie wir sahen, durch eine reale Abwertung oder durch eine reale Aufwertung in den produktiveren Ländern beheben. Letzteres bedeutet rascher steigende Preise in diesen Ländern.

Die damalige französische Finanzministerin Mme. Lagarde meinte 2010: «Tango tanzt man zu zweit» und forderte damit Deutschland auf, eine expansivere Fiskalpolitik zu führen und Lohnsteigerungen zuzulassen, um die Nachfrage zu stimulieren und eine solche reale Aufwertung in Gang zu setzen. Doch es ist problematisch, wenn die stabileren Länder ihre solide Wirtschaftspolitik und Stabilitätsgrundsätze lockern, um den weniger stabilen den Aufholprozess zu erleichtern. Also müssen auch diese schmerzliche Lohn- und Preisanpassungen vornehmen und Produktivitätssteigerungen durchsetzen.

Gehen mehrere Länder eine wirtschaftspolitische Union ein, müssen sie sich sicher sein, dass sie auch dieselben Ziele verfolgen. Die wirtschaftspolitischen Präferenzen der Gesellschaften können sich jedoch unterscheiden. Deutschland zum Beispiel hat eine klare Präferenz für Preisstabilität. Die USA sehen das oberste Ziel in Wachstum und Beschäftigung. Würden beide Länder in einer Währungsunion vereint, käme es unweigerlich zu einem Konflikt um die Geldpolitik der Zentralbank.

Die Kosten-Nutzen-Rechnung für die EWWU fiel in den einzelnen Mitgliedländern der Gemeinschaft unterschiedlich aus. Dänemark und Großbritannien wollten sich nicht an dem Projekt beteiligen. Sie konnten ihre nationale Währung behalten, da eine Änderung des EU-Vertrages einstimmig beschlossen werden muss. Hätte man ihnen das britische Pfund und die dänische Krone nicht gelassen, hätten sie gegen die EWWU gestimmt. In beiden Ländern spielen politische Argumente wohl eine größere Rolle als ökonomische. Für manchen Bürger mag die Währung auch ein nationales Symbol sein, das er ungern freiwillig aufgibt. Für Dänemark ist das besonders deutlich. Denn es hat die dänische Krone fest an den Euro angebunden und übernimmt die Geldpolitik der EZB. Damit ist Dänemark ein stilles Mitglied der EWWU.

57. Wer qualifiziert sich für die Währungsunion? Eine Währungsunion mehrerer Länder ist nur dann sinnvoll, wenn die Volkswirtschaften, die damit unter einem Dach zusammengeführt werden, bestimmte gemeinsame Eigenschaften aufweisen. Wenn es nur noch eine einheitliche Geldpolitik gibt, muss sie so gestaltet sein, dass alle Mitgliedländer der Union davon profitieren. Solange es nur um Preisstabilität geht, ist das unproblematisch. Soll die Geldpolitik aber kurzfristig auf einen konjunkturellen Einbruch reagieren, dann setzt das voraus, dass dieser Einbruch überall gleichzeitig stattfindet. Sonst wirkt, was dem einen Land hilft, im nächsten Land kontraproduktiv. Mitglieder einer Währungsunion sollten deshalb eine einigermaßen synchrone Wirtschaftsentwicklung aufweisen.

Der Verlust des Wechselkurses als wirtschaftspolitisches Instrument ist weniger dramatisch als oft behauptet. Denn die reale Auf- oder Abwertung, die sich in gewissen Situationen als erforderlich erweist, lässt sich nicht nur durch nominale Auf- und Abwertungen erreichen, sondern auch über Anpassungen der Löhne und Preise sowie der Produktivität. Um das zu bewerkstelligen, müssen Löhne und Preise allerdings hinreichend flexibel sein. Hier können die Institutionen des Tarifverhandlungssystems und eine überbordende staatliche Bürokratie eine schwere Belastung bilden. Die Probleme, die in der jüngsten Krise in Griechenland und Portugal auftraten, haben auch hierin ihre Ursache.

Wenn die Wirtschaftsentwicklung in den Mitgliedländern noch nicht hinreichend konvergent ist, dann können zunächst Kapitalbewegungen zwischen den stärkeren und schwächeren Ländern kurzfristig Abhilfe schaffen. Dadurch wird die Zeit überbrückt, bis konkrete, die Konvergenz fördernde Maßnahmen wirksam werden, wie Investitionen in die Infrastruktur oder Änderungen der Produktionsstruktur. Deshalb setzt eine Währungsunion integrierte Finanzmärkte und gewisse Transferzahlungen voraus. Ein Mechanismus wie der Finanzausgleich zwischen den deutschen Bundesländern ist damit allerdings nicht gemeint. Denn der geht von einheitlichen Sozialstandards aus, die es in einer Union mit großen Entwicklungsunterschieden nicht geben kann.

Aus diesem Grund wurden 1992 in Maastricht gleichzeitig mit der Währungsunion die Aufstockung der Strukturfonds und die Schaffung eines Kohäsionsfonds beschlossen, in dessen Genuss die weniger entwickelten Mitgliedländer der EU kommen. Ihrem Umfang nach sind diese Mittel aber äußerst bescheiden.

Neben solchen generellen Überlegungen zur Bildung eines einheitlichen Währungsraums hat man in Maastricht konkrete Bedingungen formuliert, die für den Zutritt zum Club erfüllt sein müssen. Hintergrund dieser Bedingungen ist die Tatsache, dass eine Währungsunion nur dann stabil sein kann, wenn die beteiligten Wirtschaften nicht gerade im Gleichschritt, aber doch im gleichen Tempo marschieren. Im Einzelnen handelt es sich dabei um folgende Kriterien:

Inflationskriterium: Die Inflationsrate des Kandidaten darf die durchschnittliche Preissteigerung der drei stabilsten Länder nicht mehr als um 1,5 Prozent übersteigen.

Defizitkriterium: Das Defizit des öffentlichen Haushalts darf, von geringfügigen Ausnahmesituationen abgesehen, 3 Prozent seines Bruttoinlandsprodukts nicht überschreiten.

Schuldenstandskriterium: Die öffentlichen Schulden dürfen nicht höher sein als 60 Prozent des BIP. Man drückt nur dann ein Auge zu, wenn sich ein höherer Schuldenstand rasch verringert und dem Referenzwert annähert.

Zinskriterium: Der langfristige Nominalzins darf den durchschnittlichen Satz der drei preisstabilsten Länder um höchstens 2 Prozent überschreiten.

Wechselkurskriterium: Die Währung des Kandidaten muss mindestens zwei Jahre spannungsfrei operiert haben. Das heißt vor allem, es dürfen keine größeren Abwertungen aufgetreten sein.

Institutionelle Kriterien: Zusammen mit der Europäischen Zentralbank muss auch die Zentralbank des beitrittswilligen Landes unabhängig sein. Eine monetäre Finanzierung der Staatsschuld durch die EZB oder die nationale Zentralbank ist verboten.

Als es 1998 darum ging, die Mitgliedländer der EWWU zu bestimmen, ist man mit diesen Kriterien sehr großzügig umgegangen. Griechenland konnte sich in erster Instanz nicht qualifizieren, doch nach drei Jahren und Vorlage geschönter Zahlen durfte auch Griechenland beitreten. Von den zwölf Kandidaten erfüllten nur vier das Schuldenstandskriterium. Besonders schlimm sah es in Belgien, Griechenland und Italien aus, deren Schulden 100 Prozent des BIP überstiegen. Aber eine europäische Währungsunion ohne Belgien und Italien? Die Entscheidung folgte nicht der ökonomischen Vernunft, sondern politischen Überlegungen. Späteren Kandidaten für die Clubmitgliedschaft ist man mit weniger Nachsicht begegnet. Heute hat die EWWU 17 Mitglieder.

58. Setzt eine Währungsunion nicht eine politische Union voraus?

Wenn früher größere Währungsräume geschaffen wurden wie in Deutschland nach 1871, dann ging dem eine nationale politische Einigung voraus. Historische Währungsunionen haben meistens der nationalen Zentralbank eines Mitgliedslandes die Führungsrolle zugewiesen, der sich die kleineren Mitgliedländer unterordneten. Die ökonomische Theorie betrachtete es deswegen als ausgemacht, dass eine Währungsunion eine einheitliche Wirtschaftspolitik voraussetzt, die nur Ergebnis einer vorangegangenen politischen Einigung sein kann.

Diesen Weg ist die europäische Integration nicht gegangen. Es ist zwar konsequent, dass mit der Bildung des gemeinsamen Marktes 1992 auch eine gemeinsame Währung beschlossen wurde. Damit war notwendigerweise die Aufgabe der nationalen geldpolitischen Autorität zu Gunsten der Europäische Zentralbank verbunden. Aber die in der Namensgebung «Wirtschafts- und Währungsunion» propagierte Wirtschaftsunion blieb unterbelichtet. Denn sollte sie zu einer gemeinsamen Finanzpolitik führen, neben der Geldpolitik das wichtigste wirtschaftspolitische Instrument, dann würde das eine politische Union voraussetzen. Die Entscheidung über die öffentlichen Einnahmen und Ausgaben ist nun einmal ureigenstes Privileg des Volkes oder seiner Vertreter.

Wird damit das Pferd nicht von hinten aufgezäumt? Der Auffassung sind zahlreiche Politiker und Ökonomen, die sich dafür einsetzen, die politische Union bald nachzuholen, um die Währungsunion stabiler zu machen. Der Auffassung sind auch zahlreiche Kritiker der Währungsunion, vor allem in den USA. Sie geben der Währungsunion keine Zukunft, weil die politische Union nicht zu erreichen sei. Die Euro-Skeptiker um den Tübinger Ökonomen Joachim Starbatty (1940*), die 1998 zum ersten und danach zum wiederholten Mal vor das Bundesverfassungsgericht gezogen sind, um das Projekt zu Fall zu bringen, führen als ein Hauptargument an: Währungsunion und politische Union gehören zusammen.

Befürworter der Währungsunion bestreiten das nicht. Sie sind nur anderer Meinung über den geeigneten Weg zum erwünschten Ziel. Ihrer Erwartung nach folgt die politische Integration sozusagen von selbst aus der ökonomischen Integration. In ähnlicher Weise habe die Schaffung des gemeinsamen Marktes den Fortfall der Grenzen im Schengener Abkommen nach sich gezogen. Im konkreten Fall erzwinge die Währungsunion eine stärkere politische Zusammenarbeit.

Die politische Aktivität, die sich seit 2010 als Folge der Banken- und Verschuldungskrise etwas hektisch entfaltete, scheint dem Recht zu geben. Es ging dabei zwar nicht um eine wirkliche politische Union, auch wenn der Begriff «Wirtschaftsregierung» immer wieder fiel. Es ging um politische Koordination und Kooperation im europäischen Rahmen. Typisch dafür ist der Fiskalpakt von 2012. Auch er schafft weder eine gemeinsame Wirtschaftsregierung noch eine Fiskalunion. Vielmehr läuft er auf eine strengere Bindung der nationalen finanzpolitischen Souveränität hinaus und auf die Schaffung des Europäischen Stabilitätsmechanismus (ESM), einer Art europäischer Währungsfonds. Wie der Internationale Währungsfonds im Bretton Woods System hat der ESM den Auftrag, die Folgen der Ungleichgewichte temporär zu mildern.

59. Warum ist reale Konvergenz kein Maastricht-Kriterium?

Während der jüngsten Turbulenzen um Schulden und Euro konnte man immer wieder die Meinung hören, eine Währungsunion mit so unterschiedlich entwickelten Mitgliedländern sei ein Unding. Nur die reicheren Länder des Nordens könnten sinnvollerweise mit einer gemeinsamen Währung zusammenarbeiten, die weniger entwickelten Regionen des Südens vielleicht auch, aber bitte in einer eigenen Währungsunion mit einem Euro light.

Wenn sich diese Auffassung ökonomisch begründen lässt, warum wurde dann in Maastricht nicht das reale Entwicklungsniveau als Zutrittsbedingung formuliert? Zum Beispiel: Das Bruttoinlandsprodukt pro Kopf der Bevölkerung im Bewerberland muss mindestens 75 Prozent des Durchschnitts der drei am höchsten entwickelten Länder betragen. Nichts dergleichen ist geschehen. Weder für den Beitritt in die Europäische Union noch für den Beitritt in die Währungsunion gibt es eine solche Bedingung. Reale Konvergenz ist zwar eines der Ziele der EU, aber eben nicht eine Bedingung für die Mitgliedschaft.

Wäre es für die gemeinsame Währung nicht einfacher, wenn der Währungsraum nur homogene Regionen enthielte? Dafür gibt es keine theoretische und keine empirische Begründung. Große Währungsräume wie die USA, China, Brasilien, aber auch Deutschland setzen sich aus hoch entwickelten und weniger entwickelten Regionen zusammen. Nicht die Tatsache, dass die D-Mark mit der Wiedervereinigung in Ostdeutschland eingeführt wurde, hat dort zu hoher Arbeitslosigkeit geführt, sondern ein verfrühter Lohnanstieg, der nicht der Produktivitätsentwicklung entsprach. Eine D-Mark light in Ostdeutschland hätte daran nichts geändert, es sei denn, sie hätte niedrigere Reallöhne akzeptabel gemacht.

Es kommt also nicht auf die reale Konvergenz an. Im Euroraum befinden sich relativ reiche und relativ arme Länder. In beiden Gruppen gibt es Länder mit finanzpolitischen Problemen und solche, die davon weniger betroffen sind.

Tabelle 1: Bruttoinlandsprodukt pro Kopf der Bevölkerung in Prozent des Durchschnitts des Euroraums, 2010

Land	BIP pro Kopf	Land	BIP pro Kopf
Niederlande	124	Griechenland	82
Irland	116	Portugal	75
Deutschland	109	Slowakei	69
Italien	93	Estland	60

Quelle: Eurostat

Armut verwehrt einem vielleicht den Zutritt zum Golfclub, aber nicht zur Währungsunion. Denn Armut impliziert nicht automatisch verantwortungsloses wirtschaftspolitisches Verhalten. Worauf es ankommt, ist die politische Konvergenz. Die Mitglieder der Währungsunion müssen ähnliche wirtschaftspolitische Einstellungen und damit ähnliche Ziele haben. Und sie müssen sich ähnlich verhalten. Genau das wollen die Maastricht-Kriterien testen.

60. Sind die Maastricht-Kriterien noch gültig?

Die so genannten Maastricht-Kriterien prüfen, ob ein Mitgliedstaat der Europäischen Union die erforderlichen Voraussetzungen erfüllt, um der Wirtschafts- und Währungsunion beizutreten und den Euro einzuführen. Mit Ausnahme Großbritanniens und Dänemarks sind alle EU-Mitglieder grundsätzlich dazu verpflichtet. Will ein Land nun dieser Pflicht nachkommen und den Euro einführen, dann überprüfen die Europäische Kommission und die Europäische Zentralbank an Hand der Kriterien, ob eine Mitgliedschaft für die Währungsunion unproblematisch ist. Schließlich möchte man sich ja nicht ein Mitglied in den Club holen, das hinterher den Anforderungen nicht gewachsen ist.

Auf Andringen Deutschlands wurde das Defizit- und Schuldenstandskriterium schon 1997 in das europäische Primärrecht übernommen. Der Vertrag über die Arbeitsweise der EU, auch Lissabon-Vertrag genannt, schreibt die 3-Prozent- und die 60-Prozent-Regel als Norm fest. Das Gleiche tut er mit den institutionellen Kriterien von Maastricht, das heißt die nationalen Zentralbanken und die EZB müssen unabhängig sein und eine monetäre Finanzierung der Staatshaushalte ist verboten. Wohlgemerkt, das gilt für alle Mitgliedländer der EU. Für die Mitgliedstaaten, für die eine Ausnahmeregelung besteht, die Länder ohne den Euro, fallen nur die Sanktionen weniger scharf aus, falls sie gegen die Normen verstoßen.

Das ist leider häufiger der Fall, als bei Gründung der Währungsunion erwartet wurde, auch bereits vor der 2007 einsetzenden Finanzmarktkrise. In den drei Jahren 2008–2010 gelang es nur Dänemark, Schweden, Finnland, Estland und Luxemburg, die Defizitgrenze von 3 Prozent einzuhalten. Die skandinavischen Länder kennen offensichtlich eine besondere Stabilitätskultur. Alle übrigen 22 Mitglieder der EU haben gegen die Regel verstoßen. Zehn von ihnen sind mit ihrem Schuldenstand deutlich über die 60-Prozent-Grenze geraten. Der Lissabon-Vertrag und der ihn begleitende Stabilitäts- und Wachstumspakt sehen für diesen Fall eigentlich Sanktionen vor.

Doch wie kann man souveräne Staaten effektiv dazu anhalten, sich an Regeln zu halten, denen sie einmal selbst zugestimmt haben? Ein Ausschluss aus der Wirtschafts- und Währungsunion ist nicht vorgesehen. Man kann die Länder an den Pranger stellen. Das geschieht, und ein Verstoß gegen die Defizitbestimmung wird von der Politik nicht auf die leichte Schulter genommen. Aber die Zwänge des Staatshaushalts sind offensichtlich größer. Man kann die Länder mit Strafzahlungen belegen. Das sieht der Vertrag vor. Dadurch wächst deren Haushaltsdefizit allerdings nur weiter.

Ein Hauptproblem der Sanktionierung von Verstößen gegen die Regel liegt darin, dass darüber der Europäische Rat der Finanzminister entscheidet. Die Damen und Herren, die zu Hause möglicherweise selbst Defizite zu verantworten haben, entscheiden in Brüssel, wen von ihren Kollegen sie mit einem offiziellen Defizitverfahren überziehen. Da wird der Bock zum Gärtner gemacht. Und in der Tat, als im Jahr 2002 Deutschland – ausgerechnet Deutschland, das den anderen nur wenige Jahre zuvor den Stabilitäts- und Wachstumspakt aufgezwungen hatte! – und Frankreich die 3-Prozent-Marke überschritten, wussten sie ihren Einfluss geltend zu machen, um ein offizielles Verfahren zu verhindern. Zu allem Überfluss wurde auf ihre Veranlassung der Stabilitäts- und Wachstumspakt im Jahr 2005 auch noch verwässert.

Die Verschuldungskrise von 2010–2011, die sich an die Finanzmarktkrise anschloss (mehr dazu ab Frage 65), hat wohl den einzigen Vorzug, dass sie deutlich gemacht hat: Regeln für Haushaltsdefizite und Verschuldung sind sinnvoll. Das führte dazu, dass der Trend zur Verwässerung der europäischen Stabilitätspolitik umgekehrt wurde und 2011–2012 strengere Regeln (das so genannte *six-pack*, das den Stabilitätspakt verschärft), eine intensivere Kooperation und Koordination (der Euro-plus-Pakt, der Fiskalpakt), aber auch der Europäische Stabilisierungsmechanismus (ESM) beschlossen wurden, der von Krisen befallenen Ländern mit Krediten zur Hilfe kommen kann.

61. Was interessiert den Arbeiter der Euro? Auf dem Arbeitsmarkt werden das Beschäftigungsniveau, die Höhe des Lohnes und die Arbeitsbedingungen festgelegt. Auf Grund von Arbeitsteilung und Spezialisierung ist all das bis in minutiöse Details differenziert. Die Nachfrage bestimmt sich nach dem angestrebten Produktionsniveau und den technischen und kognitiven Anforderungen der Produktion. Das Angebot bestimmt sich, abgesehen von demografischen Faktoren, nach der Bereitschaft der Menschen zu arbeiten und ihren erworbenen Fähigkeiten. Ist es da nicht gleichgültig, mit welcher Währung bezahlt wird und welche Zentralbank sie steuert?

Nun hängt der Arbeitsmarkt nicht in der Luft. Er ist in einen konkreten historischen, politischen und geographischen Kontext eingebettet. Die Nachfrage nach Arbeit ist abgeleitet aus der Nachfrage nach Gütern und Dienstleistungen. Einige davon sind international handelbar, andere, vor allem bestimmte Dienstleistungen, werden nur im Lande abgesetzt. Folglich geht nicht nur die heimische Nachfrage, sondern auch die Exportnachfrage in die unternehmerischen Planungen ein. Umgekehrt bietet das Ausland Produkte an. Werden sie nachgefragt und importiert, geht das auf Kosten der heimischen Produktion und Beschäftigung. Ebenso verhält es sich auf Seiten des Arbeitsangebots. Gibt es keine rechtlichen Beschränkungen, dann bieten auf dem Arbeitsmarkt nicht nur Einheimische, sondern auch ausländische Menschen ihre Arbeit an.

Der gemeinsame Markt der EU garantiert den freien Verkehr von Gütern, Diensten, Kapital und Arbeit. Die Union hat zur Zeit 27 Mitgliedländer und vereint rund 500 Millionen Bürger. Der Euroraum mit inzwischen 17 Mitgliedern kommt auf immerhin mehr als 330 Millionen Bürger. Die Mobilität von Waren, Arbeit und Kapital ist außerhalb der Union zwar geringer, wobei die Transportkosten eine immer kleinere, die rechtlichen Hemmnisse eine immer größere Rolle spielen. Sie hat aber in den letzten Jahrzehnten gewaltig zugenommen, weshalb auch von Globalisierung gesprochen wird. Aus all dem folgt, dass die Nachfrage auf dem heimischen Arbeitsmarkt von der Wettbewerbsfähigkeit der heimischen Produktion abhängt, während auf der Angebotsseite heimische und ausländische Arbeitnehmer miteinander konkurrieren.

Und damit sind wir beim Euro. Jeder Abbau von Handelsbeschränkungen senkt die Kosten und lässt so die Nachfrage steigen. Gleichzeitig intensiviert er aber den Wettbewerb. Die Einführung des gemeinsamen europäischen Marktes war ein großer Schritt in diese Richtung. Die Einführung der gemeinsamen Währung war seine konsequente Ergänzung. Für Deutschland wirkt sich diese Entwicklung sicher vorteilig aus. Die Exportquote der deutschen Wirtschaft, das ist der Anteil des Exports am Bruttoinlandsprodukt, betrug 1992 bei Einführung des gemeinsamen Marktes 24 Prozent, 1999 bei Einführung des Euro 29 Prozent und im Jahr 2011 wurde die 50-Prozent-Marke überschritten. Natürlich haben gleichzeitig auch die Importe zugenommen.

Für die Handelspartner Deutschlands im Euroraum, aber auch außerhalb, kann diese hohe Wettbewerbsfähigkeit zum Problem werden. In Frankreich ist die Exportquote von 1992 bis 2011 nur von 21 auf 27 Prozent gestiegen. Die Importe wuchsen in der gleichen Zeit stärker, so dass die französische Handelsbilanz in den letzten Jahren negativ ausfiel. Das macht sich auf dem französischen Arbeitsmarkt in gestiegener Arbeitslosigkeit bemerkbar, vor allem bei jüngeren Arbeitnehmern. Die Wettbewerbsfähigkeit Frankreichs kann nur durch Produktivitätssteigerungen und Kosteneinsparungen verbessert werden. Das wäre mit dem Franc nicht anders, der Euro macht die Sachzwänge nur unmittelbarer sichtbar.

62. Hatten wir 2010/2011 eine Eurokrise? Als es 2010 offenkundig wurde, dass Griechenland nicht in der Lage sein werde, seine öffentlichen Schulden zu bedienen, ging das Wort von der Eurokrise um. Es ist seither nicht verstummt – nicht nur, weil es ein merkfähiges Schlagwort ist, sondern auch deshalb, weil eine Krise des Währungssystems außerordentliche Maßnahmen rechtfertigt. Doch was ist denn das, eine Eurokrise?

Eine Währungskrise ist gekennzeichnet durch den plötzlichen Verfall des inneren oder des äußeren Werts einer Währung. Mit anderen Worten, eine Währungskrise wird gekennzeichnet von einer außergewöhnlichen Inflation oder einem plötzlichen Abfall des Wechselkurses. In der Regel sind beide Phänomene miteinander verbunden.

Über die Schwellenwerte, bei deren Überschreiten von Krise gesprochen werden kann, brauchen wir uns hier keine Gedanken zu machen. Denn der Euro ist eine harte, eine stabile Währung. Das ist er auch in der so genannten Eurokrise geblieben. Die Inflation im Euroraum betrug zwischen 1999, dem Jahr seiner Einführung, und 2010 durchschnittlich 2,1 Prozent und in den vier Krisenjahren

Grafik 2: Wechselkurs des US-Dollar für 1 Euro, 1999–2011
Quelle: EZB

2007–2010 1,8 Prozent – eine solide Leistung. Der Wechselkurs zum Dollar als der wichtigsten internationalen Reservewährung ist frei flexibel, die Schwankungsbreite erheblich, wie Grafik 2 anzeigt. Seit Einführung des Euro-Bargelds im Jahr 2002 fiel der Wert des Dollar stark, mit der Finanzmarktkrise hat er sich stabilisiert. Von einem plötzlichen Wertverfall des Euro kann keine Rede sein. Gemessen an der Kaufkraftparität ist er gegenüber dem Dollar eher leicht überbewertet.

Was ist dann passiert, wenn es keine Währungskrise war? Griechenland hat Schulden, von denen die wenigsten glauben, das Land könne sie je zurückzahlen. Portugal ist in einer ähnlich misslichen Lage und in Irland sieht es nicht viel besser aus. Die Situation von Spanien und Italien erscheint ebenfalls problematisch.

Das bedeutet, dass die Kurse der Staatsanleihen dieser Länder auf dem Kapitalmarkt fallen. Mit anderen Worten, die Investoren verlangen höhere Renditen von diesen Ländern, denn sie müssen zur normalen Verzinsung noch das Risiko der Zahlungsunfähigkeit hinzurechnen. Damit lässt sich viel Geld verdienen, wenn der Risikofall nicht eintritt, und das lockt Spekulanten an. Gleichzeitig verteuern sich die Möglichkeiten dieser Länder, neue Kredite aufzunehmen, die sie brauchen, um alte Kredite zurückzuzahlen und um einen noch immer defizitären Staatshaushalt zu finanzieren. So wächst die Zinslast, und das Problem verschärft sich. Was wir sehen, ist eine Verschuldungskrise.

Die Frage ist, inwieweit diese Verschuldungskrise für den Euro eine Gefahr bedeutet. Solange die Europäische Zentralbank ihren Stabilitätskurs konsequent verfolgt, ist das eher nicht der Fall. Die spekulativen Ausschläge des Wechselkurses nehmen in Krisensituationen zu, wie in der Grafik für die Zeit seit 2007 zu sehen ist. Aber eine massive Flucht aus dem Euro – wohin schon? Die Verschuldungskrise in den USA und in Japan ist mindestens so groß wie in Europa.

Das Ausfallrisiko von Staatsanleihen galt früher als vernachlässigbare Größe. Der Staat konnte die Anleihen ja in eigener Währung zurückzahlen. Im Euro-System geht das nicht mehr. Hier hat der öffentliche Schuldner seine geldpolitische Souveränität aufgegeben, das heißt, er kann bei Bedarf kein Geld drucken. Würde die Verschuldungskrise in einem oder mehreren der betroffenen Länder zum Zahlungsausfall führen, dann erleiden die Halter öffentlicher Anleihen Verluste, vor allem Banken, Versicherungen und Pensionsfonds. Damit würde eine neue Banken- und Finanzmarktkrise drohen.

63. Muss Griechenland das Eurosystem verlassen? Griechenland steht in dieser Frage stellvertretend für alle Länder, die weniger stabil sind als Euro-Kernländer wie Deutschland, Niederlande und Finnland. Die weniger stabilen Länder haben den Euro enthusiastisch begrüßt. Warum, das macht Grafik 3 leicht verständlich. Bevor es den Euro gab, hatte jedes Land seinen eigenen Wechselkurs und seine eigene Inflationsrate. Bei unterschiedlicher Stabilitätskultur waren auch die Risiken, die damit für einen Kreditgeber verbunden sind, unterschiedlich hoch. Das spiegelt sich in den Zinsdifferenzen im linken Flügel der Grafik wider. Vor Einführung des Euro mussten der Staat, Unternehmen und andere private Schuldner in den weniger stabilen Ländern hohe Zinsen für ihre Kredite bezahlen.

Mit dem Euro egalisierten sich aus Sicht der Investoren das Wechselkurs- und das Inflationsrisiko für alle beteiligten Länder. Die Zinssätze konvergierten auf das unterste Niveau. Da Griechenland erst 2001 in das Eurosystem aufgenommen wurde, hinkt es auch hier

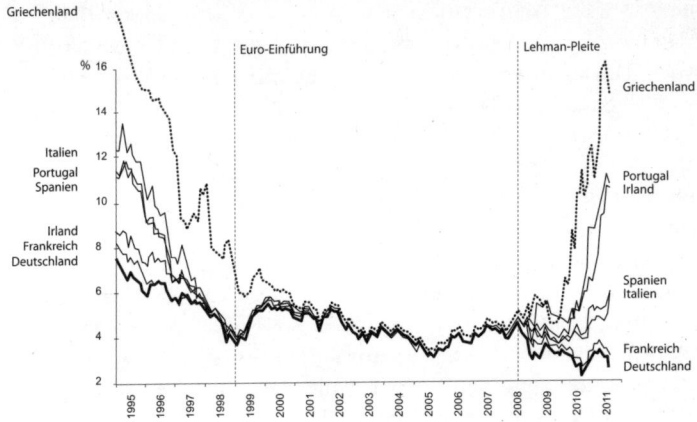

Grafik 3: Zinsen zehnjähriger Staatsanleihen 1995–2011, in Prozent

etwas nach. Die Kostenersparnis für öffentliche und private Schuldner in den weniger stabilen Ländern war enorm. Die Wettbewerbsvorteile der stabilen Länder verringerten sich dementsprechend.

Die Periode von 1999 (beziehungsweise 2001 im Fall von Griechenland) bis 2007 macht einen wichtigen Vorteil der stabilen Währungsunion deutlich: niedrige Zinsen. Während beispielsweise Belgien und Spanien diesen Vorteil zur Reduzierung ihres Schuldenstandes genutzt haben, tat Italien das nur zögerlich. Portugal und Griechenland ließen die Schulden sogar ansteigen, Letzteres von einem Niveau, das bereits über 100 Prozent des Bruttoinlandsprodukts lag. Ursache dafür ist vor allem politische Schwäche.

Mit der Finanzmarktkrise änderte sich die Situation schlagartig. Die Investoren und dann auch die Ratingagenturen nahmen auf einmal unterschiedliche Ausfallrisiken der einzelnen Länder wahr. Denn in einer Währungsunion ist es durchaus möglich, dass ein Land zahlungsunfähig wird. Das schlägt sich in der Differenzierung der Zinsen nieder, was den rechten Flügel der Grafik erklärt. Eine Rückkehr zur Zinskonvergenz ist nur mit einer Konsolidierung der öffentlichen Schulden möglich – ob mit oder ohne Hilfe von außen.

Von vielen Seiten hört man nun den Vorschlag, Griechenland möge freiwillig aus dem Eurosystem austreten. Die zentrale Begründung des Vorschlags liegt in der Erwartung, die Rückkehr zur eigenen Währung erlaube einem Land, durch nominale Abwertung seine Wettbewerbsfähigkeit zu verbessern. Im Hintergrund schwingt wohl auch die Hoffnung mit, dass die Kosten der Konsolidierung für die verbleibenden Euroländer niedriger ausfallen würden.

Wir haben in Frage 52 bereits gesehen, dass eine Verbesserung der Wettbewerbsposition eine reale Abwertung voraussetzt, gleichgültig ob diese durch Deflation, das heißt durch Lohn- und Preisflexibilität, oder durch eine nominale Abwertung erfolgt. Beides verringert die Realeinkommen der Bevölkerung und wird bei dem erforderlichen Ausmaß auf Widerstand stoßen. Die Rückkehr zur eigenen Währung verbunden mit nominalen Abwertungen verändert zwar das Preisniveau von Exporten und Importen schlagartig, kann aber eine Inflationsspirale auslösen, vor allem in einem Land mit geringer Stabilitätskultur. Dann würde die Abwertung die Wettbewerbsposition keinen Deut verbessern. Auf jeden Fall würde Griechenland in den linken Flügel der Grafik zurückversetzt: Inflations- und Wechselkursrisiko schlagen sich wieder in den Kreditkosten nieder. Die Vorstellung, Griechenland hätte es ohne das Korsett des Euro leichter, ist eine Illusion.

64. Hat der Euro Zukunft? *Das Untergangsszenario*: Eine Preisblase platzt und löst eine Finanzmarktkrise aus. Banken, und zwar auch große Banken, drohen bankrott zu gehen. Der Staat greift ein, um das zu verhindern, wozu er viel Geld, sehr viel Geld braucht. Die Verschuldung des Staates steigt an. Um den Haushalt wieder ins Lot zu bringen, müssen Steuern erhöht und Ausgaben gekürzt werden, was kurzfristig in eine Rezession führt. Dagegen rebellieren die Bürger. Es gibt soziale Unruhen, und extreme politische Parteien gewinnen an Gewicht. Sie sind in der Regel nationalistisch und protektionistisch und betreiben die Aufgabe der gemeinsamen Währung.

Dieses Szenario kann leider nicht als völlig unrealistisch *ad acta* gelegt werden. Denn Deutschland hat Ähnliches bereits einmal erlebt auf dem Weg aus der Weimarer Republik in den Nationalsozialismus.

Das Destabilisierungsszenario: Die Krise der öffentlichen Schulden im Eurosystem wird nicht mehr beherrschbar. Die Europäische Zentralbank sieht sich gezwungen, die Schleusen der Geldpolitik zu öffnen, um die Schulden über die versteckte Inflationssteuer in den

Griff zu bekommen. Stabilitätsbewusste Länder wie Deutschland machen da nicht mit und sehen sich gezwungen, das Eurosystem zu verlassen.

Auch dieses Szenario kann nicht rundheraus ausgeschlossen werden. Denn wie wir sahen, hat das System von Bretton Woods ein ähnliches Ende genommen: Es war Deutschland, das den festen Wechselkurs als erstes Land verließ.

Das Spaltungsszenario: Die Mittelmeeranrainer schaffen es mit der gemeinsamen Währung nicht, im Wettbewerb mit den Nordlichtern konkurrenzfähig zu bleiben. Die politische Durchsetzungskraft, die wirtschaftspolitischen Einstellungen, die tarifpolitische Kultur liegen zu weit auseinander. Es sind also nicht die stabilitätsbewussten Länder, die aus dem Euro herausdrängen, sondern die weniger stabilen.

Dieses Szenario entbehrt zwar, wie unter Frage 63 gezeigt, der ökonomischen Vernunft, mag aber ein politisch leichter begehbarer Weg sein.

Wir könnten fortfahren, weitere Katastrophenszenarien zu zeichnen. Die Zukunft ist offen, die ökonomischen und politischen Rahmenbedingungen ändern sich fortwährend, unerwartete Schockereignisse sind jederzeit denkbar. Es gibt aber auch so etwas wie die normative und positive Kraft des Bestehenden. Der Euro existiert, er ist die zweite Reservewährung der Welt, er ist eine stabile Währung, die in den beteiligten Ländern den Geld- und Zahlungsverkehr erheblich erleichtert. Man hat sich in diesem System eingerichtet. Es müsste schon sehr viel geschehen, bevor Europa den Euro fallen lassen würde, ganz abgesehen von den enormen Kosten, die mit einem solchen Schritt verbunden sind.

Als der Euro 1992 beschlossen wurde, hat man die möglichen Konflikte nicht gesehen, die aus einer zentralisierten Geldpolitik und einer weiterhin nationalen Finanzpolitik entstehen können. Oder man ist vor den Konsequenzen zurückgeschreckt, die man daraus hätte ziehen müssen. Was im Vertrag von Maastricht und im Stabilitäts- und Wachstumspakt an Vorkehrungen getroffen wurde, um eine übermäßige Staatsverschuldung zu verhindern, hat sich als nicht effektiv herausgestellt. Die Staatsschuldenkrise hat das Problem wieder auf die Tagesordnung gebracht.

Es ist äußerst unwahrscheinlich, dass die nationalen Parlamente ihre finanzpolitische Hoheit deutlich zugunsten der Europäischen

Union reduzieren. Das ist auch nicht erforderlich. Was erforderlich ist, sind drei Dinge. Erstens muss der Haftungsausschluss der Union und der einzelnen Mitgliedländer für nationale Schulden, die No-bail-out-Klausel, glaubhaft sein, für die Betroffenen und für den Finanzmarkt. Das ist er nur dann, wenn der Verschuldung der Mitgliedländer zweitens so enge Grenzen gesetzt werden, dass sie mit Sicherheit tragfähig bleibt. Die effektive Durchsetzung dieser Grenzen ist in einem so lockeren politischen Verbund wie der EU allerdings ein Problem. Und es bedarf drittens eines Fonds, mit dem temporäre Ungleichgewichte aufgefangen oder abgeschwächt werden können.

Gelingt es, diese konstitutionellen Anforderungen zufriedenstellend umzusetzen, dann wird der Euro eine der stabilsten Währungen der Welt sein. Damit ist aber die übermäßige Verschuldung einiger Mitgliedländer nicht vom Tisch, die sie in der Vergangenheit aufgehäuft haben. Hier reinen Tisch zu machen, erfordert Zeit und wird wohl nicht ganz schmerzlos vonstattengehen.

Schuldenstaat und Schuldenkrise

65. Warum deckt der Staat nicht alle Ausgaben durch Steuern?

Früher war der Staat wirklich schlank. Im Deutschen Reich flossen 1881 zehn Prozent des Bruttoinlandsprodukts in öffentliche Ausgaben, wovon je ein Viertel das Militär, die Verwaltung und die Justiz für sich in Anspruch nahmen. Im Jahr 2010 betrug die staatliche Ausgabenquote in Deutschland 47 Prozent des BIP. Für Verwaltung und innere und äußere Sicherheit zusammen wurde davon nur noch ein Fünftel aufgewendet, für soziale Sicherheit und Gesundheit aber 60 Prozent.

Diese enormen Ausgaben müssen finanziert werden. Dafür stehen dem Staat drei Quellen zur Verfügung: Steuern und Sozialabgaben, Kredite und die Geldschöpfung. Es bedarf eines gewissen Zwangs, der Steuerpflicht, um die Kosten öffentlicher Güter zu decken. Denn Güter wie die innere Sicherheit werden nicht im Detailhandel angeboten und haben deshalb keinen Preis, dessen Entrichtung zum exklusiven Genuss der Güter berechtigt.

Steuern erfreuen sich nicht allzu großer Beliebtheit bei den Steuerpflichtigen. Die Kreditfinanzierung erfolgt dagegen freiwillig: Niemand wird in normalen Zeiten gezwungen, Staatsanleihen zu erwerben. Der Halter der Staatsanleihe erhält sein Geld mit Zinsen nach Jahr und Tag zurück. Die eigentliche Belastung trifft den künftigen Steuerzahler, der sie nicht verweigern kann.

Finanzierung über Geldschöpfung setzt schließlich voraus, dass der Staat über seine Zentralbank Geld schöpfen kann und darf. In der Europäischen Union ist das vertragsgemäß verboten, und im Euro-System verfügt die nationale Zentralbank nicht mehr über geldpolitischer Souveränität. Geldschöpfung hat den großen Vorteil, die künftigen Generationen nicht zu belasten. Sie birgt allerdings die Gefahr der Inflation. Unter dem Begriff Inflationssteuer haben wir das bereits kennen gelernt.

Warum sollte sich der öffentliche Haushalt anders verhalten als ein privater Haushalt? Die Grundregel vorsorglicher Haushaltsführung lautet, nicht mehr auszugeben als man einnimmt und etwas Geld für unvorhergesehene Fälle beiseite zu legen, zu sparen also. Ein Privathaushalt macht auch Schulden, wenn er etwa eine Eigentumswohnung erwirbt oder die Ausbildung seiner Kinder bezahlt. Die Kosten übersteigen sein Erspartes, die Zins- und Amortisationszahlungen müssen aber für sein laufendes Budget tragbar sein. Ähnlich verhält sich der kluge Unternehmer, der die laufenden Aufwendungen aus den Erlösen finanziert, für Investitionen jedoch Kapital aufnimmt, dessen Kosten aus den erwarteten Erträgen bestritten werden.

Die klassische liberale Ökonomie verlangte vom Staat ein ähnliches Verhalten. Nur außerordentliche Ausgaben, zum Beispiel im Kriegsfall, oder produktive Investitionen könne man mit Krediten finanzieren. Andere Ausgaben dürften die Einnahmen aus Steuern und Abgaben nicht übersteigen. Produktive staatliche Investitionen, wie zum Beispiel der Bau einer Bahnlinie, führen über Einkommenswachstum zu höheren Steuereinnahmen in der Zukunft. Der normale Staatshaushalt ist also Jahr für Jahr ausgeglichen zu gestalten. Diese Finanzphilosophie bringt allerdings mit sich, dass der Staat in schlechten Zeiten Ausgaben kürzt, weil Einnahmen ausfallen, wodurch sich die Rezession vertieft.

Die Weltwirtschaftskrise der 1930er Jahre hat jedoch gelehrt, dass private Tugenden nicht notwendigerweise auch öffentliche Tugenden sind. Der schon häufiger genannte John Maynard Keynes hat das zum Programm der anti-zyklischen Haushaltspolitik gemacht.

Danach solle der Staat sich in der Rezession verschulden und die Nachfrage ersetzen, die der Privatsektor nicht zu tätigen bereit ist. In guten Zeiten wird dann ein Haushaltsüberschuss die Rückzahlung der Schulden ermöglichen. Von der liberalen Position unterscheidet sich dieses Programm eigentlich nur darin, dass Einnahmen und Ausgaben nicht innerhalb eines Jahres, sondern über einen Konjunkturzyklus hinweg ausgeglichen werden.

Daraus folgt allerdings nicht, die Staatsschuld müsse im Durchschnitt Null sein. Denn da gibt es noch die Investitionen, die für die künftige Entwicklung von Wirtschaft und Gesellschaft wichtig sind und deren Kosten man nicht allein der gegenwärtigen Generation aufbürden kann. Der große deutsche Sozialwissenschaftler Lorenz von Stein (1815–1890) hat das prägnant formuliert: «Ein Staat ohne Staatsschuld tut entweder zu wenig für seine Zukunft, oder er fordert zu viel von seiner Gegenwart.»

66. Warum steigt die öffentliche Verschuldung ständig? Ob man der klassischen oder der keynesianischen Doktrin anhängt und den Staatshaushalt auf Jahrbasis oder über einen Konjunkturzyklus ausgleicht, im Durchschnitt sollten sich Defizit und Überschuss die Waage halten. Einigen Ländern gelingt das erstaunlich gut, so in Skandinavien. In anderen, zum Beispiel in Frankreich und Italien, steht vor dem Haushaltssaldo ständig ein Minuszeichen. Auch Deutschland schaffte es nach der Wiedervereinigung nur in drei Jahren, den Haushalt ausgeglichen beziehungsweise leicht positiv zu halten. Die Bruttoschulden des Staates sind mal rascher, mal langsamer aber stetig gestiegen. Das lässt sich nicht allein mit ständig wachsenden öffentlichen Investitionen rechtfertigen.

Italien hatte bei Einführung des Euro eine doppelt so hohe Schuldenquote wie nach Maastricht zulässig, also um die 120 Prozent des Bruttoinlandsprodukts. Um sie konstant zu halten, wäre bei einem Wirtschaftswachstum von nominal 5 Prozent rein rechnerisch ein Haushaltsdefizit von 6 Prozent des BIP annehmbar. Irland auf der anderen Seite hatte sich vor der Finanzkrise auf eine Schuldenquote von 30 Prozent eingespielt. Sie bleibt fest bei einem Defizit von nur 1,5 Prozent. Kurzum, strebt die Politik eine konstante Schuldenquote an, weil sie die entsprechende Zinslast für erträglich hält, dann darf der Haushalt zwar dauerhaft ein Defizit aufweisen. Die Höhe des zulässigen Defizits hängt aber vom Wirtschaftswachstum und der angestrebten Quote ab.

In den goldenen Nachkriegsjahren bis zum Ölpreisschock von 1973 wuchsen in Deutschland Wirtschaft und öffentliche Schulden Hand in Hand. Die Quote pendelte um 20 Prozent des BIP. Seitdem sind die Schulden mit nur kurzen Unterbrechungen rascher gewachsen als das BIP und haben 2010 die 80-Prozent-Marke überschritten. Besondere Ereignisse wie die Wiedervereinigung mit dem Aufbau Ost und die Rettungsmaßnahmen im Zusammenhang mit der Bankenkrise 2008–2010 ließen die Quote nach oben schnellen. In der Zwischenzeit wurde der Schuldenstand aber nur unzureichend konsolidiert. Um dem nachzuhelfen, schrieb der Gesetzgeber 2009 eine Schuldenbremse ins Grundgesetz.

Die Neigung, öffentliche Ausgaben über Kredite zu finanzieren, hat nicht allein in Deutschland zugenommen. Wir treffen sie in vielen demokratischen Ländern an. In den USA lag die Schuldenquote 2011 bei 100 Prozent, in Japan über 200 Prozent – übrigens ohne dass der Dollar und der Yen dadurch an Stärke eingebüßt hätten. Eine der wesentlichen Ursachen für diese hohen Schuldenstände ist der Versuch, durch finanzpolitische Eingriffe Rezessionen zu vermeiden beziehungsweise eine Depression zu überwinden.

Ganz allgemein stehen demokratische Regierungen unter dem Druck des Anspruchsdenkens der Bürger. Was der Staat nicht alles leisten soll! Gleichzeitig wird die Steuerlast als kaum erträglich empfunden. Nicht nur die Regierung, auch die Volksvertreter wollen wiedergewählt werden. Da ist die Verschiebung des Zahltermins auf die Zukunft ein verlockender Ausweg, und die Budgetkontrolle durch das Parlament wird weich.

67. Sind öffentliche Schulden immer des Teufels?

Schulden haben keinen guten Leumund und keine gute Presse. Dabei wohnte kaum jemand in seinen eigenen vier Wänden, hätte er nicht zuvor eine Hypothek aufgenommen. Die moderne Wirtschaft konnte sich nur entfalten, weil die Unternehmer Kredite für die Fabrikanlagen, Maschinen und Ausrüstungen erhielten. Die Stadt hat ihre neue Kläranlage mit einem Kredit finanziert. Das Geld selbst besteht aus Schulden. Und trotzdem: «Schulden sind des Elends Nachbar».

Das Sprichwort gibt eine alte Erfahrung wieder. Schulden machte, wer in Not geraten war. Das kapitalistische Kreditgeschäft gründet dagegen auf der Erwartung eines künftigen Erfolgs. Wer Schulden macht, erwartet, mit dem Geld eine gewinnbringende Unternehmung zu betreiben. Wer Kredit vergibt, erwartet, aus dem Projekt sein Geld mit Zins zurückzuerhalten. Alle Investitionen beruhen auf dieser Erwartung und dem Risiko, dass die Rechnung nicht aufgeht. So galt auch für den Staat als goldene Finanzierungsregel, dass nur Investitionen mit Schulden finanziert werden dürfen.

Daneben gibt es aber noch eine andere Seite. Denn die Schulden des einen sind die Vermögensanlage des anderen. Aus den verschiedensten Motiven wird gespart, und diese Ersparnisse müssen irgendwo geparkt werden, um für den Bedarfsfall bereitzustehen. Dabei sollten sie möglichst nicht an Wert verlieren, besser noch eine Rendite abwerfen. Um die Ersparnisse der Bürger konkurrieren die private Wirtschaft und die öffentliche Hand. Ist dieser Wettbewerb hart, das heißt ist das Kapitalangebot knapp im Verhältnis zur Nachfrage, dann äußert sich das in einem hohen Realzinssatz. Findet das Sparkapital im Lande keine Anlagemöglichkeit, wird es exportiert. Das können wir am Überschuss der Handelsbilanz ablesen. Denn diesem Überschuss steht ein Kapitalexport gleicher Größe gegenüber.

Staatsanleihen sind mündelsicher. Geringere Risiken für die privaten Ersparnisse gibt es nicht. Deshalb sind sie ein beliebtes Anlageinstrument für die Bürger, aber auch für Banken, Versicherungen und Pensionsfonds. Macht der Staat keine Schulden, dann fällt diese Anlageform fort. Die Risiken der Alternativen liegen in der Regel höher. Das mögen ausländische Staatsanleihen mit Wechselkursrisiko sein, oder Investitionen in die private Wirtschaft mit Insolvenzrisiko.

Nun könnte man einwerfen, solche Investitionen in die private Wirtschaft seien erwünscht, weil sie das Wachstum fördern. Sind sie natürlich auch. In Zeiten von Kapitalknappheit ist es durchaus denkbar, dass der Staat mit seiner Kapitalnachfrage und der Bereitschaft, jeden Zins zu zahlen, die private Wirtschaft vom Kreditmarkt verdrängt. In diesem Fall sind öffentliche Schulden schädlich. Ist jedoch genug Sparkapital vorhanden, findet eine solche Verdrängung nicht statt.

Außer in den Jahren nach der Wiedervereinigung wies Deutschland regelmäßig hohe Handelsbilanzüberschüsse auf und damit korrespondierende Kapitalexporte. Die Ersparnisse der deutschen Bürger finden also im eigenen Land keine ausreichenden Anlagemöglichkeiten. Die Länder, die Kapital importieren, sollten damit produktive Investitionen finanzieren. Das ist vor allem bei Schwellenländern der Fall und unterstützt ihren Entwicklungsprozess. Problematisch wird es, wenn Kapitalimporte für mehr Konsum verwendet werden. Hohe Militärausgaben muss man dabei auch unter den Konsum rechnen, schließlich sind sie nicht produktiv. Sowohl Griechenland als auch die USA fallen eher in diese Kategorie. Länder wie Deutschland, die einen Sparüberschuss aufweisen, befinden sich in der komfortablen Situation, entweder mehr konsumieren oder mehr investieren zu können. Wo die private Wirtschaft das trotz niedriger Zinsen nicht tut, sollte sich der Staat überlegen, ob es nicht sinnvolle Investitionsmöglichkeiten gibt, die Wirtschaft und Gesellschaft voranbringen. Es müssen ja nicht immer Straßen sein. Bildung wäre da zweifellos auch eine Option.

68. Wie funktioniert eine Schuldenbremse? Die öffentlichen Schulden werden in Europa, aber auch anderswo, als zu hoch empfunden. Sie sind in den letzten Jahrzehnte gewaltig gestiegen. Die Politik schafft es nicht, diesem Prozess Einhalt zu gebieten. Zu groß scheint die momentane Versuchung zu sein, die Steuern etwas zu senken, bei den Ausgaben etwas großzügiger zu sein und die Lücke mit einem Kredit zu schließen. So ist in Deutschland aus einem Schuldenhügel von 20 Prozent des Bruttoinlandsprodukts in den 1960er Jahren ein Schuldenberg von 83 Prozent eines sehr viel höheren BIP im Jahr 2010 geworden. Die Entziehungskur, die Deutschland sich daraufhin verschrieben hat, lautet Selbstbindung durch eine in der Verfassung verankerte Schuldenbremse.

Hatten wir so etwas nicht bereits? In den europäischen Verträgen und im Stabilitäts- und Wachstumspakt sind eine Defizitregel von maximal 3 Prozent und eine maximale Schuldenquote von 60 Prozent festgelegt. Das funktioniert aber nicht gut, wie die Erfahrung lehrt. Eine der Hauptursachen liegt in der Asymmetrie der Begrenzung. Es wird nämlich nur das übermäßige Defizit sanktioniert, nicht aber ein fehlender Überschuss in guten Zeiten. So werden Budgetüberschüsse, die vorangegangene Defizite ausgleichen könnten, zu seltenen Ereignissen, und die Schulden steigen.

Hier setzt die 2009 in das deutsche Grundgesetz (Artikel 109 und 115) aufgenommene Schuldenbremse an. Sie legt fest, dass durch das gegenläufige Auf und Ab von Einnahmen und Ausgaben rein konjunkturell bedingte Kreditaufnahmen zulässig sind. Sie müssen jedoch über einen Zyklus hinweg ausgeglichen werden. Darüber hinaus dürfen die Bundesländer nach einer Übergangszeit keine Schulden mehr machen und der Bund nur bis zu einer Höhe von 0,35 Prozent des BIP. Ausnahmesituationen wie Naturkatastrophen oder längerfristige tiefe Depressionen sind davon ausgenommen.

Damit sinkt bei einer wachsenden Wirtschaft die Schuldenquote in den Bundesländern tendenziell auf Null. Nehmen wir ein Wachstum von nominal 3 Prozent als plausibel an, dann lässt sich unter diesen Regeln im Bund eine maximale Schuldenquote von knapp 12 Prozent stabil halten. Da die Länder sich vor allem direkt bei den Kreditinstituten verschulden, gehen diesen Banken erstklassige Kunden verloren. Der Bund finanziert sich vornehmlich durch Anleihen und ähnliche kapitalmarktfähige Papiere, deren Angebot drastisch zurückgefahren wird. Sparer und Anleger müssen sich dann also anderswo umsehen.

Der Staatshaushalt wird ein Jahr im Voraus verabschiedet. Das bedeutet, man muss die voraussichtliche Wirtschaftslage schätzen und daraus die zu erwartenden Einnahmen und die möglichen Ausgaben ableiten. Die Trennung von konjunkturellen Einflüssen und strukturellen Faktoren bei einem Abweichen des Ist vom Soll ist nicht trivial. Ein Absinken des BIP um 1 Prozent lässt das Haushaltsdefizit schätzungsweise um 0,5 Prozent des BIP ansteigen. So hatte der Wirtschaftseinbruch von 2009 mit einer negativen Wachstumsrate von knapp 6 Prozent ein Haushaltsdefizit von 3 Prozent zur Folge, nachdem der Haushalt 2008 ausgeglichen war. Auch wenn die Wirtschaft 2010 wieder wuchs, wirkte sich das auf den Haushalt erst mit Verzögerungen aus. Entscheidend für das Funktionieren der Schuldenbremse sind aber effektive Überschüsse in guten Jahren.

Abweichungen des Ist vom Soll, die nicht auf konjunkturelle Einflüsse zurückzuführen sind, wird es mit großer Wahrscheinlichkeit geben. Sie werden auf ein Kontrollkonto verbucht. Das muss man sich wie einen Bremsflüssigkeitsbehälter vorstellen. Sinkt der Stand unter eine bestimmte Marke, das heißt sind nicht zulässige Defizite aufgelaufen, dann muss das Konto in den nächsten Haushaltsjahren wieder aufgefüllt werden. Die Schweiz hat bereits 2001 eine ähnliche Schuldenbremse eingeführt. Die dortige Erfahrung zeigt, dass ein solcher Mechanismus funktionieren kann.

Mit dem so genannten Fiskalpakt von 2012 (genauer dem Vertrag über Stabilität, Koordination und Regierung in der Wirtschafts- und Währungsunion) haben die EU-Mitgliedländer, mit Ausnahme Großbritanniens und der Tschechischen Republik, untereinander vereinbart, gesetzlich eine Schuldenbremse einzuführen, die mittelfristig für ausgeglichene Staatshaushalte sorgen soll und ein maximales Defizit von 0,5 Prozent erlaubt. Bei Verstößen ist der Europäische Gerichtshof zuständig. Erst die kommenden Jahre werden zeigen, wie ernst diese Vereinbarung genommen wird.

Die Schuldenbremse bietet noch reichlich Stoff für Diskussionen. Denn einerseits ist es sicher sinnvoll, der Politik Zügel bei der Kreditaufnahme anzulegen. Andererseits ist der fast vollständige Verzicht auf Kredite zur Finanzierung von Staatsaufgaben ökonomisch nicht notwendig. Mit einer Bremse bringt man seinen Wagen zum Stehen, kann damit aber auch die Geschwindigkeit der Verkehrssituation anpassen. Für diese Funktion scheint die Schuldenbremse noch nicht befriedigend konstruiert zu sein.

69. Kann ein Staat bankrott gehen?

Bankrott gehen kann dem Wortsinn nach nur eine Bank. Denn eine *banca rotta* ist eine zahlungsunfähige, eine zerstörte Bank. Leider ist das Phänomen nicht auf Banken beschränkt. In der Privatwirtschaft gehen jährlich Tausende von Firmen in die Insolvenz, weil sie ihren Verbindlichkeiten nicht mehr nachkommen können. Die wenigsten werden saniert, die meisten aufgelöst.

Das kann einem Staat nicht passieren. Staaten werden immer saniert, allerdings nicht immer freiwillig von Seiten der Gläubiger. Doch warum muss ein Staat überhaupt in Zahlungsschwierigkeiten geraten? Kann er nicht einfach das Geld drucken, das er braucht? In der Tat, das kann er, wenn er über eine eigene Währung verfügt und wenn er seine Schulden nur in dieser Währung gemacht hat. Auf Dauer geht das aber nicht gut. Länder, die sich über Inflation ihrer Schulden entledigen, erhalten keinen Kredit mehr in der eigenen Währung. Sie müssen sich in Fremdwährung verschulden, und dann ist Zahlungsunfähigkeit sehr wohl möglich.

Im Eurosystem ist der Euro für jedes Mitgliedland in diesem Sinn eine Fremdwährung, denn er kann sie nicht beliebig vermehren. So kommt es, dass das hochverschuldete Griechenland zahlungsunfähig werden kann, nicht jedoch die kaum weniger verschuldeten

USA. Dem Eurosystem als Ganzem steht das Gelddrucken und damit die Inflationssteuer jedoch zur Verfügung. Das unterscheidet das Eurosystem vom Goldstandard und macht es flexibler.

In der privaten Wirtschaft gibt es zwei Stufen der Insolvenz oder Zahlungsunfähigkeit: die Illiquidität und die Überschuldung. Illiquidität tritt ein, wenn ein Schuldner im Augenblick der Fälligkeit nicht über ausreichende liquide Mittel verfügt, um die Schuld zu begleichen. Überschuldet ist er, wenn die Summe seines Vermögens die Verbindlichkeiten nicht mehr deckt.

Auch die öffentliche Hand kann illiquide sein. Dann ist ihr häufig mit einem Überbrückungskredit geholfen, wozu Banken, aber auch der Internationale Währungsfonds und der Europäische Stabilitätsmechanismus (ESM) bereit sind. Doch das Vermögen eines Landes, das Grundvermögen mit Bodenschätzen, das Kapitalvermögen und das Arbeitsvermögen, deckt allemal seine Verbindlichkeiten. Es lässt sich allerdings nicht unmittelbar liquidieren, sondern nur indirekt über die Produktion von Gütern und Diensten zu Geld machen. Von Überschuldung spricht man in diesem Zusammenhang, wenn der Schuldendienst in absehbarer Zeit mit normalen Mitteln nicht mehr zu bewältigen ist.

Dann gibt es drei Wege, mit dem Problem fertig zu werden. Der erste lautet sparen und umstrukturieren. Er kann durchaus auch die Liquidierung von Staatsvermögen beinhalten, die berüchtigte Veräußerung des Tafelsilbers durch Privatisierung von Staatsunternehmen. Ob in Berlin, Griechenland oder Portugal, daran führt oft kein Weg vorbei. Ein radikaler Sparkurs bringt vor allem Steuererhöhungen und Ausgaben-, Lohn- und Rentenkürzungen mit sich. Umstrukturieren bedeutet Entbürokratisieren, Verwaltungsreform, mehr Wettbewerb. So werden Steuereinnahmen effektiver gemacht, Staatsausgaben reduziert und Produktivität und Wettbewerbsfähigkeit stimuliert.

Der zweite Weg ist die Umschuldung, eine Einigung mit den Gläubigern über die Verlängerung der Kredite. Der dritte Weg ist die Insolvenz. Im Gegensatz zur Privatwirtschaft gibt es für Staatsbankrotte keine Insolvenzordnung. Sieht die Regierung keinen anderen Ausweg mehr, stellt sie einfach ihren Schuldendienst ein. Das kann auf geordnete Weise geschehen, im Einvernehmen mit den Gläubigern. Dann nimmt die Insolvenz eher den Charakter einer Umschuldung an, und das Land bewahrt sich einen Rest von Kreditwürdigkeit. Das kann auch auf ungeordnete, einseitige Weise geschehen. Dann dürfte dem Land der Zugang zu Krediten für längere Zeit versperrt bleiben.

70. Was sind die Folgen eines Staatsbankrotts?

Der Staatsbankrott erleichtert nur die unmittelbare Situation der Zahlungsunfähigkeit. Er löst nicht die tiefer liegenden strukturellen Probleme von Staat und Wirtschaft. Sparen und Umstrukturieren bleiben auf der Tagesordnung, und die Politik hat nach wie vor die Aufgabe, das der Bevölkerung klar zu machen. Ob das leichter geht, wenn nicht der Druck des Internationalen Währungsfonds oder der Europäischen Union und der Europäischen Zentralbank dahinter steht, lässt sich schwer sagen.

Der vom Staatsbankrott betroffene Staat verliert mit den Schulden seine Kreditwürdigkeit, das ist klar. Die unmittelbaren Folgen bekommen aber die Gläubiger zu spüren. Ein Land ist entweder intern verschuldet bei seinen Bürgern und seinen Finanzinstituten oder extern bei Bürgern und Finanzinstituten anderer Länder. Deutsche Staatsanleihen befinden sich beispielsweise zu mehr als 50 Prozent in ausländischer Hand – eine Folge ihrer Beliebtheit als Geldanlage.

Beide Gruppen, die internen und externen Gläubiger, erleiden offensichtlich Vermögensverluste. Den Bürgern geht ein Teil ihrer Rücklagen für Alter und Krankheit verloren. Den Finanzinstituten droht, wenn sie stark engagiert sind, Insolvenz. Den ältesten Fall kennen wir aus dem Jahr 1340. Als der englische König Edward III. zahlungsunfähig wurde, gingen im fernen Florenz zwei Bankhäuser bankrott, die Peruzzi und die Bardi. Sie hatten die Kriege des Königs finanziert. Kein europäischer Staat möchte es heute so weit kommen lassen. Das erklärt die Rettungsbemühungen.

Ein Staat mit eigener Währung kann im Insolvenzfall die eigenen Bankhäuser re-kapitalisieren. Die Zentralbank als Kreditgeber letzter Instanz wird ihm die dafür erforderlichen Mittel zur Verfügung stellen. Innerhalb des Eurosystems ist das nicht ohne weiteres möglich. Die Europäische Zentralbank darf dem griechischen Staat – bleiben wir bei dem Beispiel – direkt keinen Kredit gewähren, und sie wäre auch den griechischen Banken gegenüber in ihrer Handlungsfähigkeit beschränkt. Denn die Banken könnten ihre Anleihen des insolventen griechischen Staates nicht mehr als Kreditsicherheiten bei der Zentralbank hinterlegen.

In der Schuldenkrise hieß es immer wieder, Griechenland müsse den Staatsbankrott erklären und aus dem Eurosystem austreten. Das würde vielleicht einige finanztechnische Komplikationen lösen, aber ökonomisch große Risiken mit sich bringen, wie wir unter Frage 63 sahen. Die EZB hat vehement von einem Staatsbankrott abgeraten und lieber auf dem Anleihenmarkt zugunsten Griechenlands interveniert. Sie fürchtete offensichtlich die Schwierigkeiten, in die ein aus dem Eurosystem ausgetretenes Griechenland sie bringen würde.

71. Wer war schuld an der Schuldenkrise?   Jedes Land hat seine eigene Geschichte. Betrachten wir die Verschuldung einiger EU-Länder im Jahr, als über die Mitgliedschaft im Eurosystem entschieden wurde, im Jahr vor der Finanzmarktkrise und im Jahr der Schuldenkrise, dann fallen gewisse Gemeinsamkeiten auf (Tabelle 2). Griechenland und Portugal sind die Problemländer. Irland ist auch eines, aber offensichtlich aus anderen Gründen. Dänemark, Schweden und Estland sind Vorbilder der Stabilität. Italien und Belgien sind erfahrene Hochschuldenländer. Spanien und die Niederlande haben erst erfolgreich Schulden abgebaut, dann aber Probleme bekommen. Die drei Großen Deutschland, Frankreich und Großbritannien waren bis 2007 stabil, zum Teil auf hohem Niveau, um dann weitere Schulden aufzubauen.

Tabelle 2: Bruttoschulden in Prozent des BIP

Land	1998	2007	2010	Land	1998	2007	2010
Griechenl.	94,5	107,4	144,9	Italien	114,9	103,1	118,4
Portugal	50,4	68,3	93,3	Belgien	117,2	84,1	96.2
Irland	53,0	24,8	92,5	Spanien	64,1	36,2	61,0
				Niederl.	65,7	45,3	62,9
Dänemark	61,4	27,5	43,7	Deutschl.	60,3	65,2	83,2
Schweden	69,9	40,2	39,7	Frankr.	59,4	64,2	82,3
Estland	6,0	3,7	6,7	Großbrit.	46,7	44,4	79,9

Quelle: Eurostat

Ganz offensichtlich spielte die Finanzmarktkrise eine zentrale Rolle in dem Drama. Bis zum Jahr 2007 waren es eher nicht die Regierungen, die ohne Rücksicht auf den Stabilitäts- und Wachstumspakt die Schulden wachsen ließen. Wer sich immer mehr verschuldete, waren die Privathaushalte und die Unternehmen, insbesondere die Banken. Damals redete man allerdings nicht von Krise und Verschuldung. Es war eine Zeit des Aufschwungs, der Euphorie, in der die Vermögenswerte, insbesondere die Häuserpreise, stiegen. Das erhöhte die Kreditfähigkeit, was wiederum die Kreditvergabe anstachelte. Es ging aufwärts, und jeder wollte dabei sein.

Erst als sie im Jahr 2007 platzte, merkte man, dass es eine Blase war. Und auf einmal standen die Banken vor großen Verlusten. Die Kredite, die sie den Haushalten und Unternehmen, aber auch untereinander gewährt hatten, konnten nicht mehr bedient werden. Die Sicherheiten, mit denen sie sich das Geld beschafft hatten, stellten sich als dubios heraus. Das Gesetz der großen Zahl, das bei unabhängigen individuellen Risiken einen Versicherungsschutz bietet, kehrte sich gegen sie: In einem Marktcrash sind die individuellen Risiken nicht mehr unabhängig voneinander, sie kumulieren sich.

Jetzt erst kam der Staat ins Spiel. Er musste systemrelevante Banken mit viel Kapital unterstützen, manche sogar verstaatlichen und noch höhere Bürgschaften und Garantien bereitstellen, wollte er das Finanzsystem nicht zusammenbrechen lassen. Es knirschte und krachte überall, aber es brach nicht zusammen. Die Probleme waren so groß, dass sich an die Finanzmarktkrise im Jahr 2009 eine reale Wirtschaftskrise anschloss. Und schon wieder wurde der Staat gefordert, nicht nur durch die rezessionsbedingten fallenden Einnahmen und steigenden Ausgaben, sondern auch durch aktive Konjunkturprogramme. Denn der Einbruch war tief. Das Resultat ist die Verschuldungskrise im Jahr 2010.

Jedes Land hat, wie gesagt, seine eigene Geschichte. Einige Länder haben über ihre Verhältnisse, eben auf Schulden gelebt. Dazu zählen die USA, Griechenland, wahrscheinlich auch Portugal. Andere Länder haben an Wettbewerbsfähigkeit verloren und dadurch Kapital importieren müssen. In Europa betrifft das vor allem den Süden im Vergleich zum Norden. Dann trieb die Euphorie einige Länder in eine Kredit- und Vermögenspreisblase, allen voran die USA, aber auch Spanien, Irland, Großbritannien und Dänemark. Deutschland war wie Japan davon völlig ausgenommen. Als die

Blase platzte, gerieten die Finanzinstitute dieser Länder in Schwierigkeiten. Allerdings nicht nur sie, sondern auf Grund der weltweiten Verflechtung der Anlagestrukturen auch Finanzinstitute in vielen, nicht unmittelbar befallenen Ländern. Das trifft weder auf Griechenland noch auf Italien zu, besonders stark aber auf Island und Irland mit einem überdimensionierten und stark internationalisierten Finanzsektor.

Wenn es um die Rettung insolvenzgefährdeter Staaten und um europäische Solidarität geht, taucht immer wieder die Frage auf, waren die Schulden selbstverschuldet oder handelte es sich um außergewöhnliche Ereignisse, die sich der Kontrolle des Landes entziehen? Im ersten Fall gehört das Land nach Ansicht der Rechtdenkenden in den Schuldturm, im zweiten erlaubt der Lissabon-Vertrag (Artikel 122) finanziellen Beistand. «Schuld» ist hier ein rechtlicher Begriff, mit dem Ökonomen jedoch wenig anfangen können. Ökonomisch interessanter ist die Frage, ob durch eine – sicherlich kostspielige – Rettung noch größerer Schaden in Zukunft abgewendet werden kann.

72. Verstößt der ESM gegen die No-Bail-out-Klausel? Griechenland, Portugal und Irland sind 2010 in akute Solvenzprobleme geraten. Sie liefen Gefahr, Kredite nicht mehr bedienen zu können und neue Kredite nur zu äußerst ungünstigen Bedingungen zu erhalten. Die Rede war von einer «Eurokrise», was, wie in Frage 62 schon gezeigt, nicht den Tatsachen entspricht. Aber natürlich stellte sich die Frage, wie das Eurosystem mit dieser misslichen Lage seiner Mitglieder umgehen solle.

Die betroffenen Länder in die Insolvenz treiben lassen, wollte man nicht. Denn das hätte unkalkulierbare Folgen für das Finanzsystem der Gemeinschaft und darüber hinaus nach sich gezogen. Also entschloss man sich, unter der etwas schlapp hängenden Fahne der Solidarität den Ländern beizuspringen. Das führte im Wesentlichen zum Aufspannen eines Rettungsschirms zugunsten der bedrohten Länder. Dabei stellt sich die Frage, ob die Maßnahme innerhalb der EU-Verträge zulässig sei.

Der Rettungsschirm, im Amtsdeutsch Europäische Finanzstabilisierungsfazilität (EFSF) genannt, wurde als vorläufige Hilfe unter großem Zeitdruck im Mai 2010 aufgespannt. Im Jahr 2012 wurde er durch eine dauerhafte Konstruktion, den Europäischen Stabilitätsmechanismus (ESM), ersetzt – eine Art europäischer Währungs-fonds. Er besteht als internationale Organisation mit eigener Rechts-persönlichkeit neben der EU. Obendrein ist er durch eine von allen EU-Mitgliedern zu ratifizierende Änderung des EU Vertrages abgesi-chert. Beide Institute erhalten die Möglichkeit, an notleidende Euro-Länder unter bestimmten Auflagen Kredite zu vergeben. Das Geld dafür besteht aus Einlagen der einzelnen Länder, bzw. die Institute beschaffen es sich auf dem Markt, indem sie Anleihen herausgeben, die von allen Mitgliedsländern des Eurosystems garantiert werden. Dabei hat die Garantie jedes Landes eine Obergrenze. Die Anleihen von EFSF und ESM kann man Eurobonds nennen, sie sind aber etwas anderes als die von manchen gewünschte gemeinschaftliche Finanzierung der Staatsschulden.

Das rechtliche Problem des Rettungsschirms scheint die so ge-nannte No-Bail-out-Klausel in Artikel 125 des EU-Vertrages zu sein. Dort ist unzweideutig festgelegt, dass weder die EU noch einzelne Mitgliedstaaten für Verbindlichkeiten anderer Mitgliedstaaten haf-ten dürfen. «No Bail-out» heißt zu Deutsch «kein Beistand», und Artikel 125 lässt kaum Zweifel daran, dass es sich um ein Verbot han-delt. Dieser Artikel bleibt auch nach Einführung des ESM gültig. Die Mitgliedstaaten haben nur – rechtlich völlig einwandfrei – vertraglich einen Fonds gegründet, der für die notwendige Flexibilität in einem großen Währungsraum sorgen soll, so wie es der Internationale Wäh-rungsfonds im Bretton-Woods-System getan hat, dessen Bestehen seine Mitglieder auch nicht zu gegenseitigem Beistand verpflichtet.

Die Maßnahmen zur Stützung insolventer Mitgliedstaaten beru-fen sich auf Artikel 122 des EU-Vertrages, der «im Geiste der Solida-rität» erlaubt, finanzielle Hilfen an einen Staat, der betroffen ist von «außergewöhnlichen Ereignissen, die sich seiner Kontrolle entzie-hen». Griechenland, Portugal und Irland hatten zweifellos die Kon-trolle über ihre Staatsfinanzen verloren. Wie das alles rechtlich zu bewerten ist, überlassen wir den Juristen. Ökonomisch war es doch wohl etwas zu optimistisch, die Währungsunion ohne Schlechtwet-terausrüstung in See stechen zu lassen. Das hat im Sturm zu Not-maßnahmen geführt.

73. Warum Spanien und nicht Großbritannien oder Japan?   Die
Sache scheint paradox. Spanien steht sehr viel besser da als Großbri-tannien (siehe Tabelle 2 unter Frage 71), und trotzdem sind die Pro-

bleme Großbritanniens geringer als die Spaniens. Die Spanier mussten 2011 rund 2 Prozent mehr Zinsen für ihre Staatskredite bezahlen als die Briten. Noch auffälliger ist der Unterschied zu Japan, das mit über 200 Prozent seines Bruttoinlandsprodukts verschuldet ist, was aber weder auf seine Zinsen noch auf seinen Wechselkurs nennenswerten Einfluss hat. Der Grund: Großbritannien und Japan kontrollieren ihre eigene Währung und können deshalb praktisch nicht zahlungsunfähig werden. Spanien ist Mitglied des Eurosystems und kann das sehr wohl, wie unter Frage 69 schon gezeigt. Also schreiben die Märkte Spanien ein Ausfallrisiko zu, das sie höher einschätzen als das Wechselkursrisiko im Fall Großbritanniens. Dabei hat das britische Pfund zwischen 2007 und 2011 um rund 25 Prozent gegenüber dem Euro abgewertet.

Für Spekulanten scheint eine Wette auf spanische Solvenzprobleme erfolgversprechender zu sein als auf britische Wechselkursprobleme. Indem sie auf fallende Kurse spanischer Anleihen setzen, treiben sie die Zinsen nach oben, ohne dass die spanische Zentralbank eingreifen könnte, und bestätigen damit ihre Erwartung, dass sich Spanien in Problemen befindet.

Japan ist gegenüber dieser Art von Spekulation auch deshalb verhältnismäßig immun, weil es fast ausschließlich intern gegenüber der eigenen Bevölkerung und seinen Finanzinstituten verschuldet ist. Nur ein geringer Teil der Staatsanleihen wird im Ausland gehalten und da vor allem als Währungsreserve von Zentralbanken. Die haben genauso wenig wie die japanische Bevölkerung ein Interesse daran, auf einen Preisverfall der Anleihen zu spekulieren. Der Spekulation fehlt der Ansatzpunkt.

Gegenüber Mitgliedern einer Währungsunion haben die Finanzmärkte offensichtlich größere Macht als gegenüber Staaten mit autonomer Geldpolitik. Eine aktive Geldpolitik sollte deshalb nicht nur Preisstabilität zum Ziel haben, sondern auch die Stabilität des Geldsystems als Ganzes. Was macht eine autonome Zentralbank im Krisenfall? Sie tritt als Kreditgeber letzter Instanz auf, sowohl gegenüber dem Bankensektor als auch gegenüber der öffentlichen Hand. Dadurch entmutigt sie die Spekulation und beruhigt die Märkte.

Artikel 123 des EU-Vertrages verbietet der EZB allerdings den unmittelbaren Erwerb von Schuldtiteln der Mitgliedstaaten. Auf dem Primärmarkt darf die EZB also nicht tätig werden. Auf dem Sekundärmarkt tut sie das zwar regelmäßig im Rahmen ihrer Geldpolitik, im vorliegenden Fall sollten die Ankäufe der Anleihen von Krisenländern aber offensichtlich der Kursstützung dienen und damit der Senkung der Zinsen. So haben sich die britische und die amerikanische Zentralbanken in der Finanzkrise mit Erfolg verhalten. Die spanische Zentralbank kann das nicht. Die EZB ist diesen Weg mit sehr vorsichtigen Schritten gegangen, möchte das aber nicht auf Dauer tun.

74. Warum sind Eurobonds (k)eine gute Idee? Die Staatsschuld eines Mitgliedlandes in einer Währungsunion unterliegt einem höheren Ausfallrisiko als die Schuld eines Landes mit währungspolitischer Souveränität. Sie erfordert deshalb höhere Zinsen. Ist es da nicht eine gute Idee, die Schulden zu vergemeinschaften und kollektive Anleihen auf den Markt zu bringen? Die Mitglieder der Währungsunion treten als Gesamtschuldner auf. Folglich gibt es nur ein kollektives Insolvenzrisiko, das wahrscheinlich niedriger als das Durchschnittsrisiko der Ausgangssituation ist. Denn im äußersten Fall kann die Zentralbank für die Verbindlichkeiten mit ihrem Geld eintreten, wie das in den USA und in Großbritannien möglich ist, die ihre Währung kontrollieren.

Das ist die Grundidee der so genannten Eurobonds, gemeinschaftlicher Staatsanleihen für alle Mitglieder des Eurosystems. Sie sind deutlich zu unterscheiden von Anleihen, die der Europäische Stabilisierungsmechanismus (ESM) im Bedarfsfall herausgibt. Ziel der Eurobonds ist vor allem, die Zinskosten für die schwächeren Länder zu verringern. Mitte des Jahres 2011 betrug der durchschnittliche Zins für zehnjährige Staatsanleihen in der Währungsunion 4,6 Prozent. Deutschland brauchte nur 2,6 Prozent zu bezahlen, Italien und Spanien dagegen rund 6 Prozent und Griechenland fast 15 Prozent. Würde sich der Zins für die Eurobonds bei dem Durchschnittssatz einpendeln, wären die Kostenersparnisse für die Problemländer erheblich und die Chance, ihre Schulden zu konsolidieren, etwas höher. Die Länder, die zuvor eine erstklassige Bonität hatten, zum Beispiel Deutschland, die Niederlande und Finnland, müssten die Rechnung bezahlen.

Was hier durch Eurobonds passieren würde, ist ein Eingriff in den Markt. Der Markt gleicht den effektiven Zins für alle Schuldner aus. Dabei ist der effektive Zins die zu erwartende Verzinsung einer Investition unter Berücksichtigung der Risiken. Wenn die Märkte effizient sind, schätzen sie die Risiken korrekt ein. Durch die Zusammenlegung der Schulden und einen einheitlichen nominalen Zinssatz wird der Ausgleich der effektiven Zinsen in sein Gegenteil verkehrt: Sie divergieren, und die Starken subventionieren die Schwachen.

Auch wenn das sehr solidarisch klingt, gibt es dagegen gewichtige Einwände. Auf der anderen Seite sind Zweifel daran erlaubt, dass die Märkte effizient sind. Die genannten Zinsunterschiede in der Währungsunion schwanken kurzfristig erheblich, wobei es schwer vorstellbar ist, dass sich die fundamentale Situation der betroffenen Länder ebenso kurzfristig geändert hat. Die Märkte sind möglicherweise spekulativ verzerrt. Diese Verzerrung und die Spekulation gegen einzelne Länder würden Eurobonds ausschließen. Zu ihren Gunsten ließe sich weiter anführen, dass Eurobonds ein gewaltiges Volumen und eine hohe Liquidität hätten. Das macht sie generell attraktiv, was sich positiv auf das Zinsniveau auswirkt. Und es macht den Euro als Reservewährung noch attraktiver.

Nun aber zu den gewichtigen Einwänden. Faktisch gab es bereits einmal Eurobonds. Wir haben sie in der Grafik 3 (unter Frage 63) kennen gelernt. Von 1999 bis 2007 waren die Zinssätze für die Mitglieder der Währungsunion nahezu gleich, und zwar auf dem untersten Niveau des Zinses für deutsche Staatsanleihen. In einigen Ländern hat man das zum Abbau der Staatsverschuldung genutzt, in anderen nicht. Das lässt nichts Gutes ahnen. Bei Eurobonds besteht die Gefahr, dass politisch schwache Regierungen eine Senkung der Kreditkosten als Aufforderung missverstehen, sich mit mehr kreditfinanzierten Ausgaben bei ihren Wählern beliebt zu machen.

Der grundsätzliche Einwand ist ökonomischer Natur. Wirtschaftliche Effizienz folgt aus einem Grundprinzip: Jeder Entscheidungsträger ist harten Budgetbeschränkungen unterworfen. Das heißt, er kommt nicht nur in den Genuss des Gewinns, sondern er muss auch die Kosten seiner Entscheidung tragen. Die Kosten eines Kredits sind ihr Zins, und die Kosten einer zu hohen Verschuldung sind entsprechende Risikoaufschläge auf den Zins. Das muss jeder, der Schulden macht, vor Augen haben. Eine Verschleierung dieses Grundprinzips durch Quersubventionierung führt mit Sicherheit zu Fehlentscheidungen und zu Effizienzverlusten.

Selbst Bundesstaaten wie die USA, die Schweiz und Deutschland kennen keine gemeinsamen Schulden. Bundesregierung und Bundesländer treten getrennt auf den Kapital- und Kreditmärkten auf und werden als individuelle Schuldner behandelt. Es gibt auch keinen Rettungsschirm über dem Ganzen in dem Sinn, dass die USA für die Schulden ihrer Teilstaaten haften würden, mögen Kalifornien oder Illinois in noch so große Zahlungsschwierigkeiten geraten.

75. Ist die Europäische Union eine Transferunion? Transferunion ist eines jener Reizwörter, das in Deutschland jedes pro-europäische Gefühl erstarren lässt. Was nach der Wiedervereinigung auf einer Welle solidarischer Begeisterung zu einem innerdeutschen Einkommenstransfer von beispiellosem Umfang geführt hat, lässt selbst bei bescheidenem Umfang innerhalb Europas die meisten schaudern. Doch was ist unter einer Transferunion genau zu verstehen?

Jedes Land mit einem zentralen Haushalt ist eine Transferunion. In den wirtschaftlich aktiven Regionen werden mehr Steuern eingenommen als Staatsausgaben getätigt. In den wirtschaftlich weniger aktiven Regionen verhält es sich umgekehrt. Je größer der Anteil des zentralen Haushalts an den gesamten öffentlichen Einnahmen und Ausgaben, desto größer ist dieser Effekt.

Die größte Transferleistung erbringt dabei der Sozialhaushalt eines Landes, der sowohl über den Staatshaushalt als auch über die Sozialversicherungen abgewickelt wird. Ein weiterer großer Posten ist der Bildungssektor. Alters- und Invaliditätsvorsorge, Gesundheit und Bildung müssen natürlich finanziert werden. Dabei orientiert man sich oft am Leistungsvermögen der Bürger: Wer mehr verdient, zahlt einen höheren Beitrag zur Krankenversicherung. Bei der Inanspruchnahme der Dienste werden jedoch auch die Bedürfnisse berücksichtigt. Die Systeme weisen also starke solidarische Züge auf.

Auch die EU hat einen zentralen Haushalt. Zwar besitzt sie keine Steuerhoheit, wird also neben den Zolleinnahmen von Abführungen und Beiträgen ihrer Mitgliedländer finanziert. Aber unter diesen gibt es so genannte Nettozahler und Nettoempfänger, was wohlgemerkt nichts mit dem Nettonutzen zu tun hat, den ein Land aus seiner EU-Mitgliedschaft bezieht. Allerdings darf man sich nicht allzu viel unter der Transferwirkung des EU-Haushalts vorstellen. Er macht genau 1 Prozent des gesamten Bruttoinlandsprodukts der Gemeinschaft aus. Das ist kein Vergleich zu den öffentlichen Ausgaben der Nationalstaaten (im Jahr 2010: Frankreich 57 Prozent, Deutschland 47 Prozent, USA 43 Prozent, Japan 41 Prozent). Bezeichnenderweise sind die Ausgaben der EU für Soziales, Gesundheit und Bildung minimal. Sie bleiben in der Hoheit der Mitgliedländer.

Nennenswerte Transferleistungen innerhalb der EU sind zur Zeit nur im Zusammenhang mit den Rettungsoperationen der Schuldenkrise denkbar. Hier werden Zahlen genannt, die einen in der Tat schaudern lassen. Zu einem effektiven Transfer kommt es allerdings nur im Ernstfall einer Insolvenz in einem der Problemländer. Bis dahin handelt es sich um Kredite und Garantien, die zu verzinsen sind, wenn auch nicht zu Marktkonditionen. Ein Kredit, das haben wir gesehen, ist zwar ein Vermögenstransfer, aber eben nur auf Zeit.

76. Ist der Euro noch zu retten? Das scheint eine müßige Frage, nachdem wir dem Euro unter Frage 64 bereits eine Zukunft bescheinigt haben. Doch diese Feststellung bedarf der Ergänzung. Hier geht es deshalb darum, ob und wie die Währungsunion funktionstüchtig zu machen ist und Schuldenkrisen verhindert werden können. Denn es ist klar, die Popularität der Währungsunion und des Euro nimmt ab, wenn die Bürger darin einen Sumpf sich abwechselnder Krisen und unterschiedlicher Fehlverhalten sehen, für dessen Austrocknung man sie zur Kasse bittet. Die Zahlen, die von der Politik dabei in den Raum gestellt werden, sind so unvorstellbar hoch, dass es kaum der Mühe wert scheint zu unterscheiden, was tatsächlich gezahlt, was als Kredit zur Verfügung gestellt wurde, was als Garantie auf dem Papier steht und wie hoch die Wahrscheinlichkeit ist, hierfür auch in Anspruch genommen zu werden.

Ausgangspunkt der Überlegungen sollte das «goldene» erste Jahrzehnt des Euro sein, in dem er problemlos funktionierte, die Zinsen überall gleich niedrig waren, die Preisstabilität im Zielbereich lag und man nicht täglich von Turbulenzen und Schocks, Ratingabwertungen und spekulativen Angriffen lesen musste, weil diese Dinge einfach nicht stattfanden. Es war allerdings nicht alles Gold, was da glänzte. Denn es bauten sich binnen- und außenwirtschaftliche Ungleichgewichte auf, die mit der Zeit zu Schwierigkeiten führen mussten. Typisch dafür sind Spannungen zwischen kapitalexportierenden und langsam wachsenden Ländern wie Deutschland und schneller wachsenden, kapitalimportierenden Ländern im Süden Europas.

Als nach 2007 zum Teil extern und zum Teil intern verursachte Schocks auftraten und die Ungleichgewichte sich zu Problemen auswuchsen, wurde offenkundig, dass die Währungsunion für die

Bewältigung von Krisen keine Vorkehrungen getroffen hatte. No-Bail-out-Klausel und die schwache Gemeinschaftskompetenz zur Durchsetzung vereinbarter Regeln machen klar, dass Krisen als nationale Angelegenheiten angesehen wurden. Das sind sie in einem so eng verflochtenen System wie einem gemeinsamen Markt und einer Währungsunion aber wahrlich nicht. Und so setzten *ad hoc* hektische Aktivitäten ein, um aufflammende Brandherde zu löschen und den Ausbruch eines Flächenbrandes zu verhindern.

Eine Währungsunion dieses Umfangs in einem Regime mit reinem Zentralbank- und Kreditgeld ist ohne historisches Vorbild. Es handelt sich um ein Experiment, über dessen Dynamik und Stabilitätsbedingungen die Ökonomie nur theoretische Vermutungen anstellen kann. Trotzdem gibt es nach allem, was wir bisher darüber gehört haben, einige ordnungspolitische Voraussetzungen, deren Erfüllung ein reibungsloseres Funktionieren wahrscheinlich macht.

Die öffentlichen und die privaten Schulden sind zu begrenzen. Das ist in erster Instanz Aufgabe der Finanzmärkte. Der Schuldner wird durch den Zins diszipliniert, der Gläubiger durch das Verlustrisiko. Eine Vergemeinschaftung von Verlustrisiken verwässert dieses Prinzip. Die Sache ist allerdings nur dann glaubhaft, wenn im Ernstfall nicht eine allgemeine Finanzkrise droht. Denn dann müssten die Union, die Mitgliedländer und die Zentralbank eingreifen.

Das setzt ein solides Bankensystem voraus, wofür die Bankenregulierung verantwortlich ist. Basel III lässt eine Verschärfung der Eigenkapitalvorschriften erwarten, die möglicherweise noch nicht ausreicht.

Nötig ist auch ein geregeltes Insolvenzverfahren für den Fall, dass ein Land tatsächlich nicht mehr in der Lage ist, seine Schulden zu bedienen. Gerade die Tatsache, dass bisher ein solches geregeltes Verfahren fehlt, hat große Unsicherheiten verursacht. Denn weder die Gläubiger, vor allem die Finanzinstitute, noch die Schuldner, noch die zur Vermittlung aufgerufene Zentralbank wissen, was in einem solchen Fall auf sie zukommt. Das verursachte besonders hohe Risikoaufschläge.

Neben der Begrenzung der öffentlichen und der privaten Schulden durch den Markt haben Staat und Gemeinschaft dabei auch ein Wort mitzureden. Die Überschuldung der privaten Wirtschaft kann weitgehend vermieden werden, wenn die Kreditpolitik der Banken einer vorausschauenden Aufsicht unterliegt. Bislang sind dafür nationale Behörden zuständig. Der Finanzmarkt kennt aber genauso wenig wie die Umweltverschmutzung Grenzen. Deshalb wird eine effektive europäische Bankenaufsicht benötigt. Eigentlich ist in diesem Bereich *global governance* gefragt, wofür der Internationale Währungsfonds aber nur unzureichend ausgerüstet ist.

Was die öffentliche Verschuldung angeht, so haben wir eigentlich in den Maastricht-Kriterien klare Grenzen. Länder, die deutlich unter diesen Höchstmarken bleiben, dürften kaum mit nennenswerten Risikoaufschlägen für ihre Kreditzinsen zu rechnen haben. Die administrativen Verfahren des Europäischen Rates im Zusammenhang mit dem Stabilitäts- und Wachstumspakt konnten in der Vergangenheit die Einhaltung nicht sicherstellen. Der Fiskalpakt von 2012 ist da ein Fortschritt. Doch ob er wirklich greift, muss sich noch erweisen. Ein glaubhafter Haftungsausschluss in Verbindung mit der disziplinierenden Wirkung des Marktes hält auch die öffentliche Verschuldung im Zaum. Glaubhaft ist der Haftungsausschluss aber nur, wenn es ein geregeltes Insolvenzverfahren gibt.

Finanzmärkte

77. Warum tut sich der Kaufmann von Venedig lieber mit anderen zusammen? Stellen wir uns den Kaufmann von Venedig vor. Er hat ein Kapital, mit dem er ein Schiff ausrüsten kann, das in den Orient segelt. Kommt es mit reicher Ladung zurück, dann verdreifacht sich sein Einsatz. Wird es Opfer von Sturm oder Piraten, dann ist sein Kapital verloren. Das passiert in einem von vier Fällen, das heißt mit 25 Prozent Wahrscheinlichkeit. Im Schnitt kann er also damit rechnen, sein Kapital zu verdoppeln. [Der so genannte Erwartungswert einer solchen Orientexpedition beträgt ¾(3) + ¼(−1) = 2]. Das Risiko des Kaufmanns wird gemessen durch die Varianz des Gewinns, grob gesagt durch die Unterschiede zwischen den möglichen Ergebnissen. Sie beträgt hier 3 (auf die Berechnung können wir verzichten).

Mit zwei befreundeten Kaufleuten kommt er nun auf die Idee zusammenzuarbeiten. Sie verteilen das gemeinsame Kapital auf drei Schiffe, die sie als Gemeinschaftsunternehmen in die Welt schicken, und streuen damit ihre Risiken. Jedes dieser Schiffe ist dem gleichen Risiko unterworfen wie zuvor. Der erwartete Gewinn ändert sich für den einzelnen Kaufmann folglich nicht. Er beträgt weiterhin den zweifachen Einsatz [nämlich $\frac{1}{3}(2) + \frac{1}{3}(2) + \frac{1}{3}(2) = 2$]. Was sich aber sehr wohl ändert, ist die Varianz der möglichen Resultate, also das Risiko. Es sinkt auf 1. Denn der Unterschied zwischen Erfolg und Misserfolg ist nicht mehr so groß. Noch eklatanter ändert sich die Wahrscheinlichkeit, dass unser Kaufmann Verlust macht. Im ersten Fall beträgt sie, wie erwähnt, 25 Prozent. Im zweiten Fall macht er nur dann Verlust, wenn alle drei Schiffe verloren gehen. Denn kehrt auch nur eines heil in den Hafen zurück, erhält er sein Kapital zurück. Die Wahrscheinlichkeit für einen Totalverlust beträgt nur ¼ hoch drei, also 1/64 oder 1,6 Prozent.

Auf dieser einfachen Überlegung beruht das Wesen des Finanzmarkts. Er erlaubt die Streuung des Risikos von Investitionen und vermindert die Kosten einer Absicherung. Der volkswirtschaftliche Nutzen fällt unmittelbar ins Auge. Auch risikoscheue Kaufleute werden sich jetzt im internationalen Handel engagieren, und selbst für kleine Kapitalien ist es möglich, ins Geschäft einzusteigen. Das gibt Wachstumsimpulse. Am Horizont taucht allerdings die Gefahr der Überinvestition auf: Es könnten zu viele Schiffe ausgerüstet werden. Dann bringt eine erfolgreiche Fahrt nicht mehr den dreifachen Einsatz, sondern der Gewinn fällt niedriger aus. Damit verändern sich auch das Risiko und die Wahrscheinlichkeit, einen Verlust einzufahren.

Risikostreuung ist nicht die einzige Möglichkeit, das Unternehmensrisiko zu begrenzen. Größere und bessere Schiffe schützen vor Havarie, ebenso genauere Seekarten. Gegen die Piraten schickten schon die alten Römer ihre Kriegsschiffe aus, so wie auch heute noch Kriegsschiffe verschiedener Staaten unter dem Mandat der Vereinten Nationen vor der Küste Ostafrikas im Einsatz sind. Erfolgreicher Kapitalismus setzt nicht nur einen funktionierenden Finanzsektor voraus, sondern auch eine Staatsmacht, die mit ihrem Rechtssystem für die Einhaltung der Verträge zwischen den Kaufleuten und für ihre Sicherheit sorgt.

78. Was ist die Börse: Handelsplatz, Spielcasino oder Wettbüro?

Börsengeschäfte hat es wohl schon immer gegeben, vor allem in Handelsstädten wie Venedig, Pisa und Genua. Händler kommen zur gegebenen Zeit an einem bestimmten Ort zusammen, tauschen Informationen aus und treffen Vereinbarungen. Namengebend wurde das Gasthaus «Ter Buerse» in der flämischen Handelsstadt Brügge.

Dort und auf dem Platz davor, dem *Beursplein,* trafen sich ab dem späten 13. Jahrhundert Händler aus Italien, Flandern und dem Norden und wickelten ihre Geschäfte ab. Die Familie Van der Buerse, die das Gasthaus betrieb, führte drei Geldbeutel (griechisch *byrsa* für Leder) im Wappen. Die Assoziation der Institution Börse mit Geldsäcken ist also kein Zufall.

An der Börse wird grundsätzlich alles gehandelt, vor allem aber Waren, die in ihrer Substanz und Qualität eindeutig definiert sind, die man also nicht einzeln in Augenschein nehmen muss, um eine Kaufentscheidung zu treffen: Erdöl, Gold, Kohle, Kupfer, Kaffee, Kakao, Weizen, Schweinehälften, Aktien, Anleihen, Devisen, Versicherungen und so weiter. Man spricht vom Ölmarkt, Goldmarkt, Rohstoffmarkt, Aktienmarkt, Rentenmarkt, Devisenmarkt. An der Börse treten nur zugelassene Händler auf, und die Geschäfte unterliegen strengen Regeln. Das stärkt das wechselseitige Vertrauen.

Die Marktparteien schließen nicht nur Verträge, die sie sofort ausführen (so genannte Spotmärkte), sondern auch solche, die man erst nach Ablauf einer bestimmten Zeit abwickelt (so genannte Terminmärkte). Man kauft oder verkauft Weizen, der noch gar nicht geerntet ist, Kupfer, das erst in einem Jahr gebraucht wird, Dollar, die noch nicht verdient sind. Das Motiv für die Kontrahenten bei einem Termingeschäft ist offensichtlich Sicherheit in Bezug auf Lieferung und Preis: Die Varianz des künftigen Erlöses aus einer wirtschaftlichen Tätigkeit wird reduziert.

Doch nicht alle Leute, die einen Lieferkontrakt für Weizen oder eine Aktie erwerben, wollen den Weizen auch geliefert bekommen oder Mitunternehmer eines Unternehmens werden. Sie wollen nur ihr Geld anlegen und mit dem Kontrakt Geld verdienen. Was hier eigentlich gehandelt wird, sind nicht Waren, Eigentumsanteile oder Schuldscheine, sondern Erwartungen bezüglich der Rendite eines Geschäftes und die damit verbundenen Risiken. Indem man in einem Portefeuille voneinander unabhängige Risiken bündelt, reduziert man ebenfalls die Varianz. Aus dem gleichen Grund kauft eine Versicherung in großem Stil individuelle Risiken, bzw. sie verkauft die Übernahme dieser Risiken. Schon der Begriff «Erwartung» macht klar, dass es da keine Sicherheiten gibt.

Die Börse gleicht offenbar einem Spielcasino, wo man viel Geld gewinnen, aber auch verlieren kann. Von beiden kennt man die melodramatische Geschichte eines Spielers, der sein Vermögen verlor und sich dann eine Kugel durch den Kopf jagte. Im Unterschied zum Spielcasino sind die Chancen an der Börse aber nicht von vornherein gegen den Spieler gerichtet. Trotzdem gibt es lange Perioden mit negativen Renditen. In Deutschland war die reale Rentabilität von Aktien, Anleihen und Geldmarktpapieren in der ersten Hälfte des 20. Jahrhunderts negativ. Zwei Kriege und zwei Inflationen erklären das hinreichend. In der zweiten Hälfte des Jahrhunderts stellte sich dann wieder eine «normale» Situation ein, wobei Aktien die höchste, Anleihen eine sehr viel niedrigere und Geldmarktpapiere die geringste Rentabilität aufweisen. Darin widerspiegeln sich die Risiken.

Das Glücksspielelement tritt noch deutlicher bei so genannten Leerverkäufen vor. Dabei verkauft jemand etwas auf Termin, das er (noch) nicht besitzt. Er erwartet vielmehr, dass er die Ware später zu einem niedrigeren Preis erwerben und liefern kann. Der Käufer eines solchen Kontrakts erwartet, dass der Preis der Ware zum Liefertermin gestiegen ist und er die Ware mit Gewinn wieder verkaufen kann. Beide schließen sozusagen eine Wette über die künftige Preisentwicklung ab. Diese Wette kann nur einer von beiden gewinnen.

79. Wer braucht eigentlich den Finanzmarkt? Der Mensch lebt bekanntlich nicht vom Brot allein. Dennoch haben die Menschen, von den einfachsten Notkrediten einmal abgesehen, über Jahrtausende ohne Finanzmärkte gelebt. Erst mit dem Aufkommen der kapitalistischen Wirtschaftsform entwickelten sich auch die Finanzmärkte, im Handelskapitalismus des Mittelalters, im Industriekapitalismus des 19. und im Finanzkapitalismus des 20. Jahrhunderts. Das ist die historische Phase des Wirtschaftswachstums, eines sehr langsamen und instabilen Wachstums im Mittelalter und einer vergleichsweise rasanten und kontinuierlichen Entwicklung in der Neuzeit. Wirtschaftswachstum und Entfaltung der Finanzmärkte bedingen einander.

Der Grund ist rasch gefunden. Kapitalistische Wirtschaftsunternehmen brauchen Investitionsmittel. Ein Unternehmer mag eine brillante Idee haben, Geld hat er meistens nicht. Das kann er auf dem Kapitalmarkt einwerben. Entweder er findet Leute, die sich mit dem Kauf von Eigentumsanteilen (Aktien) an seinem Unternehmen beteiligen. Oder er findet Leute, die ihm einen Kredit gewähren. Das ist die primäre Funktion des Kapitalmarkts, und deshalb spricht man auch vom Primärmarkt. Die Börse als Markt für Aktien oder Anleihen ist dabei nur für größere, börsennotierte Unternehmen zugänglich. Kleinen Unternehmen steht dieser Weg nicht offen. Sie sind auf die Banken und risikofreudige, direkte Geldgeber angewiesen.

Auf der anderen Seite stehen die Investoren, Leute, die Geld gespart haben und es anlegen wollen. Die Vorstellung, dass es sich dabei um einige wenige «Kapitalisten» handele, die erwähnten Geldsäcke, ist grundfalsch. Für den kleinen Sparer ist der Kapitalmarkt vielleicht ein böhmisches Dorf, aber das Geld, das er zu seiner Sparkasse trägt, fließt am Ende trotzdem dorthin. Genauso verhält es sich mit dem Geld, das er in Pensionskassen oder Versicherungen einzahlt. Die Pensionsfonds und Versicherungsgesellschaften müssen dieses Geld, und dabei handelt es sich insgesamt um sehr viel Geld, ja anlegen, um zur gegebenen Zeit zahlungsfähig zu sein.

Neben den Sparkassen und Banken haben Wertpapierfonds eine immer größere Bedeutung als Kapitalsammelstellen und Vermögensverwalter gewonnen. Ende 2010 gab es davon in Europa mehrere Zehntausend und sie verfügten über ein Vermögen von rund 8 Billionen Euro. Das sind Ersparnisse von Millionen Bürgern. Wertpapierfonds unterscheiden sich nach Anlagetyp (Aktienfonds, Rentenfonds, Geldmarktfonds, gemischte Fonds) und nach Risikoklassen, Währungen, Regionen und Branchen.

Wichtig für die Anleger ist die Liquidität ihrer Anlage, also die Möglichkeit, sie wieder zu Geld zu machen. Das setzt voraus, dass die Anleihe oder Aktie, in die sie investiert haben, handelsfähig ist und auch intensiv gehandelt wird. Ist das nicht der Fall, dann wirkt sich die eigene Verkaufsabsicht nämlich negativ auf den Preis aus. Das betrifft zwar nicht Kleinanleger, große institutionelle Anleger jedoch sehr wohl. Darin besteht die wichtige zweite Funktion des Finanzmarktes, nämlich einen liquiden Markt zu schaffen, den so genannten Sekundärmarkt für die Eigentums- und Schuldpapiere, die der Staat und die Privatunternehmen in Umlauf gebracht haben.

Kurzum, der Finanzmarkt geht jeden an und wir alle brauchen gesunde Finanzmärkte, die auf der einen Seite ausreichende Investitionen und damit Wirtschaftswachstum ermöglichen und auf der anderen flexible Anlagemöglichkeiten für Ersparnisse bieten. Störungen oder gar Krisen bringen Arbeitsplätze in Gefahr und setzen Sicherheit, Wert und Rentabilität von Vermögensanlagen aufs Spiel. Die Geschichte ist voll von solchen Ereignissen, insbesondere unsere deutsche Geschichte.

80. Der Finanzmarkt – was ist das konkret? Finanzmarkt ist ein Oberbegriff für Märkte, auf denen Geldvermögen in den unterschiedlichsten Formen gehandelt wird. Die vier wichtigsten Finanzmärkte sind der Geldmarkt, der Kapitalmarkt, der Kreditmarkt und der Devisenmarkt.

- Der Geldmarkt bleibt dem normalen Bürger fast verborgen. Denn hier versorgen sich vor allem die Banken mit dem Zentralbankgeld, das sie kurzfristig zum Ausgleich ihrer wechselseitigen Forderungen benötigen. Nachfrager auf dem Geldmarkt sind Banken. Anbieter sind andere Banken und die Zentralbank.

- Auf dem Kapitalmarkt werden Eigentumsanteile (Aktien) und Anleihen (Rentenpapiere) gehandelt. Aktien bedeuten Stimmrecht und ein Recht auf Gewinnbeteiligung, die Dividende, so es denn einen zu verteilenden Gewinn gibt. Anleihen sind verbriefte Kredite mit einem festen nominalen Zins.

- Auf dem Kreditmarkt gewähren Kreditinstitute ihren Kunden mittel- und langfristige Kredite. Die umfangreichste Kategorie sind dabei Hypothekarkredite, mit denen die Kreditnehmer den Bau oder Kauf von Immobilien finanzieren. Hypothekarkredite werden meist mit den betroffenen Immobilien abgesichert. Das Geld hierfür beschaffen sich die Institute oft über Pfandbriefe, auf die diese Absicherung übertragen wird und die dann als festverzinsliche Anleihen auf dem Rentenmarkt gehandelt werden. Die Finanzmärkte, hier der Kapital- und der Kreditmarkt, sind also miteinander verzahnt.

- Der Devisenmarkt ist der Handelsplatz für ausländische Währungen.

Finanzmarkt				
Geldmarkt	Kapitalmarkt		Kreditmarkt	Devisenmarkt
	Aktienmarkt	Rentenmarkt		
Derivate				
Futures	Optionen		Swaps	

81. Futures und Swaps: Sind das Aliens? Wäre es mit Aktien, Anleihen, Krediten und Devisen getan, könnte man den Finanzmarkt für eine relativ transparente Institution halten. Dabei bleibt es aber nicht. Ebenso wie Güterproduzenten sind auch Banken und andere Finanzunternehmen innovativ. Sie erfinden ständig neue Produkte, wobei der Fortschritt zu einer besseren Risikostreuung und einer höheren Liquidität führen sollte. Genauso wenig wie auf den Gütermärkten muss das immer erfolgreich sein. Alle Finanzinnovationen der letzten Jahre hier im Detail vorzustellen, würde den Rahmen unseres Buches sprengen.

Von ihrem Umfang her sind die so genannten Derivate, die abgeleiteten Finanzinstrumente, am bedeutendsten. Wenn global das klassische Bankgeschäft mit Kreditvergabe, Aktienhandel und Spareinlagen etwa den doppelten Umfang des Bruttosozialprodukts der ganzen Welt ausmacht, kommt der Handel mit Derivaten auf das Zehnfache. Zu dieser gewaltigen Größe ist der Derivatehandel innerhalb der letzten beiden Jahrzehnte angewachsen. Die Finanzmarktkrise 2007–2009 hat die damit verbundenen Gefahren sichtbar werden lassen.

Derivate haben den Zweck, Risiken einzugrenzen (auf Englisch heißt das *hedge*, das ist auch die primäre Funktion der *Hedgefonds* genannten Unternehmen). Die Gewinnerwartungen werden davon nicht beeinflusst, wohl aber die Verlustrisiken. Wir erinnern uns an den Kaufmann von Venedig. Das hat den volkswirtschaftlich nützlichen Effekt, mehr Projekte mit ursprünglich hohem Risiko zu ermöglichen. Voraussetzung ist auch hier wieder, dass die Risiken der einzelnen Derivatgeschäfte unabhängig voneinander sind. Sind sie es nicht, und das ist in Krisensituationen häufig der Fall, wird es schwierig, Risiken zu bewerten und Preise für die Derivate festzulegen. Dann gibt es nur eins: größere Vorsicht walten lassen. Das haben die Finanzmarktinstitute auf der ganzen Welt im Anlauf zur Finanzmarktkrise 2007–2009 versäumt.

Der Wert eines Derivats hängt vom Preis eines Basiswerts ab – er ist davon «abgeleitet». Der Basiswert kann ein Zinssatz sein, ein Wechselkurs, ein Rohstoffpreis, ein Aktienkurs. Derivate sind meistens Verträge auf Termin. Man unterscheidet Kontrakte, die unbedingt zu erfüllen sind, die eigentlichen Termingeschäfte (auch *Futures* genannt), und Kontrakte, bei denen der Inhaber selbst entscheiden kann, ob er sie erfüllt sehen will oder nicht – Optionen. Neben dem Future und der Option spielt das *Swap*-Geschäft eine große Rolle.

Dabei werden künftige Zahlungsströme getauscht (*swap* heißt im Englischen austauschen). Auch das hat einen starken Versicherungscharakter, wie man an den Kreditausfallversicherungen sieht, den inzwischen berüchtigten *credit default swaps* (CDS).

Eine Kreditausfallversicherung ist zweifellos ein nützliches Instrument zur Absicherung von Risiken. Man gewinnt aber manchmal den Eindruck, der Staatsbankrott eines Landes, wie zum Beispiel Griechenlands, müsse auch deshalb um jeden Preis verhindert werden, damit die Versicherungssummen nicht fällig werden. Denn es geht um so große Beträge, dass die Versicherungsgeber, zumeist internationale Großbanken, damit in Gefahr geraten könnten. Offensichtlich werden mit der Einführung der CDS nicht nur Risiken eingegrenzt, sondern auch neue Risiken geschaffen. Sie resultierten daraus, dass für das neue Instrument keine Regulierung bestand. CDS blieben in den Bilanzen unsichtbar und waren deshalb ideal, unkontrolliert höhere Risiken einzugehen. Wie so oft war nicht das Instrument das eigentliche Problem, sondern die Bereitschaft der Finanzinstitute, noch mehr zu riskieren.

82. Wer macht die Preise von Anleihen und Aktien? Auf freien Märkten werden die Preise der gehandelten Gegenstände von Angebot und Nachfrage bestimmt. Das gilt auch für Vermögensmärkte. Lege ich mein Geld in einer bestimmten Vermögensform an, einer Aktie oder einer Anleihe, dann bin ich vor allem an der zu erzielenden Rendite über die geplante Anlageperiode interessiert. Der Wert einer Aktie oder Anleihe besteht im Einkommensstrom, den sie in Zukunft hervorbringt und der mit dem Marktzinssatz auf den Barwert zum gegenwärtigen Zeitpunkt heruntergerechnet wird.

Am klarsten ist die Sache bei einer Anleihe. Sie wird zum Beispiel vom deutschen Staat mit einem Kupon von 5 Euro, das heißt einer Verzinsung von 5 Prozent, zum Kurs von 100 Euro ausgegeben und am Ende der Laufzeit zum Nennwert zurückgezahlt. 5 Prozent sind auch der zur Zeit gültige Marktzins. Bleibt der Marktzins unverändert, dann wird die jährliche Zinszahlung von 5 Euro durch den Abzinsungsfaktor von 5 Prozent ausgeglichen, und der Barwert der Anleihe beträgt immer 100 Euro. Steigt zwischenzeitlich der Marktzins über 5 Prozent, dann ist die Verzinsung der Anleihe unterdurchschnittlich, und durch die Abzinsung mit dem erhöhten Marktzins sinkt der Gegenwartswert der Anleihe unter 100. Deswegen gilt allgemein: Steigende Zinsen bedeuten fallende Kurse für Anleihen und Aktien und sind Gift für die Börse.

Doch schon bei Anleihen kommt das Risiko hinzu: Der Emittent sei jetzt der italienische Staat, der innerhalb der Laufzeit der Anleihe insolvent werden könnte. Das erwartete Risiko schlägt sich in einem höheren Zinssatz nieder. Wird das Risiko bereits bei der Ausgabe der Anleihe erwartet, muss sie mit einem höheren als dem Marktzins ausgestattet werden. Ändert sich die Risikoeinschätzung während der Laufzeit, passt sich der Wert über den geänderten Abzinsungsfaktor an. Tritt der Insolvenzfall nicht ein, wird die Anleihe natürlich wieder zum Nennwert zurückgezahlt, und die Übernahme des Risikos hat sich gelohnt.

Wo bleiben da Angebot und Nachfrage? Sie verbergen sich hinter den Zahlen. Nehmen wir die deutsche Staatsanleihe. Ihr Angebot wird auf dem Primärmarkt vom Haushaltsdefizit des Bundes bestimmt und auf dem Sekundärmarkt von der Zahl derer, die sich von ihr trennen wollen. Sie gilt als risikolos, und die Nachfrage aus aller Herren Länder hat in der Schuldenkrise zugenommen. Damit steigt der Preis auf dem Sekundärmarkt und die Rendite, die tatsächliche Verzinsung für Anleger, sinkt. Das erlaubte dem Finanzminister, neue Anleihen auf dem Primärmarkt mit ähnlich niedrigen Zinsen auszustatten. Umgekehrt lag der Fall für Italien. Seine Staatsanleihen wurden von den Rating-Agenturen mehr und mehr als riskant eingestuft. Viele Halter wollten sich von ihnen auf dem Sekundärmarkt trennen, das Angebot überstieg die Nachfrage, der Preis sank, und damit stieg die Rendite. Der italienische Staat musste in der Folge für neue Anleihen auf dem Primärmarkt höhere Zinsen anbieten.

Bei Aktien liegt die Sache etwas komplizierter. Denn hier ist der zu erwartende Einkommensstrom, die künftigen Dividenden, grundsätzlich unsicher. Zwei Dinge sind deshalb für die Bewertung von Aktien zentral: die Erwartungen der Marktteilnehmer und ihre Informationen. Je mehr Information man hat, desto realistischere Erwartungen können sich bilden. Informationen benötigt man dabei über das Unternehmen, dessen Aktie bewertet werden soll, und über die allgemeine Wirtschaftsentwicklung. Denn Gewinn oder Verlust hängen nicht nur vom Management ab, sondern werden auch von den Marktbedingungen bestimmt.

Mit den Erwartungen kommt ein psychologisches Moment in

das Ganze. Menschen können optimistisch oder pessimistisch sein, sie können risikofreudig sein oder risikoscheu, sie können sich eine eigene Meinung bilden oder das Verhalten anderer nachahmen. Das hat unangenehme Folgen für die Bewertung von Vermögensgegenständen wie Aktien, Anleihen oder Immobilien, und kann unvorhersehbare Entwicklungen verursachen. Erwarten die Marktteilnehmer zum Beispiel, dass der Preis einer Aktie unabhängig von den zu erwartenden Dividenden steigt, dann schreiben sie der Aktie heute bereits einen höheren Wert zu. Das ist der Anfang einer Preisblase. Typisches Beispiel ist die so genannte Dotcom-Blase, die im Jahr 2000 platzte. Über die realistischen Aussichten der jungen Technologieunternehmen war kaum etwas bekannt, doch allgemein herrschte die optimistische Überzeugung, hier lägen die Zukunft und ungeahnte Gewinnaussichten. Und auch wer nichts davon verstand, sah, was die anderen machten (sie mussten doch einen Grund dafür haben, oder?), hängte sich an den Trend an und verstärkte ihn dadurch.

83. Der DAX, was ist das für ein wildes Tier? Die Preise auf den Finanzmärkten widerspiegeln die allgemeine Wirtschaftsentwicklung, ja sie laufen ihr ein wenig voraus. Brummt die Konjunktur, aber deuten Anzeichen auf eine Abkühlung, dann fallen die Aktienkurse schon. Oder die Zentralbank lockert ihre Geldpolitik, was sinkende Zinsen bedeutet, und die Preise der Anleihen steigen entsprechend. Preisinformationen dieser Art sind wichtige Entscheidungsparameter. Nur gibt es Tausende von Preisen.

Um diese Informationen in einem Wert zu bündeln, bildet man Indizes. Das sind statistische Aggregate, die nach festen Regeln berechnet werden. Je nach der gewünschten Information greift man auf unterschiedliche Indizes zurück. Für den deutschen Aktienmarkt ist der DAX der Leitindex, für die Eurozone der Euro Stoxx 50. Der Dow Jones erfüllt diese Funktion für die USA.

Im DAX sind die 30 wichtigsten deutschen Aktiengesellschaften enthalten, wobei «wichtig» an Hand des Börsenwerts der liquide zirkulierenden Aktien gemessen wird. Die Aktien der Volkswagen AG sind beispielsweise zum großen Teil in den festen Händen des Landes Niedersachsen und der Familie Piëch, spielen also für die Kursentwicklung keine Rolle, weil sie nicht auf den Markt kommen. Nur der Streubesitz wird erfasst. Deshalb ist das Gewicht der Volkswagen AG im DAX geringer als vergleichsweise kleinerer Unterneh-

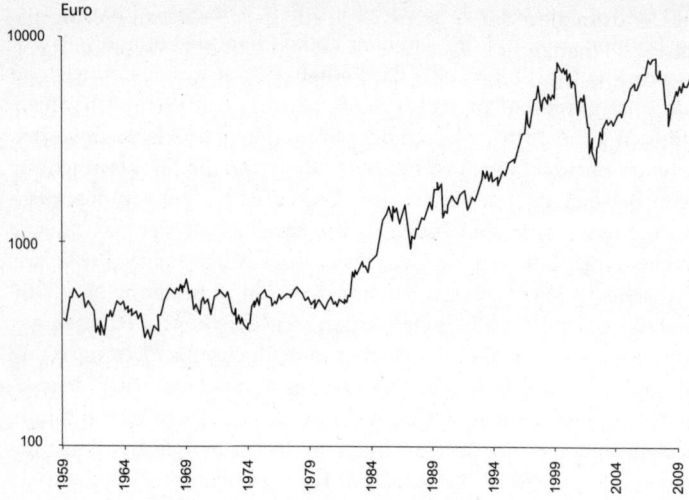

Euro

10000

1000

100

1959 1964 1969 1974 1979 1984 1989 1994 1999 2004 2009

Grafik 4: Entwicklung des DAX 1960–2010, halblogarithmischer Maßstab

men, und im Euro Stoxx 50 ist VW gar nicht repräsentiert. Im Laufe der Jahre wechselt die Zusammensetzung eines Index entsprechend der sich ändernden Bedeutung einzelner Unternehmen. Jeder Index ist auf einen Ausgangswert normiert. Beim Dax sind das die Kurse vom 31. Dezember 1987, die aggregiert den Wert 1000 erhalten.

Während die Schwankungen des DAX das Auf und Ab der Konjunktur widerspiegeln, entspricht der Trend nicht unbedingt der Wirtschaftsentwicklung (siehe Grafik 4). Von 1960 bis 1983 bewegte sich der Index dem Trend nach nur langsam nach oben, obwohl die Wirtschaft real durchschnittlich um 3,4 Prozent wuchs. Danach stieg er trotz eines geringeren Wirtschaftswachstums steil an.

Neben der Funktion als Konjunkturindikator dient der Leitindex auch als Referenzwert. Investoren können den Erfolg ihrer Anlagestrategie am DAX messen. Den wenigsten gelingt es allerdings, dauerhaft deutlich besser als der DAX abzuschneiden. Deshalb verwendet man Indizes als Basis für «passive» Anlagestrategien in so genannten Indexfonds, die in ihrer Zusammensetzung möglichst genau den entsprechenden Index abbilden und damit auch die gleiche Wertentwicklung aufweisen.

84. Warum sind die Finanzmärkte so stark ins Rampenlicht gerückt? Finanzmärkte geraten in die Schlagzeilen, wenn sie nicht störungsfrei funktionieren. Denn dann verunsichern sie Erwartungen, destabilisieren den Geldverkehr, rufen die Politik auf den Plan und wirken sich negativ auf Beschäftigung und Wohlfahrtsentwicklung aus. Wie wir in der Grafik 4 sehen, gab es in den letzten dreißig Jahren aber auch positive Entwicklungen. Der Indexwert des DAX hat sich verzehnfacht. Ein ähnlicher Anstieg lässt sich auch für den amerikanischen Dow-Jones-Index feststellen. Was gab dem Finanzsektor einen solchen Schub?

Einige der wichtigsten Änderungen der Rahmenbedingungen für die Finanzmärkte waren die Einführung flexibler Wechselkurse nach dem Zusammenbruch des Bretton-Woods-Systems Anfang der 1970er Jahre, die Liberalisierung der Märkte und die weitgehende Abschaffung der Kapitalverkehrsbeschränkungen in den 1980er und 1990er Jahren. Damit sind die Märkte gewachsen und neue Geschäftsfelder, aber auch neue Risiken entstanden. Das muss nicht immer der allgemeinen Wohlfahrt dienen.

Gleichzeitig wuchs die Verschuldung – nicht etwa in den ärmeren Ländern, die noch alles aufbauen müssen; es waren und sind die reichen Länder, die Schulden machen. Das gilt für die Staaten und noch mehr für die Wirtschaft und die privaten Haushalte. Leben die Reichen auf Pump? Ganz offensichtlich, nur muss man sehen, wer ihnen etwas pumpt. Das sind sie selber. Den wachsenden Schulden stehen wachsende Vermögen gegenüber. Ist das nicht paradox?

Nicht unbedingt. Die Regierungen haben nicht genug Geld, allen Ansprüchen an sie zu genügen. Die Realwirtschaft leiht sich Geld für Investitionszwecke. Sie trägt übrigens zur allgemeinen Verschuldung am geringsten bei. Da sind die Finanzinstitute von anderem Kaliber. Den allergrößten Teil ihrer Vermögenswerte finanzieren die Banken über Schulden. Sie kommen mit immer weniger Eigenkapital aus. Man muss sie über staatliche Regulierung zwingen, ausreichend Eigenkapital vorzuhalten, damit sie die Risiken, die sie eingehen, auch selbst tragen können.

Das Bild des Hebels, mit dessen Hilfe eine schwere Last bewegt werden kann, drängt sich auf. Mit wenig Eigenkapital große Geschäfte machen, ermöglicht eine hohe Rendite auf das Eigenkapital. Jeder weiß, wird der Hebelarm zu lang, dann kann er brechen. Auch die privaten Haushalte haben die Hebelgesetze gelernt. Sie verschulden sich zum Teil tief, um noch größere Vermögen zu erwerben. Amerikaner und Japaner gehen da voran. In Europa ist das vor allem in Dänemark und den Niederlanden der Fall. Dabei spielen die Steuergesetze eine wichtige Rolle.

Die Kehrseite der Medaille zeigt die Vermögen, die über die Jahre angespart wurden. In einer reichen und wachsenden Wirtschaft nehmen sie zu. In den USA, Japan, Deutschland und Großbritannien beträgt das Bruttogeldvermögen der Haushalte und nichtfinanziellen Kapitalgesellschaften ungefähr das Dreifache des Bruttoinlandsprodukts, in China immerhin bereits das Einfache. Diese fünf Länder besitzen zusammen über zwei Drittel des Geldvermögens der ganzen Welt. Die Vermögen unterzubringen und zu verwalten, ist eine Wachstumsindustrie; und zwar auch deshalb, weil es gilt, die damit verbundenen Risiken möglichst gut zu beherrschen.

85. Kann man Finanzinnovationen mit der Kernenergie vergleichen?
Innovation ist der Motor des Wirtschaftswachstums. Das gilt auch für den Finanzsektor. So haben die finanziellen Innovationen der letzten dreißig bis vierzig Jahre diesen Sektor stark anwachsen lassen. Doch wie bei physischen Gütern ist auch bei neuen Finanzprodukten nicht von vornherein garantiert, dass sie die Wohlfahrt tatsächlich erhöhen. Denken wir an die Kernkraft, eine gewaltige energetische Innovation! Doch die Risiken stellten sich als so wenig beherrschbar heraus, dass viele zu dem Schluss kamen: Atomkraft – nein danke!

Eine der wenigen aus Deutschland stammenden Finanzmarktinnovationen ist der Pfandbrief, der durch einen Erlass Friedrichs des Großen aus dem Jahr 1769 ermöglicht wurde. Dabei bringen Hypothekenbanken Schuldscheine, die Pfandbriefe, in Umlauf. Als Pfand für die Sicherheit der Schuldscheine dienen die Realkredite der Hypothekenbanken, die wiederum durch Immobilien- oder Schiffshypotheken abgesichert sind. Erst in jüngster Zeit macht dieses Instrument unter dem Namen *Covered Bonds* international Karriere. Der Pfandbrief ist ein höchst solider Bursche, der das mögliche Kreditvolumen der Kreditinstitute erweitert hat. Seine Solidität beruht darauf, dass die Hypothekenbanken, die so genannten Emissionsinstitute, die zugrunde liegenden Realkredite in ihren Büchern behalten, das heißt das volle Risiko tragen und dementsprechend vorsichtig zu Werk gehen.

Um einiges unsolider ist die moderne Weiterentwicklung des Pfandbriefes, das forderungsbesicherte Wertpapier (zumeist als *asset backed security* bekannt). Wir haben es bereits unter Frage 27 als Verbriefung kennengelernt und auf die Gefahr hingewiesen, dass Banken bei der Vergabe von Krediten sorgloser vorgehen, da sie nach der Verbriefung nicht mehr das volle Risiko tragen.

Wären forderungsbesicherte Wertpapiere immer völlig transparent, das heißt könnte man immer erkennen, welche Risiken mit ihnen verbunden sind, dann wären sie unproblematisch. Sie würden dann genau von den Investoren erworben, die diese Risiken tragen wollen und können. Die Kritik an dem Instrument nach der Finanzmarktkrise stieß sich jedoch an ihrer Intransparenz, die zur Folge hatte, dass die Investoren bei Eintreten des Risikofalls überrascht und finanziell überfordert waren.

Mit einer finanziellen Innovation sind also zwei Gefahren verbunden, eine übermäßige Ausdehnung des Kreditvolumens und eine fehlerhafte Verteilung der Risiken. Folgt daraus der Schluss: forderungsbesicherte Wertpapiere – nein danke? Sollte das Instrument verboten werden? Das hieße das Kind mit dem Bade ausschütten. Die Politik sollte vielmehr dafür sorgen, das Kreditvolumen der Banken in vertretbaren Grenzen zu halten und die Transparenz der angebotenen Produkte zu verbessern. Schon in der Welt der physischen Güter kann der Staat die Konsumentensicherheit nicht allein dem Wettbewerb überlassen.

86. Investmentfonds, Hedgefonds, Private Equity – überfallen uns die Heuschrecken?

Der ehemalige SPD-Vorsitzende Franz Müntefering (1940*) hat sie Heuschrecken genannt. Das sind bei uns unschädliche Tierchen. Doch in anderen Erdteilen können sie zur Plage werden, so lehrt schon die Bibel (2. Moses, 10). Denn sie fressen alles junge Grün ab und lassen die Felder kahl zurück. Die Fondsgesellschaften tauchten bei uns erst in jüngster Zeit auf, sozusagen herübergeweht aus den Vereinigten Staaten. Was sind sie nun, harmlose Grashüpfer oder eine Landplage?

Wie in der Zoologie sollte man sie als Erstes einteilen in Klassen, Ordnungen, Familien. Denn das Biotop ist äußerst vielgestaltig. Greifen wir drei Grundtypen heraus: Investmentfonds, Kapitalbeteiligungsgesellschaften (Private Equity Fonds) und Hedgefonds. Investmentfonds oder Kapitalanlagegesellschaften sind das Gleiche, was uns unter Frage 79 als Wertpapier- und Immobilienfonds begegnet ist. Sie erlauben es auch kleinen Sparern, ihre Vermögensrisiken über Aktien, Anleihen, Geldmarktfonds oder Immobilien zu verteilen. Da das Geld der Anleger von den Investmentgesellschaften als Sondervermögen geführt wird, ist es geschützt, falls die Investmentgesellschaft oder ihre Mutterbank pleite gehen. Die Anlage in Investmentfonds ist liquide, denn die erworbenen Fondsanteile können jederzeit zurückgegeben bzw. an der Börse verkauft werden. (Von der Besonderheit geschlossener Fonds sehen wir hier ab.) Ein gewaltiges Vermögen von Millionen privater Anleger ist in Investmentfonds investiert. Deshalb sind sie streng reguliert.

Sind die Investmentfonds eher passiv auf die Rendite orientiert, greifen Kapitalbeteiligungsgesellschaften auch aktiv in die Unternehmensführung ein, um Rendite zu erzielen. Denn wie der Name schon andeutet (*equity* heißt Eigenkapital), beteiligen sie sich am Kapital einer Unternehmung. Das müssen nicht notwendigerweise Aktiengesellschaften sein, auch kleinere Gesellschaften mit beschränkter Haftung und andere Organisationsformen kommen als Objekt in Frage. Hier geht es um Einfluss und Macht, und der Markt für Unternehmenskontrolle wird manchmal zum Kriegsschauplatz. Das macht der Begriff «feindliche Übernahme» unmissverständlich deutlich.

Private Equity Kapital ist in der Regel eine willkommene Ergänzung der Eigenkapitalbasis mittlerer und kleiner Unternehmen. Es kommt aber auch vor, dass die Kapitalbeteiligungsgesellschaft, die kein anderes Ziel als die eigene Rendite kennt, ein Unternehmen zerlegt und die einzelnen Teile veräußert. Die Anleger, die hinter Kapitalbeteiligungsgesellschaften stehen, sind nicht nur kleine Sparer. International spielen Pensionsfonds eine wichtige Rolle, die umfangreiche Gelder anzulegen haben, sich aber nicht um aktive Unternehmenskontrolle kümmern möchten. In Deutschland gibt es allerdings noch nicht viele Pensionsfonds, denn die Alterssicherung findet hauptsächlich nach dem Umlageverfahren über die Rentenversicherungen statt. So wurde Deutschland eher Anlageziel ausländischer Private Equity Fonds, als dass sich dort kapitalkräftige eigene Gesellschaften etabliert hätten. Das erklärt das Bild der einfallenden Heuschrecken.

Der dritte im Bunde sind die Hedgefonds. Sie haben den Ruf der bösen Buben der Branche. Denn sie operieren zuweilen buchstäblich am Rande der Legalität, indem sie sich in Steuerparadiesen auf

Karibik- oder Kanalinseln registrieren lassen. Die Kritik richtet sich vor allem gegen ihre spekulative Ausrichtung. Das ist eigentlich ein widersinniger Vorwurf, denn ihrem Namen nach sollten sie sich um das Absichern von Risiken kümmern (*hedge* heißt Absicherung). Das tun sie auch. Doch es geht ihnen um die eigenen Risiken, die sie absichern möchten. Im Unterschied zum Investmentfonds, dessen Wert nur steigt, wenn die Basiswerte steigen, will der Hedgefonds auch bei sinkenden Kursen Gewinn machen. Dazu muss er beispielsweise mit Optionen und Leerverkäufen auf fallende Kurse spekulieren.

Darüber hinaus versuchen Hedgefonds, durch Einsatz von zusätzlichem Fremdkapital und eine entsprechende Hebelwirkung die Rendite ihres eigenen Kapitals zu steigern. Das bedeutet auch zusätzliche Risiken dieser Fonds. Und so verwundert es nicht, dass in der Finanzmarktkrise Hunderte von Hedgefonds hohe Verluste machten und aufgelöst werden mussten.

87. Wissen Finanzexperten mehr als Laien? Finanzmärkte sind die besten Informationsverarbeiter, die man sich denken kann. Das ist leicht einzusehen. Denn jede neue Information, die für die allgemeine Wirtschaftsentwicklung oder die Existenz einer einzelnen Unternehmung relevant ist, hat zur Folge, dass sich die Erwartungen ändern. Geänderte Erwartungen ziehen aber Neubewertungen der Vermögensobjekte nach sich, also Kurssteigerungen oder Kursabschläge. Wer ihnen voraus ist, macht einen Gewinn.

Die Zeiten sind vorbei, als Nathan Rothschild (1777–1836) in London einen Tag früher als alle anderen vom Sieg bei Waterloo erfuhr und an der Börse dementsprechend handeln konnte. Die Finanzinstitute setzen heute modernste Informationstechnologie und viel Personal darauf an, buchstäblich zu jeder Sekunde auf dem Laufenden zu sein und adäquat zu reagieren. Deshalb muss man davon ausgehen, dass jede neue Information binnen Sekundenbruchteilen in den Kursen verarbeitet ist. Das nervöse Auf und Ab von Aktien- und Devisenkursen im Laufe eines Handelstages macht deutlich, dass die kleinsten Informationsbruchstücke sich in den Preisen niederschlagen.

In Unternehmen gibt es jedoch Informationen, die notwendigerweise zuerst Insidern bekannt werden, bevor sie an die Öffentlichkeit gelangen. Man stelle sich nur einen Wirtschaftsprüfer vor, der in den Büchern einer Firma Solvenzprobleme entdeckt. Es ist für Insider natürlich verlockend, ihren Wissensvorsprung zu Geld zu machen. Doch das ist verboten, wird als Straftat geahndet und kann zu Schadenersatzforderungen führen. Die Bundesanstalt für Finanzdienstleistungsaufsicht untersucht ständig die Kursbewegungen, um Auffälligkeiten zu entdecken, die auf Insiderhandel schließen lassen. Ausgeklügelte statistische Verfahren erleichtern ihr dabei die Arbeit.

Neue Informationen treten zufällig auf. Denn wenn eine bestimmte Information mit einer bestimmten Wahrscheinlichkeit zu erwarten war, dann ist sie nicht mehr neu, sondern sie war zu dem Zeitpunkt neu, als diese Erwartung gebildet wurde. Neu kann dann nur noch die Tatsache sein, dass die Wahrscheinlichkeit jetzt zur Gewissheit geworden ist, was wiederum zufällig auftritt. Damit sind auch die Kursbewegungen an der Börse zufällig und können nicht als Wahrscheinlichkeitsaussagen vorhergesagt werden. Finanzexperten wissen also nicht besser als Laien, wohin sich die Kurse bewegen.

Die Tatsache, dass die Kursbewegungen zufällig sind, hindert Finanzexperten jedoch nicht daran, Vermutungen über künftige Kursentwicklungen anzustellen, zum Beispiel auf den Finanzmarktseiten einer Tageszeitung. Hierbei unterscheidet man zwei Prognoseverfahren, die technische Analyse und die fundamentale Analyse. Die technische Analyse besteht darin, aus der Vergangenheit die Zukunft abzuleiten. Konkret werden aus der Kursentwicklung der Vergangenheit und gewissen Regelmäßigkeiten Vorhersagen über die künftige Entwicklung gemacht. Die fundamentale Analyse versucht dagegen, aus der erwarteten allgemeinen Wirtschaftsentwicklung, der Branchenentwicklung und Informationen über die Qualität der Produktion und die Führung eines Unternehmens seine künftige Position auf dem Aktienmarkt zu erschließen.

Beide Verfahren sind müßig, wenn alle vorliegenden Informationen bereits im aktuellen Kurs enthalten sind und nur noch der Zufall die weitere Entwicklung bestimmt. Doch wenn es genug Leute gibt, die den Prognosen der Finanzexperten vertrauen und dementsprechend handeln, dann gewinnen diese die Eigenschaft sich selbst erfüllender Vorhersagen. Auch das Verhalten der Anleger ist eine Information, die in die Kursentwicklung eingeht.

88. Richten Rating-Agenturen Schaden an? Information ist das A und O des Kapitalmarkts. Doch woher kommt die Information? Makro-ökonomische Informationen über Beschäftigung, Konjunktur, Preisentwicklung, Konsum- und Investitionsverhalten werden von den statistischen Ämtern und Wirtschaftsforschungsinstituten zusammengestellt. Mikro-ökonomische Informationen aus den einzelnen Unternehmen können dagegen nur von diesen selbst stammen. In den Tagen, als in Deutschland die Banken noch im Zentrum des Handels mit Kapital standen, als die Hausbank die Bücher des Unternehmens einsehen konnte und ein Vertreter der Bank im Aufsichtsrat saß, verfügten die Banken über ausreichende Information, um ein Unternehmen effektiv zu kontrollieren. Dieses Modell der so genannten Deutschland AG ist weitgehend Vergangenheit. Heute findet die Kontrolle, wie in den USA, vorwiegend anonym über den Markt statt. Doch da gibt es ein Informationsproblem. Denn ob die Unternehmen dem Markt umfassende und zuverlässige Informationen zukommen lassen, muss geprüft werden.

Das ist das Geschäft der so genannten Informationsintermediäre, also der Finanzanalysten, Wirtschaftsprüfer und Rating-Agenturen. Es ist ein gutes Geschäft. Finanzanalysten sitzen nach wie vor in den Banken, Versicherungen oder ihnen angeschlossenen Fondsgesellschaften. Nur müssen sie jetzt die Informationen aus den Unternehmen von außen analysieren und bewerten. Wirtschaftsprüfer haben ihrer Funktion entsprechend Zugang zu den internen Informationen. Das gilt häufig auch für Rating-Agenturen. Denn beide werden von den Unternehmen bezahlt, um ein möglichst günstiges Bild der Firma bzw. ihrer Finanzmarktprodukte nach außen zu vermitteln. Es soll aber gleichzeitig ein objektives Bild sein, sonst ist es wertlos.

Das klingt wie die Quadratur des Kreises. Hier tauchen fast unüberbrückbare Interessenkonflikte auf. Die Wirtschaftsprüfungsgesellschaften und die Rating-Agenturen, selbst gewinnorientierte Unternehmen, möchten im Geschäft mit ihren Kunden bleiben, müssen aber auf ihre Reputation achten, sonst verlieren sie an Glaubwürdigkeit. Beide tragen eine große Verantwortung, den Aktionären gegenüber, den Steuerbehörden gegenüber und ganz allgemein gegenüber dem Kapitalmarkt. Wirtschaftsprüfungsgesellschaften sind klaren Regeln unterworfen, die wenig Spielraum für qualitative Urteile lassen. Sie haben es über ihr Ansehen und über interne und externe Regulierung geschafft, unabhängig gegenüber ihren Klienten zu bleiben. Vier große Wirtschaftsprüfungsgesellschaften dominieren international den Markt.

Rating-Agenturen begutachten die Bonität von Schuldnern und Schuldpapieren. Im Rahmen der Kreditvergabe an Privatpersonen haben wir in der Schufa, der Schutzgemeinschaft für allgemeine Kreditsicherung, eine ähnliche Institution kennen gelernt. Rating-Agenturen bewerten nicht einzelne Bürger wie die Schufa, sondern Unternehmen, Staaten und Finanzmarktprodukte. Sie operieren international. Der Markt wird von nur drei amerikanischen Agenturen beherrscht, Standard&Poor's, die noch aus dem 19. Jahrhundert stammt, Moody's und Fitch Ratings. Ein Unternehmen, das in den USA auf dem Kapitalmarkt zugelassen werden möchte, ist gesetzlich verpflichtet, von mindestens zwei Agenturen bewertet zu werden. Zugelassen zur Bewertung sind nur die drei Genannten. In Europa besteht keine international anerkannte Rating-Agentur. Solange die wichtigen Informationen bei den Banken zusammenliefen, war das auch nicht nötig.

Ins Gerede gerieten die Rating-Agenturen vor allem, als sie noch kurz vor der Finanzmarktkrise die großen amerikanischen Banken und ihre hoch riskanten Produkte mit den besten Bewertungen ausstatteten. Die Agenturen hatten weder die unsolide Basis der komplizierten Wertpapierkonstruktionen angezeigt, noch hatten sie auf die systemischen Gefahren einer übermäßigen Kreditfinanzierung hingewiesen. Deswegen war die Überraschung groß, als die Blase platzte. Da die großen Banken auch die größten Kunden der Agenturen sind, liegt der Verdacht einer Interessenkollision äußerst nahe.

Diese Gefahr ist bei der Bewertung von Länderrisiken geringer, vor allem gegenüber Ländern der Eurozone. Im Rahmen der Schuldenkrise wurden europäische Staatsanleihen einer strengen Begutachtung unterzogen. So konnten die Agenturen Härte zeigen und Reputation zurückgewinnen, und so stach der amerikanische Staat mit seinen Anleihen, keineswegs ein Hort der Solidität, vorteilhaft von den Ländern der Eurozone ab.

Was bei dieser Gelegenheit aber noch deutlicher wurde, ist das Rating-Problem. Eine Reihe von institutionellen Investoren, z. B. Pensionsfonds, sind gesetzlich dazu angehalten, ihr Kapital nur in erstklassige Anlagen zu investieren. Indem die Rating-Agenturen europäische Staatsanleihen herabstuften, zwangen sie solche Investoren, ihre Papiere zu verkaufen. Auch andere Investoren richten ihr

Anlageverhalten fast automatisch an den Bonitätseinschätzungen der Agenturen aus. Rating-Agenturen stehen also nicht außerhalb des Finanzsystems, und ihre Vorhersagen erfüllen sich manchmal automatisch. Ob sie unabhängig sind oder nicht, ob sie die verfügbaren Informationen objektiv bewerten oder nicht, ihr Urteil ist eine Information, die Erwartungen und damit das Verhalten der Marktteilnehmer beeinflusst.

89. Ist der Finanzmarkt eine virtuelle Welt? Wäre Geld nur Wertmaßstab und Tauschmittel, es hätte nie einen so umfangreichen Wirtschaftszweig wie den Finanzsektor hervorgebracht. Finanzsektor und Finanzmärkte danken ihre Rolle der Funktion des Geldes als Wertaufbewahrungsmittel. Geldtheoretiker haben diese Rolle häufig möglichst klein gehalten, so der Nobelpreisträger Milton Friedman, der darin nur «einen vorübergehenden Aufenthaltsort für Kaufkraft» sah. Das wird der Bedeutung des Geldes als Vermögensgegenstand nicht gerecht.

Geld als Vermögensgegenstand, wir sahen es bereits, besteht aus Schulden. Bilanziert man über die Volkswirtschaft oder, noch besser, über die Weltwirtschaft, dann bleibt kein Nettovermögen. Denn das Vermögen der einen sind immer die Schulden der anderen. Manch einen beschleicht da der Verdacht, die Finanzmarktakteure seien mit etwas Imaginärem beschäftigt. Tummeln sie sich nicht in einer virtuellen Wirtschaft, der die reale Wirtschaft als das eigentlich Solide gegenübersteht? Auch wir sprechen manchmal von realer Wirtschaft im Gegensatz zur Finanzwirtschaft. Das ist eine etwas unglückliche Wortwahl, der wir jetzt abschwören wollen. Denn die Finanzwirtschaft ist nicht minder real als Industrie und Landwirtschaft. Sie setzt genauso Arbeit, Wissen, Realkapital und Material ein, um ihre Dienstleistungen zu produzieren.

Industrie und Landwirtschaft, das ist die materielle Produktion und beschäftigt höchstens noch ein Viertel der Bevölkerung. Drei Viertel arbeiten im Dienstleistungssektor, zu dem auch Banken und Versicherungen zählen. Die Idee, nur die materielle Produktion sei produktiv und die Dienstleistungen seien unproduktiv, haben uns die Erzväter der Ökonomie Adam Smith und Karl Marx vererbt. Heute ist sie überholt. Dienstleistungen sind produktiv und sie befriedigen reale Bedürfnisse. Das schließt nicht aus, dass der Finanzsektor sich möglicherweise übermäßig aufgebläht hat.

Ist Realvermögen realer als Geldvermögen? Gebäude und Maschinen einer Fabrik sind ein Haufen Steine und Metall. Ökonomisch produktiv werden sie dank ihrer Produktionskapazität, das heißt dank des Vermögens der Arbeit, damit etwas Nützliches zu erzeugen. Der Vermögenswert der Fabrik für ihren Besitzer besteht genauso wie bei einer Unternehmensanleihe im positiven Nettoeinkommensstrom, den der Verkauf ihrer Produkte hervorbringt. Der Unterschied zwischen dem Realvermögensbesitz an der Fabrik und der Unternehmensanleihe liegt nur in einem zwischengeschalteten Kreditverhältnis. Egal ob Realvermögen oder Geldvermögen, sie beruhen beide auf den gleichen gesellschaftlichen Verhältnissen, nämlich Eigentumsrechten und Einkommensverteilung.

Für den einzelnen Geldvermögensbesitzer ist es nicht unwichtig zu wissen, dass sein Vermögen die Schulden der Anderen sind. Er wird es deshalb nicht für eine Illusion halten, aber es führt ihm vor Augen, dass der Wert seines Vermögens immer von der Bonität der Schuldner abhängt und von der Rechtsordnung, die Eigentumsrechte schützt. Das wird ihn auch veranlassen, sich möglichst gut gegen daraus erwachsende Risiken abzusichern.

Finanzkrisen

90. Krise, Krach, Panik, Blase, Manie: Wo bleibt da der Verstand?

In der hippokratischen Medizin ist eine Krise die entscheidende Zuspitzung des Krankheitsverlaufs, von wo aus es zum Besseren oder Schlechteren geht (das Wort kommt vom griechischen *krinein* = entscheiden). Konjunkturtheoretiker halten sich eher an die antike Tragödie, in der die Krise die Handlung zum Umschwung in die Katastrophe führt. Als Krise umschreiben sie die Situation auf dem konjunkturellen Höhepunkt der Wirtschaftsentwicklung, auf den dann der Abschwung folgt. Der allgemeine Sprachgebrauch bezeichnet mit Krise jedoch eher die Phase, in der es den Unternehmen richtig schlecht geht, in der die Preise unter Druck geraten, Arbeiter entlassen werden und die Wirtschaft stagniert oder schrumpft. Während Joseph Schumpeter Wirtschaftskrisen ganz im medizinischen Sinn als notwendige und nützliche Erscheinungen im kapitalistischen Entwicklungsprozess interpretierte, sah Karl Marx ihren einzigen

Nutzen darin, dass sie den allgemeinen Zusammenbruch des Kapitalismus näher bringen.

Finanzmarktkrisen erfreuen sich einer besonderen Vielfalt von Bezeichnungen: Börsenkrach, Bankencrash, Kursrutsch, Kreditklemme, Preisblase, Börsenpanik, Hyperinflation, Spekulationsmanie. Die Wörter Panik und Manie machen deutlich, dass es hier um Fehlverhalten und kaum um rationale Entscheidungen geht. Wenig verwundert deshalb, dass in Krisenzeiten die Lehrbuchannahme der Ökonomie, wirtschaftliches Verhalten sei rational, besonders heftiger Kritik ausgesetzt ist.

In normalen Zeiten lassen sich mit dieser Annahme verhältnismäßig gute Voraussagen machen. Doch sobald die Wirtschaft in Turbulenzen gerät, wird offensichtlich, dass hier noch etwas anderes als kühler Verstand mit im Spiel gewesen sein muss. John Maynard Keynes hat es *animal spirits* genannt. Ökonomische Entscheidungen beruhen unter anderem auf «einem spontanen Trieb zu handeln, statt untätig zu sein, und nicht auf dem Resultat eines gewogenen Durchschnitts finanzieller Gewinne multipliziert mit ihren quantitativen Wahrscheinlichkeiten». Der Drang zu handeln macht die Dynamik der kapitalistischen Marktordnung aus, in der Stillstand Verlust der Wettbewerbsfähigkeit bedeutet.

Das Problem, mit dem die Akteure auf den Finanzmärkten ständig konfrontiert sind, heißt Unsicherheit, und zwar Unsicherheit im Gegensatz zu einem kalkulierbaren Risiko. Die Wahrscheinlichkeit, dass ein vierzigjähriger Mann noch weitere vierzig Jahre leben wird, lässt sich ziemlich genau ermitteln, womit eine Lebensversicherungsprämie berechenbar wird. Die Wahrscheinlichkeit, dass ein Unternehmen in den nächsten zehn Jahren insolvent wird oder der Export in zwei Jahren einbricht, ist eher Sache der subjektiven Einschätzung. Das macht Investitionen in das Unternehmen oder in die Wirtschaft allgemein zu einer Angelegenheit des Vertrauens. Hier wechseln optimistische und pessimistische Stimmungslagen einander ab. Vertrauen ist ein kollektives Phänomen, das sich vor allem als Ergebnis von Kommunikation herausbildet. Einigen sich alle Akteure auf die Einschätzung einer Situation – egal, ob korrekt oder nicht – und handeln dementsprechend, dann liegt so etwas wie Herdenverhalten vor.

91. Wer war geldgieriger, Adele Spitzeder, Charles Ponzi und Bernie Madoff – oder ihre Kunden? Finanzmarktkrisen haben nichts mit Betrug zu tun. Doch die berühmten Finanzbetrugsfälle werfen ein bezeichnendes Licht auf die Verhaltensweisen, die zu Finanzmarktkrisen führen können: Herdenverhalten, Maßlosigkeit, Uninformiertheit und mangelnde Kontrolle.

Innovativ auf diesem Gebiet war die auf der Bühne erfolglose Münchner Schauspielerin Adele Spitzeder (1832–1895). Dabei halfen ihr der Zufall, ihre schauspielerischen Fähigkeiten und die Abneigung der oberbayerischen Bauern gegen die Geldleute in der Stadt. Frau Spitzeder brauchte Geld und lieh es sich von einem Handwerker gegen die Zusage von monatlich 10 Prozent Zinsen. Die ersten zwei Raten zahlte sie gleich in bar aus, und zwar von dem Geld, das sie sich geliehen hatte. Das sprach sich herum, ein paar Kollegen des Handwerkers boten zu ähnlichen Konditionen Kredite an, eine Welle kam ins Rollen, und bald wusste Frau Spitzeder nicht mehr, wohin mit dem Geld. Neben sporadischen Anlagen in Immobilien stapelte sich das Geld in ihrer Wohnung. Zinsen und gelegentliche Rückforderungen ließen sich leicht aus dem hereinkommenden Geld bezahlen – das klassische Schneeballsystem. Eine Bankenaufsicht gab es damals nicht. Als das Kartenhaus Ende 1872 zusammenfiel, beklagten über 30 000 Geschädigte einen Verlust von 8 Millionen Gulden und eine Reihe von Selbstmorden. Denn mancher Bauer hatte seinen Hof verkauft, um von den lukrativen Zinsen zu leben.

Adele Spitzeder blieb nicht die Einzige, die die Träume vom arbeits- und risikolosen Einkommen scheinbar wahr machte. 1920 zog der italienische Einwanderer Carlo Ponzi (1882–1949) mit sehr viel mehr krimineller Energie in den USA ein ähnliches Schneeballsystem auf. Ihm wurde die Ehre zuteil, dass die Wissenschaft bestimmte Kreditkonstruktionen seitdem Ponzi-Systeme oder Ponzi-Spiele nennt.

Die Menschen werden im Laufe der Zeit nicht klüger. Mit dem größten Ponzi-System der Geschichte flog der amerikanische Investmentberater Bernie Madoff (1938*) im Dezember 2008 auf. Überdurchschnittliche Renditeversprechen hatten ihm in den zwei Jahrzehnte davor nicht nur private Anleger zugeführt, sondern auch zahlreiche professionelle Investoren. Die Gesamtverluste sind in solchen Fällen immer schwer zu beziffern, denn wer gibt schon zu, auf einen Hochstapler hereingefallen zu sein. Doch realistische Schätzungen liegen bei 20 Milliarden Dollar.

Die Entschuldigung der Betrüger – will doch die Welt betrogen sein, darum betrüge man sie fein – gewinnt eine gewisse Berechtigung angesichts der zahlreichen Leute, die den drei Schneeballartisten ihr Geld aufdrängten. Doch was sich hier zeigt, ist nur ein Auswuchs des jeweiligen Zeitgeists. In allen drei Fällen entfaltete sich die Manie der Anleger in einer Boomphase, in der scheinbar jeder problemlos zu viel Geld kommen kann. Mit der darauf folgenden Krise brach das System zusammen. Adele Spitzeder fuhr im Strom des spekulativen Gründerbooms, der 1873 im Gründerkrach endete. Ponzi nutzte Anfang 1920 noch den letzten Wind des Kriegsaufschwungs in den USA, dem im gleichen Jahr eine zweijährige Rezession folgte. Madoff konnte in der Kredit- und Immobilienblase das meiste Geld sammeln. Die Finanzmarktkrise 2007/2008 brachte seine Konstruktion zum Einsturz.

92. Spielen wir nicht alle Ponzi-Spiele?

Ponzi-Spiele haben anders als ihr Namensgeber nichts Kriminelles an sich. Es geht darum, dass ein Schuldner immer wieder eine neue Generation von Gläubigern findet, welche die Forderungen der vorangehenden Generation bezahlt. Solange der erste Kreditgeber darauf vertrauen kann, dass ein zweiter gefunden wird und so weiter, bleibt das Risiko überschaubar. Doch wenn es nicht eine unendliche Reihe Kreditgeber gibt, ist ein solches Vertrauen nicht rational.

Die Staatsschuld Deutschlands und anderer Länder wächst seit Jahrzehnten. Die Kredite werden nicht vom Schuldner zurückgezahlt, sondern durch neue Kredite finanziert, sie werden überwälzt. Was Deutschland oder die USA betrifft, geht das problemlos. Sobald aber die Bonität eines Landes wie Griechenland in Zweifel gezogen wird, geraten die Gläubiger in Panik und befürchten, dass keine neuen Kredite bereitstehen. Die alten Kredite werden zur heißen Kartoffel, die man möglichst rasch weitergibt. Die Kurse sacken in den Keller und die Zinsen steigen auf schwindelnde Höhe.

Auch so etwas Solides wie die deutsche Rentenversicherung nach dem Umlageverfahren ist ein Ponzi-Spiel. Die jetzt arbeitende Generation bezahlt die Renten der vorangegangenen. Solange jede folgende Generation mitspielt, sind die Renten sicher. Weiß man jedoch, dass Generation X aus dem Spiel aussteigen will, macht auch die vorangehende Generation X–1 nicht mehr mit, denn sie würde ja nicht versorgt werden. Folglich auch die Generation X–2 nicht und so weiter bis zum heutigen Tag. Ein Ponzi-Spiel, dessen Ende bekannt ist, wird gar nicht erst begonnen, es ist irrational. Die Rentenversicherung beruht auf dem so genannten Generationenvertrag, einem sozial-politischen Konsens, dass man das Spiel immer weiter spielt.

Nicht nur Kreditsysteme können Ponzi-Systeme sein. Eine Preisblase läuft nach dem gleichen Schema ab. Während der Tulpenmanie in den dreißiger Jahren des 17. Jahrhunderts stiegen in Holland die Preise seltener Tulpenzwiebeln ins Unermessliche. Solange der Erwerber einer teuren Zwiebel einen neuen Käufer fand, der bereit war, etwas mehr dafür zu bezahlen, war das ein gutes Geschäft. Doch von einem Tag auf den anderen war es damit aus, die Tulpenzwiebeln wurden zur heißen Kartoffel, man wollte sie so schnell wie möglich loswerden – die Blase platzte. Preisblasen sind irrationale Ponzi-Spiele. Denn man kann wissen, dass sie platzen werden. Trotzdem kommen sie immer wieder vor. Für eine Wirtschaftstheorie, die von rationalem Handeln ausgeht, ist das eine beunruhigende Tatsache.

93. Sind Finanzmärkte effizient? Zumindest die professionellen Kunden von Bernie Madoff hätten wissen können, dass seine Versprechungen außergewöhnlich hoher Renditen hohles Geschwätz sein müssen. Denn seit Mitte der 1960er Jahre hat sich die ökonomische Wissenschaft sowohl theoretisch wie empirisch mit der Hypothese beschäftigt, Finanzmärkte seien effizient. Unter dem Begriff Effizienz werden dabei zwei Dinge verstanden. Zum einen die Hypothese, die wir bereits kennen gelernt haben, dass nämlich in den Preisen oder Kursen der Finanzmärkte alle verfügbaren Informationen verarbeitet sind, ihre künftige Entwicklung also zufällig ist. Das können wir Informationseffizienz nennen. Zum anderen tritt ergänzend die Hypothese hinzu, dass die Preise den fundamentalen Wert der Vermögensgegenstände widerspiegeln. Das können wir Bewertungseffizienz nennen.

Für die Informationseffizienz gibt es umfangreiche Belege, wie zum Beispiel die Tatsache, dass auch professionelle Investmentmanager höchstens zufällig eine bessere Wertentwicklung aufweisen können als ein vergleichbarer Aktienindex wie der DAX. Es gibt im Mittel keine überdurchschnittlichen Erträge ohne überdurchschnitt-

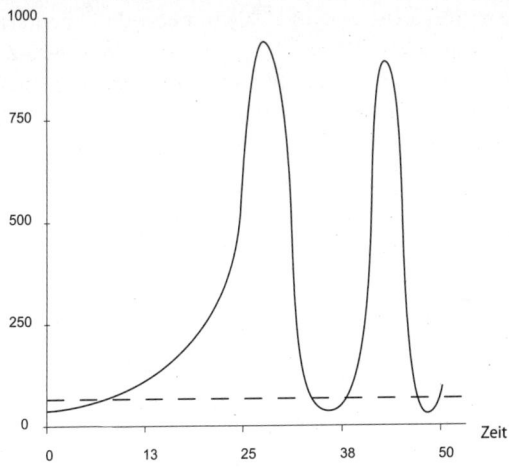

Grafik 5: Preise auf einem experimentellen Aktienmarkt

liche Risiken. Wer also sein Geld Madoff anvertraute im Glauben, er könne ohne höheres Risiko mehr als die übliche Rendite erwirtschaften, hat fundierte wissenschaftliche Ergebnisse nicht zur Kenntnis genommen. Oder er tat genau das, was viele Mensche tun und was die Hypothese von der Bewertungseffizienz untergräbt – er verhielt sich irrational.

Denn diese Hypothese beruht auf der Annahme, dass Investoren den augenblicklichen Wert eines Vermögensgegenstandes rational von den zu erwartenden künftigen Erträgen ableiten. Preisblasen oder übermäßige Kursschwankungen lassen sich jedoch nicht mit entsprechenden Bewegungen der normalerweise zu erwartenden Erträge erklären. Hier kommen Stimmungen hinzu, die erwähnten *animal spirits*, die nach oben auf außergewöhnliche Wertsteigerungen hoffen oder nach unten ein unbegrenztes Desaster fürchten.

Eine neuere Entwicklung in der Ökonomie ist die experimentelle Wirtschaftsforschung. Sie untersucht im Labor Verhaltensweisen von Probanden in typischen Marktsituationen, unter anderem auch die Kursbildung auf Finanzmärkten. Dabei ergab sich, dass die Versuchspersonen sich nicht rational nach den fundamentalen Daten richten, die ihnen über die gehandelten Objekte mitgeteilt wurden. Stattdessen folgen sie wie eine Herde dem Trend, nach dem Motto «es wird schon seinen Grund haben, wenn die Preise steigen». Der fundamentale Wert, der berechenbar war (die gestrichelte Linie), wurde in den Experimenten teilweise um das zehn- bis fünfzehnfache überschritten. Wir sehen in der Grafik 5 eine ausgewachsene Preisblase, die sich sogar noch einmal wiederholt.

Die Preise auf Finanzmärkten mögen unvorhersehbar sein, weil alles, was man über die Zukunft weiß, bereits in ihnen verarbeitet ist. Trotzdem können sie falsch sein in dem Sinn, dass sie nicht dem fundamentalen Wert eines Vermögensgegenstandes entsprechen. Die Märkte kommen gelegentlich zu exzessiven Über- oder Unterbewertungen. Dadurch werden sie instabil und verursachen Wohlfahrtsverluste. Das entspricht nicht unseren Vorstellungen von Effizienz.

94. Wen stört es, dass Finanzmärkte nicht effizient sind? Die
Hypothese von den effizienten Finanzmärkten galt lange Zeit als unerschütterlich. Trotzdem gab es Kritik, wie die folgende Anekdote zeigt. Zwei Ökonomen bummeln durch die Stadt. Plötzlich sehen sie einen Hundert-Dollarschein auf dem Pflaster liegen. Der eine will sich niederbeugen, um ihn aufzuheben. Der andere hält ihn zurück: «Streng dich nicht an. Wenn er echt wäre, hätte jemand anderes ihn längst aufgehoben». Nobelpreisträger Joseph Stiglitz (1943*) hat das etwas wissenschaftlicher formuliert: Es müssen genug Ineffizienzen bzw. Gewinnchancen vorhanden sein, um die Kosten der Informationsgewinnung und des Handels wettzumachen. Sonst gäbe es keine Finanzmärkte. In der Theorie genügen dafür schon minimale Ineffizienzen. Die Realität weist größere Abweichungen auf.

Märkte, die nicht das leisten, was man von ihnen erwartet, sind Störfaktoren im Wirtschaftssystem. Man erwartet von Märkten vor allem, dass sie Angebot und Nachfrage einander angleichen und dass sie Preise hervorbringen, an denen sich die Marktteilnehmer orientieren können. Das ist nicht möglich, wenn die Preise übermäßigen Schwankungen ausgesetzt sind. Dabei ist es nur ein schwacher Trost, dass sich starke Über- oder Unterbewertungen auf die Dauer ausgleichen.

Das alles macht das Wirtschaftsleben nicht leichter. Doch das große Problem, das die Hypothese von den effizienten Finanzmärkten geschaffen hatte, waren die Illusionen, die damit geweckt wurden. Insbesondere wurden falsche ordnungspolitische Konsequenzen daraus gezogen. Denn wären die Finanzmärkte effizient im doppelten

Sinn der Informationseffizienz und der Bewertungseffizienz, dann würden sie immer «gute» Preise hervorbringen. Preisblasen könnte es nicht geben. Steigen die Preise außergewöhnlich stark an, wie zum Beispiel die amerikanischen Immobilienpreise bis 2007, dann reflektiert das die objektive Entwicklung der fundamentalen Werte. Im Anlauf zur Finanzmarktkrise wurde deswegen immer wieder versichert: Wir haben es hier nicht mit einer Preisblase zu tun, sondern mit einer soliden Wertsteigerung. Die Märkte sind ja effizient. Eine solide Wertsteigerung erlaubt dann auch, auf ihrer Grundlage den Kreditrahmen auszuweiten. Was sich im Nachhinein als Kredit- und Immobilienpreisblase herausstellte, war von den Propheten der effizienten Märkte im Vorhinein ausgeschlossen worden.

Wenn die Märkte effizient sind, dann spricht nichts dagegen, ihre nützliche Wirkung ungehindert zur Geltung kommen zu lassen. Staatliche Regulierungen und kontrollierende Eingriffe in das Marktgeschehen können nur störend wirken und die allgemeine Wohlfahrt gefährden. Es ist deshalb konsequent, die Märkte so weit wie möglich zu liberalisieren und sich selbst zu überlassen. Seit Anfang der 1970er Jahre hatte sich die Hypothese von den effizienten Märkten allgemein durchgesetzt. Und seit dieser Zeit lautete vor allem in den anglo-amerikanischen Ländern das vorherrschende ordnungspolitische Credo: Liberalisierung und Deregulierung. Hier haben wir den Kern der neo-liberalen Ideologie vor uns.

Die Liberalisierung im Finanzsektor, der bis zu dieser Zeit stark reguliert war, hatte eine gewaltige Ausweitung der Aktivitäten und eine Vervielfältigung der Finanzmarktinstrumente zur Folge. Die Überzeugung, dies alles schlage nur zum Guten aus, erfuhr in der Finanzmarktkrise einen gewaltigen Dämpfer. Seitdem lässt sich nicht mehr übersehen, dass Märkte auch ineffizient sein können und dass gerade die Vielzahl der Instrumente eine vorausschauende Regulierung, wenn nicht gar Einschränkungen notwendig macht.

95. War die Krise 2007–2010 vorhersehbar? «Warum hat es niemand kommen sehen?» fragte die englische Königin im November 2008 die Professoren bei einem Besuch der *London School of Economics*. Sie blieb nicht die Einzige, die diese Frage stellte. Die ökonomische Profession sah sich in der Folge der tiefen Krise von 2007–2010 harscher Kritik ausgesetzt. Sicher zu Recht, denn wir sahen bereits, dass bestimmte wissenschaftliche Positionen, wie die Hypothese der effizienten Märkte, zu den Verursachern der Krise gerechnet werden müssen. Inwieweit das Unvermögen, die Krise in ihrer Breite, Tiefe und in ihrem zeitlichen Ablauf vorherzusehen, ebenfalls als Versagen den Ökonomen angerechnet werden muss, ist eine andere Frage.

Zwei Professoren der *London School of Economics* haben in einem öffentlichen Brief der Königin zu erklären versucht, wie es zu dem Versagen der Wissenschaft kommen konnte. Sie stellen dabei zutreffend fest, dass einzelne Probleme, die in der Krise akut wurden, von mehreren Vertretern der Disziplin rechtzeitig benannt worden sind. Nicht erfasst habe man das Zusammenspiel dieser Probleme, die jeweils für sich ein beherrschbares Risiko darstellten, in ihrem Zusammentreffen jedoch das System aus den Fugen geraten ließen.

Hinzu kommt eine Überheblichkeit in Wissenschaft und Politik. Was Friedrich von Hayek (1899–1992) immer den Planwirtschaftlern vorgeworfen hat, nämlich die Anmaßung von Wissen, kann offensichtlich auch Marktwirtschaftler befallen. Man war überzeugt, dass die Banker schon wüssten, was sie tun, dass man neue und raffinierte Modelle für das Risikomanagement entwickelt habe, dass der freie Markt ohne Eingreifen der Politik mit allem fertig werden könne. «Schwerlich gibt es ein besseres Beispiel für Wunschdenken in Verbindung mit Hybris», schrieben die Professoren der Königin.

Nun ist allerdings zu fragen, was billigerweise voraussehbar gewesen wäre. Eine wissenschaftliche Prognose beruht immer auf bestimmten Regelmäßigkeiten in der Vergangenheit. Haben wir es mit stabilen Entwicklungsmustern zu tun, sind einigermaßen verlässliche Vorhersagen möglich. Für sie gibt es jedoch nur einen beschränkten Bedarf. Was man dagegen gerne im Vorhinein wissen würde, das sind die großen Umschwünge, die Brüche, die Katastrophen. Doch das durchbricht die stabilen Entwicklungsmuster und ergibt sich aus Verhaltensänderungen, technischen und organisatorischen Neuerungen oder aus Schocks der Umgebung und lässt sich kaum vorhersehen.

In den zahlreichen Studien, die im Nachhinein das Entstehen der Krise zu erklären versuchen, stehen zwei Faktoren zentral. Zum einen werden die Kreditausweitung und die Preisblase auf dem Immobilienmarkt in den angelsächsischen Ländern und Spanien genannt, zum anderen die unerwarteten Verhaltensänderungen der Marktteilnehmer und des Systems als Ganzes. Dass eine Preisblase platzen wird, kann man vorhersehen, allerdings nicht wann. Hier gab es auch viele warnende Stimmen.

Die Änderung des Systemverhaltens kam dagegen als überraschender Schock. Der Wechsel im Geschäftsmodell der Banken ist darin zu sehen, dass traditionelle Banken Kredite schaffen und dann in ihren Büchern halten, während moderne Banken Kredite schaffen und dann in verbriefter Form über den Markt an die Anleger verteilen. Damit ändert sich nicht nur das Risikoverhalten, sondern auch die Anreizstruktur. Verdienen traditionelle Banken ihr Geld mit der Zinsspanne, der Differenz zwischen Soll- und Habenzinsen, stehen bei modernen Banken die Provisionen für den Verkauf von Finanzprodukten und die Gewinne aus dem Eigenhandel im Vordergrund. Die Politik, von der man eine Regulierung gefährlicher Verhaltensweisen erwartet, kann nur dann eingreifen, wenn ihr solche Verhaltensweisen im Prinzip bewusst sind. In einer innovativen, dynamischen Umgebung hinkt sie der neuesten Entwicklung aber immer um einen Schritt hinterher.

96. Hat Spekulation ihr Gutes? Bei keinem anderen Begriff aus dem Finanzbereich fallen umgangssprachliche und wissenschaftliche Bedeutung weiter auseinander als bei der Spekulation. Im täglichen Sprachgebrauch gilt Spekulieren als fast betrügerische Tätigkeit, und Spekulanten sind Auswuchs der hässlichsten Form von Kapitalismus. Der Ökonom erklärt dagegen, dass jede wirtschaftliche Tätigkeit ein spekulatives Element enthält, denn sie ist auf die unbekannte Zukunft gerichtet, über die man nur spekulieren kann. Im engeren Sinn ist damit der Handel auf Finanzmärkten gemeint, der auf unterschiedlichen Interessen, Erwartungen und Einstellungen der Marktteilnehmer beruht, ohne die es nicht zu einem solchen Handel kommen würde.

Es stellt sich ja die grundsätzliche Frage, wieso auf Finanzmärkten gehandelt wird. Eines der Motive haben wir bereits kennen gelernt, nämlich Unterschiede in der Risikofreudigkeit der Marktteilnehmer und das Bedürfnis nach Sicherheit. Wer einem Bauern einen Terminkontrakt für Weizen anbietet, der noch auf dem Halm steht, ist bereit, ein höheres Risiko als der Bauer einzugehen, er spekuliert. Ein zweites Motiv sind unterschiedliche Auffassungen über Zustand und Entwicklung von Unternehmen und der Wirtschaft allgemein. Wenn ich überzeugt bin vom Markterfolg eines neuen Produkts und ein anderer hält es für einen Flop, dann unterscheiden sich unsere Auffassungen über den fundamentalen Wert der Unternehmung, und der andere wird mir gern seine Anteile verkaufen – ich spekuliere auf den Erfolg.

Von der Spekulation zu unterscheiden ist die Arbitrage. Arbitrage bedeutet, einen Gegenstand gleichzeitig zu kaufen und zu verkaufen. Das macht nur Sinn, wenn man ihn billiger kaufen als verkaufen kann. Da das einen risikolosen Gewinn bedeuten würde, müsste jeder vernünftige Mensch sofort in das Geschäft einsteigen. So verschwindet der Preisunterschied in kürzester Zeit, und im Ergebnis gibt es nur einen Preis. Mit anderen Worten, auf liquiden und gut informierten Märkten ist Arbitrage unmöglich. Der Unterschied zur Spekulation liegt im fehlenden Risiko. Sobald jemand heute billig kauft, um morgen teuer zu verkaufen, spekuliert er. Man kann Spekulation auch als Arbitrage unter Einschluss des Zeitfaktors sehen. Beide fördern die Effektivität von Märkten.

Allerdings enthält diese Form der Spekulation ein drittes Motiv, die Erwartung nämlich, dass der Wert eines Gegenstandes mit der Zeit steigt oder fällt und zwar unabhängig von fundamentalen Entwicklungen. Hier sind wir wieder bei der Hypothese der effizienten Märkte. Schauen wir noch einmal auf die Grafik 5 unter Frage 92. Ein Spekulant, der bei einem Preis von 100 kauft und bei 600 aussteigt, macht einen beachtlichen Gewinn. Ganz ähnlich, wenn er auf dem absteigenden Ast bei einem Preis von 700 eine Verkaufsoption erwirbt, die zu einem Termin fällig wird, da der Preis auf 300 gesunken ist. In Wirklichkeit genügen winzige Abweichungen vom fundamentalen Wert, um solche Spekulationen in Gang zu setzen.

Die Hypothese von den effizienten Märkten leugnet Preisblasen und folglich auch die Möglichkeit derartiger Spekulationen. Die Realität sieht aber anders aus. Spekulation lässt die Ausschläge der Preise immer heftiger werden, sie pumpt die Preisblase auf. Spekulation kann also das Finanzsystem destabilisieren. Dann ist sie eindeutig schädlich.

97. Was bewirkt eine Finanztransaktionssteuer? Liberalisierung und Deregulierung haben die Finanzmärkte internationalisiert und die Transaktionen auf den Märkten gewaltig beschleunigt. Das hat nicht immer nur positive Effekte gehabt. Die Liste der Krisen ist lang: Mexiko (1994/1955), Ostasien (1997/1998), Russland (1998/1999),

Argentinien (2001/2002) bis hin zur jüngsten globalen Finanz-markt- und Staatsschuldenkrise von 2007–2012. Ursachen und Ab-lauf waren jeweils verschieden, doch in allen Fällen hat man kurzfris-tige spekulative Geschäfte als verschärfend ausgemacht. Lässt sich dagegen nichts unternehmen?

Strikte Kapitalverkehrskontrollen einzuführen hieße, Liberalisie-rung und Deregulierung wieder aufzuheben und das Rad der Geschichte zurückzudrehen. Das würde mit großer Wahrscheinlich-keit mehr schaden als nützen. Etwas eleganter ist die Idee, die Finanz-märkte durch eine Transaktionssteuer zu entschleunigen. Sie stammt ursprünglich von John Maynard Keynes, wurde 1972 von Nobel-preisträger James Tobin (1918–2002) wieder aufgegriffen und hat als Tobin-Steuer einige Popularität erworben. Tobin wollte durch eine Devisenumsatzsteuer Sand in das Getriebe der internationalen Devisenmärkte streuen, um so spekulative Angriffe auf die Wäh-rung vor allem kleinerer Länder zu erschweren. Denn wenn bei jedem Devisengeschäft eine Steuer anfällt, steigen die Transak-tionskosten mit der Zahl der Transaktionen. Sehr kurzfristige Ge-schäfte lohnen sich dann nicht.

Ähnliche Steuern gab es schon lange. Die im Volksmund so ge-nannte Spekulationssteuer in Deutschland zählt allerdings nicht dazu. Denn es handelt sich nicht um eine eigene Steuer, sondern nur um einen Aspekt der Einkommensbesteuerung, was professionelle Händler nicht beeinträchtigte. Dagegen war die Börsenumsatzsteuer eine Finanztransaktionssteuer. Sie wurde in Deutschland 1991 im Zuge der Deregulierung abgeschafft wie in den meisten anderen Industrieländern.

Die Wirksamkeit einer Finanztransaktionssteuer ist umstritten. Es gibt begründete Zweifel, ob damit die negativen Auswirkungen der Spekulation eingedämmt werden können. Ihre technische Aus-führbarkeit ist wohl schwieriger, als viele sich das vorstellen. Man denke nur an die mehreren Billionen Euro, die täglich innerhalb von Sekundenbruchteilen auf den Devisenmärkten hin und her gescho-ben werden, wobei mittlerweile nicht einmal mehr Händler, sondern automatische Computerprogramme die Aufträge erteilen. Auch Ge-schäfte, die nicht in einem geregelten Handel, sondern direkt über den Banktresen abgewickelt werden, sind schwer zu kontrollieren. Ein Ausweichen der Finanztransaktionen auf nicht regulierte Märkte wäre aber genau das Gegenteil von dem, was man erreichen möchte.

Das eigentliche Problem ist jedoch ihre politische Durchsetzbarkeit. Sinnvoll kann eine Finanztransaktionssteuer nur dann sein, wenn sie an allen wichtigen Finanzplätzen der Welt erhoben wird: London, New York, Tokio, Frankfurt, Hongkong. Sonst wird sie umgangen. Es besteht jedoch keine internationale Einigkeit über den Nutzen einer solchen Steuer.

Trotzdem hat die Kommission der EU 2011 eine Finanztransaktionssteuer vorgeschlagen, die mit der neuen mittelfristigen Haushaltsperiode 2014–2021 wirksam werden sollte. Devisentransaktionen auf dem Spotmarkt sind klugerweise davon ausgenommen. Die Begründung der Steuer richtet sich dabei jedoch ausschließlich auf den fiskalischen Effekt, das zu erwartende, nicht unerhebliche Steueraufkommen. Da die Steuer an den Hauptfinanzplätzen anfällt, in Europa also vor allem in London, und die meisten anderen Länder leer ausgehen würden, bietet es sich an, diese Steuer, genau wie die Zölle, direkt ins Brüsseler Budget fließen zu lassen. Das ist einen Versuch wert, hat man sich da wohl in Brüssel gedacht. Denn die EU hat keine eigenen Steuern. Das Veto aus London folgte allerdings auf dem Fuße.

98. Was heißt «too big to fail»? Ein Unternehmen, das schlecht gewirtschaftet hat und in Insolvenz gerät, wird entweder saniert oder es verschwindet vom Markt. Ist das Unternehmen sehr groß, das heißt hängen davon viele Arbeitsplätze direkt oder indirekt ab, dann wird die Politik große Anstrengungen und viel Geld darauf verwenden, die Sanierung zu unterstützen. Manchmal sogar mit Erfolg.

Im Finanzsektor ist das nicht anders. Da sind allerdings Arbeitsplätze und Wählerstimmen nicht das Hauptmotiv für ein staatliches Eingreifen. Vielmehr ist die Ansteckungsgefahr Grund der Sorge. Insolvenz eines oder gar mehrerer Finanzinstitute kann sich auf das System und darüber hinaus auf die Wirtschaft insgesamt auswirken. Die Gefahr eines Sturms auf die Banken, eines Bankenruns, ist noch der harmloseste Fall. Denn dem können Einlagensicherung und Zentralbank als Kreditgeber letzter Instanz wirkungsvoll begegnen. Größer sind die Risiken, die aus der hohen Abhängigkeit der Banken untereinander entstehen. In der Finanzkrise von 2007/2008 verloren die Banken das gegenseitige Vertrauen, und ihre wechselseitigen Kredite froren ein. Der Geldmarkt kam zum Stehen. Das blieb nicht ohne Folgen für den Rest der Wirtschaft.

Inwieweit ein Sektor die Insolvenz eines oder mehrerer Unternehmen verkraften kann, hängt von seiner Struktur ab. Ursprünglich war beispielsweise der amerikanische Bankensektor gekennzeichnet von zahlreichen kleinen lokalen Banken. Das hat sich in den letzten dreißig Jahren grundsätzlich geändert. Durch Übernahmen und Fusionen ist der Finanzsektor inzwischen hoch konzentriert. 1990 besaßen die zehn größten amerikanischen Institute 10 Prozent aller Finanzaktiva, 2004 waren es bereits 50 Prozent. Die Krise von 2007/2008 hat eine weitere Konzentrationswelle in Gang gesetzt. In Deutschland ist die Situation weniger dramatisch, schon auf Grund der dreigliedrigen Struktur mit Privatbanken, Sparkassen und Genossenschaftsbanken. Doch auch dort hat im Privatbankensektor eine starke Konzentration stattgefunden.

Würde eines der Großinstitute zusammenbrechen, wären die Folgen unabsehbar. Schon der Bankrott von *Lehman Brothers* 2008 hat die ganze Welt erschüttert. Das Systemrisiko macht diese Banken «too big to fail», wie es heißt, zu groß, um bankrott gehen zu dürfen. Die Tatsache, dass der Staat gezwungen ist, sie im Krisenfall zu retten, verstärkt ihre Wettbewerbsposition noch weiter. Denn damit sind sie praktisch risikolose Kreditnehmer und können sich zu besonders günstigen Konditionen finanzieren.

Ihre «Systemrelevanz» beziehen diese Banken aber auch aus ihrem Verhältnis zur Politik. Bei den amerikanischen Kongress- und Präsidentschaftswahlen von 2008 hat die Finanzlobby Parteien und Kandidaten mit angeblich 475 Millionen Dollar unterstützt. Was das bahnbrechende amerikanische Antitrust-Gesetz von 1890 neben der Monopolmacht auf dem Markt verhindern wollte, nämlich einen Einfluss der Großkonzerne auf Gesetzgebung und Verwaltung, ist in Washington heute Realität. Und der größte Einfluss geht von der Finanzlobby aus.

Wer etwas dagegen unternehmen will, steht wie bei einer Krebserkrankung vor der Wahl zwischen Operation oder Chemotherapie. Chemotherapie bedeutet Einstellung auf das regulierende Medikament und stetige Kontrolle. Erhält die regulierende Behörde aber die nötigen Informationen, und sind die Großkonzerne nicht nur «too big to fail», sondern auch zu mächtig, um sich effektiv kontrollieren zu lassen? Eine Operation würde die Teilung der Institute bedeuten, um kleinere Einheiten zu erhalten. Das ist in erster Linie ein juristisches Problem. Darüber hinaus ist fraglich, ob man durch Aufspaltung tatsächlich so kleine Institute erhalten würde, dass sie nicht mehr systemrelevant sind und ansteckend wirken können. Rockefellers Standard Oil Gesellschaft wurde vor hundert Jahren entflochten. Einer ihrer Nachfolger, ExxonMobil, ist nun wirklich kein kleiner Fisch im Teich der Ölkonzerne.

Es gibt Vorschläge, die Entflechtung so vorzunehmen, dass die beiden Hauptsparten des Bankgeschäfts wieder voneinander getrennt werden. So hatte es das amerikanische Bankengesetz von 1933 verfügt, das im Zuge der Deregulierung 1999 aufgehoben wurde. Das Einlagen- und Kreditgeschäft ist relativ transparent und gut zu regulieren. Das Kapitalmarktgeschäft, auch Investment Banking genannt, und der damit verbundene Eigenhandel der Institute sind sehr viel weniger transparent. Das Investment Banking ist jedoch nicht nur das größte Geschäft der Banken, es ist vor allem auch die wichtigste Kapitalquelle für die übrige Wirtschaft. Auch nach der Aufgabentrennung wäre es also «too big to fail».

Ein Zurück zu kleinen, weitgehend voneinander unabhängigen lokalen Banken gibt es nicht. Dann bleibt nur das Medikament der Regulierung und Kontrolle. Die USA sind hier mit gutem Beispiel vorangegangen und haben im Jahr 2010 mit dem Dodd-Frank-Gesetz eine Reform der Finanzmarktregulierung auf den Weg gebracht. Es gilt «die finanzielle Stabilität der Vereinigten Staaten zu fördern, indem man die Verantwortlichkeit und Transparenz im Finanzsystem verbessert, «too big to fail» ein Ende zu setzen, den amerikanischen Steuerzahler durch Abschaffung der Rettungsoperationen zu schützen und die Konsumenten gegen missbräuchliche Praktiken der Finanzdienstleister abzuschirmen». Wahrlich lobenswerte Ziele. Ob die dafür eingesetzten neuen Institutionen sie verwirklichen können, wird die Zukunft zeigen.

99. Warum müssen am Ende wir die Kosten der Krise tragen?

Geht ein Unternehmen bankrott, geht es dem Eigentümer ans Geld. Das war früher so, als der Grundsatz galt: «Schulden sind zu bezahlen». Der Satz gilt auch heute noch, allerdings für die etwas größeren Unternehmen nur bis zur Grenze des Eigenkapitals, das die Eigentümer in das Unternehmen eingebracht haben. So regelt es die Rechtskonstruktion der beschränkten Haftung, eines der Grundprinzipien der kapitalistischen Wirtschaft und wichtige Voraussetzung für ihre expansive Dynamik. Denn das Risiko unternehmerischer Tätigkeit wird dadurch überschaubar. Wer trägt aber die restlichen Kosten eines Bankrotts? Die Gläubiger, die ihre Forderungen nicht mehr voll eintreiben können.

Für Staaten gibt es keine beschränkte Haftung, die Eigentümer müssen ran. Die Eigentümer des Staates sind aber wir, die Bürger. Ob die übermäßigen Staatsschulden mit erhöhten Steuern getilgt werden oder über eine erhöhte Inflation, die Rechnung bezahlen wir.

Einen wesentlichen Teil der heutigen Staatsverschuldung hat uns die Finanzmarktkrise von 2007/2008 eingebrockt. Banken sind zu hohe Risiken eingegangen, haben eine Kreditblase verursacht, und als der Boom platzte, wurden andere Institute und andere Länder mit hineingezogen. Sollen doch die Banken notfalls bankrott gehen und die Eigentümer der Banken sehen, wie sie damit fertig werden! Das ist vielfach auch geschehen, aber die Eigentümer haften nur bis zur Grenze ihrer Kapitaleinlagen, und die sind bei Finanzinstituten trotz Basel I, II und III im Verhältnis zur Bilanzsumme notorisch niedrig. Die restlichen Kosten kommen auf die Gläubiger zu. Die Gläubiger der Banken sind wiederum wir, die Bürger, mit unseren Einlagen und Ersparnissen. Es kann deshalb in unserem wohlverstandenen Eigeninteresse liegen, als Steuerzahler zur Rettung und Sanierung der Banken beizutragen, um als Gläubiger – und natürlich auch als potentieller Kreditnehmer – nicht möglicherweise mit höheren Kosten konfrontiert zu werden.

So weit, so gut. Aber müssen wir deshalb für die Schulden des griechischen Staats oder die Risiken der französischen Banken aufkommen, indem wir einen Rettungsfonds, den ESM, mit Milliarden Euro ausstatten?

Als Erstes ist zu dieser Frage zu sagen, dass der Rettungsfonds genau zu dem Zweck eingerichtet wurde, dass der griechische oder ein anderer Staat seine Schulden letztlich selbst bezahlt. Die Insolvenz soll vermieden werden, wofür Überbrückungskredite erforderlich sind.

Als Zweites ist anzumerken, dass an Kredite aus dem Rettungsfonds nur herankommt, wer sich den strengen Auflagen von EU, Internationalem Währungsfonds und Europäischer Zentralbank unterwirft. Wir kennen keinen Schuldturm mehr, aber die Auflagen haben durchaus einen Zug von Schuldknechtschaft an sich. Ohne das strenge Regime würden die betroffenen Staaten es wahrscheinlich nicht schaffen, ihre Schulden selbst zu bezahlen.

Als Drittes besteht das Problem der Ansteckungsgefahr. Wird ein Euroland insolvent, können Zweifel aufkommen, ob der Rest wirklich so solvent ist, wie er tut, so dass auch dann ein Teil der Kosten einer Insolvenz auf uns zukommt.

Aber doch nicht auf Deutschland, das im Ruf eines Horts der Stabilität steht! Richtig. Deutschlands Bonität ist trotz erheblicher Schulden nach wie vor sehr hoch. Es wäre aber töricht zu glauben, wir lebten auf einer Insel der Seligen. Wenn um uns die Blitze einschlagen und nach Griechenland auch Portugal und Irland in Schwierigkeiten geraten, dann Italien und Spanien, dann Frankreich, dann wird es auch für Deutschland ungemütlich. Wieder haben wir ein wohlverstandenes Eigeninteresse, dass dieser Fall nicht eintritt.

Kurzum, niemand anderes als wir, die Bürger, stehen zur Verfügung, die Restkosten der Krise zu tragen. Das eigentliche Problem besteht zum einen darin, wie man die Krise abwickelt, damit die Kosten möglichst gering bleiben. Dafür gibt es weder theoretisch noch politisch eine Musterlösung und deshalb sehr unterschiedliche Auffassungen. Zum anderen gilt es festzulegen, auf welche Gruppen die Kosten zu verteilen sind. Und da ist der Steuerzahler sicher der Letzte, der in Anspruch genommen werden sollte.

100. Kann man Finanzkrisen verhindern?

Die Nutzung des Feuers und die Einführung von Geld haben wir als prometheische Erfindungen der Menschheitsgeschichte bezeichnet. Beide haben unmessbar viel zur Wohlfahrt beigetragen, können aber auch zu Katastrophen führen. In früheren Zeiten war es vor allem das Feuer, das ganze Städte in Schutt und Asche legte. Die großen Brände von London 1666 und Hamburg 1842 sind besonders bekannte Beispiele für Ereignisse, die in der Geschichte fast jeden Ortes irgendwann verzeichnet sind.

Was wurde dagegen unternommen? Vier Arten von Maßnahmen sind hier anzuführen. Die erste sind technische Änderungen wie beispielsweise der Ersatz von Stroh- durch Ziegeldächer, von Holz durch Stein als Baumaterial. Die zweite Maßnahmengruppe sind staatliche Regulierungen: Brandordnungen und feuerpolizeiliche Überwachung. So wurden die so genannten schwarzen Küchen, das heißt offenes Feuer im Hause, verboten und eine Kehrpflicht eingeführt. Als Drittes sind Nachtwächter und Feuerwehr zu erwähnen, die von den Gemeinden als freiwillige oder berufsmäßige Institutionen organisiert werden. Und schließlich gibt es noch Feuerversicherungen, wodurch das Schadensrisiko verteilt und damit reduziert wird.

Heute wird das Vermögen der Bürger weniger von Feuer bedroht als von Finanzmarktkrisen. Auch hier stellt sich die Frage, was man dagegen unternehmen kann. Wie im Fall des Feuers gibt es Maßnahmen, die den Eintritt des Ereignisses verhindern, die Ausbreitung der Katastrophe eingrenzen und am Ende den aufgetretenen Schaden für den Einzelnen erträglich machen sollen.

«‹Es› darf nie wieder passieren!» lautet die Devise der Politik, unter der sie den Finanzmarkt reguliert, wobei in den USA das «es» die große Depression der 1930er Jahre ist. In der deutschen Geschichte ist «es» die Hyperinflation von 1922/1923 und die Inflation des Zweiten Weltkriegs mit der Währungsreform 1948. Die Erfahrungen aus diesen Katastrophen machen vorsorgliche Regulierung möglich. Nur gibt es auf den Finanzmärkten Innovationen, zum Beispiel neue Finanzprodukte. Bevor sie angemessen reguliert sind, können sie zu Destabilisierungen führen. So kommt es vor allem auf Grund dieser neuen Entwicklungen immer wieder zu Krisen.

Da die Finanzmärkte ihrer Natur nach krisenanfällig sind, brauchen sie Nachtwächter und eine Feuerwehr. Dafür sorgen die Finanzdienstleistungsaufsicht und die Zentralbank. Banken und Versicherungen unterliegen einer strengen Überwachung. Damit sollen Brandherde früh erkannt und die Ausbreitung eines Feuers bekämpft werden. Die Zahlungsunfähigkeit eines einzelnen Instituts kann sich leicht zur Systemkrise ausweiten. Das gilt es zu verhindern, und so tritt die Zentralbank als Kreditgeber letzter Instanz auf, nicht um das einzelne Institut vor dem Bankrott zu retten, sondern um die Systemkrise zu verhindern. In der jüngsten Finanzmarktkrise 2007/2008 war auch das nicht ausreichend, und die Staaten mussten direkt rettend eingreifen. Dafür richtete Deutschland die Bundesanstalt für Finanzmarktstabilisierung ein und rüstete sie mit erheblichen Mitteln aus.

Und wenn dann doch ein Brand ausbricht, was dann? Das hängt von der Art des Feuers ab. Der einzelne Bürger ist gegen eine Insolvenz seiner Bank durch die gesetzliche Einlagensicherung geschützt, die in Deutschland Bankeinlagen bis zu 100 000 Euro garantiert. Der Verfall der Vermögenspreise in einem Börsencrash dagegen lässt sich auch durch geschickte Risikoverteilung nicht ganz auffangen.

Ein Großteil der modernen Finanzmarktinstrumente, wie Terminkontrakte, Optionen und Swaps, dienen solchen versicherungsähnlichen Zwecken.

Staatliche Regulierung wird von einigen Ultraliberalen als Eingriff in die natürliche Freiheit gesehen. Sie sollten ihren Erzvater Adam Smith genauer lesen, der schon 1776 schrieb: «Doch die Ausübung der natürlichen Freiheit durch einige wenige Individuen, die die Sicherheit der gesamten Gesellschaft in Gefahr bringen kann, wird von den Gesetzen aller Regierungen, der freiheitlichsten wie der despotischsten, eingeschränkt, und das ist gut so. Die Auflage, Brandmauern zu errichten, um die Ausbreitung eines Feuers zu verhindern, verletzt die natürliche Freiheit ebenso wie die Regulierung des Bankwesens, die wir hier vorschlagen.»

101. Wo soll ich nur hin mit meinem Geld?   In hundert Fragen haben wir uns dem flüchtigen Wesen und Wirken des Geldes genähert. Sein Nutzen ist unbestritten, sein Wert unsicher, seine Erscheinungsformen sind undurchschaubar, der Umgang damit erscheint nicht immer rational. Muss der einfache Bürger, der sich etwas für die Zukunft erspart hat, nicht die Hände über dem Kopf zusammenschlagen und seufzen: Wo soll ich denn jetzt nur hin mit meinem Geld?

Das ist in der Tat ein schwieriges Problem. Der Autor dieses Buches kann es auch nicht lösen. Er ist weder allwissend noch Anlageberater. A propos Anlageberater – braucht man den überhaupt? Nachdem wir erfahren haben, dass selbst Börsenfachleute nicht wissen können, wie sich die Preise entwickeln, und dass die Banken vor allem an den Provisionen für jeden ausgeführten Auftrag verdienen, können einem da Zweifel kommen. Wie immer bei Geldgeschäften ist auch hier alles eine Sache des Vertrauens. Und Vertrauen gewinnt man nicht im Straßenhandel. Es ist Resultat einer längeren persönlichen Beziehung.

Gesetzt den Fall, wir hätten einen Berater unseres Vertrauens. Was könnte er uns raten? Als Erstes würde er Fragen stellen, welchem Zweck dient die Vermögensanlage, welchen Zeithorizont hat man vor Augen, was sind die voraussichtlichen Liquiditätsbedürfnisse, wie viel Risiko möchte man eingehen, wie ist die steuerliche Situation und so weiter. Mit anderen Worten, um Vermögen sinnvoll anzulegen, muss man wissen, was man will. Danach geht es vor allem um eine breite Streuung des Risikos. Denn jede Anlageform, von der Immobilie bis zum Bargeld, ist in ihrer Wertentwicklung gefährdet. Nichts ist sicher. Hier kann fachlicher Rat willkommen sein.

Irgendwann steht schließlich ein Anlageplan. Den sollte man ausführen und ihn dann möglichst vergessen, damit man ruhig schlafen kann. Die Händler in den Banken verdienen mit viel Stress und einigem Glück zwar Geld, indem sie auf jedes kleine Informationsbit reagieren und Finanzinstrumente in kürzester Zeit kaufen und verkaufen. Doch das ist nichts für einfache Bürger wie uns. Denn bei jeder Transaktion fallen Gebühren an, und wer eine unruhige Hand hat, verliert viel Geld allein an Gebühren.

Die Idee, mit hohen Zinsen und außerordentlichen Wertsteigerungen reich zu werden, treibt einen in die Arme der Spitzeder, Ponzi, Madoff und Co. Geld macht nicht glücklich, heißt es, aber es beruhigt. Allerdings nur den, der gelassen damit umgeht. Man muss es vergessen, um nicht mit Molières Geizigem zu jammern: «O weh, mein armes Geld, mein armes Geld!»

151 Seiten mit 5 Grafiken. Paperback (bsr 7027)
ISBN 978-3-406-59987-3

„Wagener erklärt allgemeinverständlich für den ökonomischen Laien, lässt Formeln und Richtungsstreitigkeiten
weg und besinnt sich auf die Grundlagen."
Jochen Zenthöfer, Frankfurter Allgemeine Zeitung

„Der Autor erläutert anschaulich, gelegentlich sogar
vergnüglich". *Wirtschaftswoche*

„101 Fragen hat der Ökonom beantwortet. Das Ergebnis ist
großartig." *Frankfurter Allgemeine Sonntagszeitung*

VERLAG C.H.BECK